Wolf-Michael Kähler

Mikrocomputer-COBOL

Programmieren von Mikrocomputern

Die Bände dieser Reihe geben den Benutzern von Heimcomputern, Hobbycomputern bzw. Personalcomputern über die Betriebsanleitung hinaus zusätzliche Anwendungshilfen. Der Leser findet wertvolle Informationen und Hinweise mit Beispielen zur optimalen Ausnutzung seines Gerätes, besonders auch im Hinblick auf die Entwicklung eigener Programme.

Bisher erschienene Bände

Band 1 **Einführung in BASIC**
von W. Schneider

Band 3 **BASIC für Fortgeschrittene**
von W. Schneider

Band 4 **Einführung in Pascal**
von W. Schneider

Band 6 **BASIC-Programmierbuch zu den grundlegenden Ablaufstrukturen der Datenverarbeitung**
von E. Kaier

Band 7 **Lehr- und Übungsbuch für Commodore-Volkscomputer**
von G. Oetzmann

Band 9 **Einführung in die Anwendung des Betriebssystems CP/M**
von W. Schneider

Band 10 **Datenstrukturen in Pascal und BASIC**
von D. Herrmann

Band 11 **Programmierprinzipien in BASIC und Pascal**
von D. Herrmann

Band 12 **Assembler-Programmierung von Mikroprozessoren (8080, 8085, Z 80) mit dem ZX Spectrum**
von P. Kahlig

Band 13 **Strukturiertes Programmieren in BASIC**
von W. Schneider

Band 14 **Logo-Programmierkurs für Commodore 64 Logo und Terrapin Logo (Apple II)**
von B. Schuppar

Band 15 **Entwerfen von Programmen (Commodore 64)**
von G. Oetzmann

Band 16 **Einführung in die Anwendung des Betriebssystems MS-DOS**
von W. Schneider

Band 17 **Einführung in die Anwendung des UCSD p-Systems**
von K. Buckner/M. J. Cookson/A. I. Hinxman/A. Tate

Band 18 **Mikrocomputer-COBOL**
von W. Kähler

Band 19 **Fortgeschrittene Programmiertechniken in Turbo Pascal**
von E. Hering und K. Scheurer

Band 20 **Einführung in die Anwendung des Betriebssystems Apple DOS (Apple II)**
von H. R. Behrendt und H. Junghans

Band 22 **Einführung in Turbo Pascal unter CP/M 80**
von G. Harbeck

Band 23 **Pascal mit der Turtle**
von K. und K. H. Beelich

Band 24 **Programmieren mit UNIX**
von G. Martin und M. Trostmann

Band 25 **Murmeltierwelt und Pascal**
von H. Pinke

Programmieren von Mikrocomputern Band 18

Wolf-Michael Kähler

Mikrocomputer-COBOL

Einführung in die Dialog-orientierte COBOL-Programmierung am Mikrocomputer

2., überarbeitete Auflage

Springer Fachmedien Wiesbaden GmbH

CIP-Kurztitelaufnahme der Deutschen Bibliothek

Kähler, Wolf-Michael:
Mikrocomputer-COBOL: Einf. in d. dialogorientierte COBOL-Programmierung am Mikrocomputer / Wolf-Michael Kähler. – 2., überarb. Aufl. –

(Programmieren von Mikrocomputern; Bd. 18)
ISBN 978-3-528-14438-8 ISBN 978-3-663-14022-1 (eBook)
DOI 10.1007/978-3-663-14022-1
NE: GT

1. Auflage 1985
2., überarbeitete Auflage 1987

Satz: Vieweg, Braunschweig

Vorwort zur 1. Auflage

COBOL ist weltweit die am häufigsten eingesetzte problemorientierte Programmiersprache. Die überragende Bedeutung von COBOL hat sich in den letzten Jahren im Zuge der Dezentralisierung des EDV-Einsatzes noch verstärkt, weil COBOL-Kompilierer für Microcomputer entwickelt wurden, die der Leistungsfähigkeit von Kompilierern auf Großrechnern kaum nachstehen.

Neben dem umfangreichen Spektrum von COBOL-Sprachelementen des ANSI-Standards stellen die auf Mikrocomputern verfügbaren Kompilierer dem Anwender – als neue Leistung – die Möglichkeit der Bildschirm-orientierten Dialog-Verarbeitung zur Verfügung.

In diesem Buch wird die Konzeption dieser Dialog-Verarbeitung dargestellt. An einfachen, aufeinander abgestimmten Beispielen wird erläutert, wie Daten am Mikrocomputer erfaßt, in Disketten-Dateien geeignet abgespeichert und zur Ausgabe auf den Drucker und den Bildschirm weiterverarbeitet werden.

Wegen der besonderen Bedeutung der index-sequentiell organisierten Dateien werden die verschiedenen Zugriffs-Methoden ausführlich dargestellt, wobei auch der Zugriff über Alternativ-Schlüssel beschrieben wird. Ferner wird der Leser unterwiesen, wie die Unterprogramm-Technik und die Technik der Segmentierung eingesetzt werden müssen, damit umfangreiche COBOL-Programme auf einem Mikrocomputer zum Ablauf gebracht werden können.

Die hierfür benötigten Sprachelemente des ANSI-Standards werden ebenfalls beschrieben – allerdings nicht so ausführlich, wie es etwa bei einer Einführung in die Programmiersprache COBOL der Fall ist. Insofern sind bei der Lektüre dieses Buches geringe Vorkenntnisse in COBOL wünschenswert. Die Darstellung des Stoffes ist jedoch so gehalten, daß auch der Leser, der über keine Vorkenntnisse in COBOL verfügt, die Ausführungen verstehen und nachvollziehen kann.

Bei der Darstellung der Bildschirm-orientierten Dialog-Verarbeitung wird das Arbeiten mit dem Kompilierer LEVEL II COBOL beschrieben, weil dieser Kompilierer unter fast allen auf dem Markt vorhandenen Betriebssystemen für Mikrocomputer ablauffähig ist. Ferner gehört dieser Kompilierer zu den leistungsfähigsten Kompilierern im Hinblick auf die zur Verfügung stehenden Sprachelemente des ANSI-Standards.

Die in diesem Buch dargestellte Anleitung für das Arbeiten mit Mikrocomputern orientiert sich an den Standard-Betriebssystemen MS-DOS und CP/M. Dabei werden die von diesen Betriebssystemen zur Verfügung gestellten Dienste allerdings nur insoweit erläutert, als sie für die Erstellung und die Ausführung von COBOL-Programmen benötigt werden. Der Leser braucht keine Vorkenntnisse über das Arbeiten mit Mikrocomputern zu besitzen.

Im Hinblick auf die Forderungen der „Strukturierten Programmierung" werden alle in diesem Buch beschriebenen Problemlösungen zunächst als Struktogramme und anschließend als COBOL-Programme angegeben.

Zur Lernkontrolle werden Übungsaufgaben gestellt, deren Lösungen im Anhang beschrieben sind.

Herrn Prof. Dr. Günther Lamprecht danke ich für die Anregung zu dieser Niederschrift. Für die kritische Durchsicht und für zahlreiche Verbesserungsvorschläge bin ich meinen Veranstaltungsteilnehmern, mehreren Kollegen und in ganz besonderem Maße Herrn Jürgen Martens zu Dank verpflichtet. Hervorheben möchte ich auch die gewohnt gute Zusammenarbeit mit dem Vieweg Verlag.

Ritterhude, im Mai 1985 *Wolf-Michael Kähler*

Vorwort zur 2. Auflage

Für die 2. Auflage erfolgte eine Überarbeitung des Kapitels „Sortierte Verarbeitung".

Neu aufgenommen wurde die Beschreibung, wie ein COBOL-Programm unter Einsatz des Programmsystems PERSONAL COBOL generiert und zur Ausführung gebracht wird.

Dieses von der Firma Micro Focus entwickelte und heutzutage in der Lehre der Programmiersprache COBOL sehr verbreitete System erleichtert die Programmentwicklung. Mit PERSONAL COBOL, das für den Einsatz unter MS-DOS zur Verfügung steht, können COBOL-Programme komfortabel im Rahmen einer durch Bildschirm-Menüs steuerbaren Dialog-Verarbeitung erfaßt, editiert, kompiliert und ausgeführt werden, so daß die Entwicklung von COBOL-Programmen auf Mikrocomputern wirksam unterstützt wird.

Die Bedienung dieses Systems wird erläutert, und es wird an einem Beispiel dargestellt, wie Bildschirm-Masken mit Hilfe des in PERSONAL COBOL integrierten Formular-Generators entwickelt und in ein COBOL-Quellprogramm aufgenommen werden können.

Ritterhude, im März 1987

Hinweis

Die in diesem einführenden Buch dargestellte Programmiersprache COBOL basiert auf dem Dokument "American National Standard Programming Language COBOL, X.3.23". Daher muß unseren Ausführungen der folgende Hinweise vorangestellt werden:

"Any organization interested in reproducing the COBOL report and specifications in whole or in part, using ideas from this report as the basis for an instruction manual or for any other purpose, is free to do so. However, all such organizations are requested to reproduce the following acknowledgement paragraphs in their entirety as part of the preface to any such publication. Any organization using a short passage from this document, such as in a book review, is requested to mention "COBOL" in acknowledgement of the source, but need not quote the acknowledgement.

COBOL is an industry language and is not the property of any company or group of companies, or of any organization or group of organizations.

No warranty, expressed or implied, is made by any contributor or by the CODASYL Programming Language Committee as to the accuracy functioning of the programming system and language. Moreover, no responsibility is assumed by any contributor, or by the committee, in connection therewith.

The authors and copyright holders of the copyrighted material used herein

FLOW-MATIC (Trademark of Sperry Rand Corporation), Programming for the UNIVAC (R) I and II, Data Automation Systems copyrighted 1958, 1959, by Sperry Rand Corporation;

IBM Commercial Translator Form No. F28-8013, copyrighted 1959 by IBM;

FACT, DSI 27A5260-2760, copyrighted 1960 by Minneapolis-Honeywell

have specifically authorized the use of this material in whole or in part, in the COBOL specifications. Such authorization extends to the reproduction and use of COBOL specifications in programming manual or similar publications."

LEVEL II COBOL und PERSONAL COBOL sind eingetragene Warenzeichen der Firma Micro Focus Ltd. CP/M-86 ist ein eingetragenes Warenzeichen der Firma Digital Research Inc. MS-DOS ist ein eingetragenes Warenzeichen der Firma Microsoft. Intel ist ein eingetragenes Warenzeichen der Firma Intel.

Inhaltsverzeichnis

1 Bildschirm-orientierte Dialog-Verarbeitung

1.1 Grundlegende Begriffe

1.1.1 Problemstellung

In einer Vertriebsgesellschaft sollen für eine zukünftige EDV-mäßige Bearbeitung der Geschäftsvorgänge alle notwendigen Informationen über die im Unternehmen beschäftigten Vertreter geeignet zusammengestellt und aufbereitet werden.

Der Einfachheit halber beschränken wir die Zusammenstellung auf

- die vierstellige Vertreterkennzahl,
- den Nachnamen,
- den Vornamen und
- den aktuellen Kontostand des Vertreters.[1]

Wir gehen davon aus, daß diese Daten bislang auf Karteikarten in der folgenden Form (am Beispiel des Vertreters EGON MEYER mit der Kennzahl 8413 und dem Kontostand + 725.15) eingetragen sind:[2]

```
.........................................................................
.                                                                       .
.  NACHNAME: MEYER                                   KENNZAHL: 8413     .
.                                                                       .
.  VORNAME:  EGON                                                       .
.                                                                       .
.  KONTOSTAND: +725.15                                                  .
.                                                                       .
.........................................................................
```

Wir wollen ein COBOL-Programm entwickeln, mit dem die Informationen geeignet erfaßt und zur Aufbewahrung und weiteren EDV-mäßigen Verarbeitung auf eine Diskette übertragen werden können.

---

1 Wir setzen voraus, daß das Konto eines Vertreters, über das die Provisionen verrechnet werden, überzogen werden darf, so daß auch negative Kontostände möglich sind.

2 Gemäß der angelsächsischen Schreibweise benutzen wir in nicht-ganzzahligen Dezimalzahlen den Dezimalpunkt anstelle eines Dezimalkommas.

1.1.2 COBOL-Programm

Ein *Programm* ist eine in einer künstlichen Sprache, einer sog. *Programmiersprache,* abgefaßte Anleitung für eine EDV-Anlage, wie geeignet bereitgestellte Daten verarbeitet werden sollen.

Wir werden das Programm zur Lösung unseres Problems – wir nennen es ein *Erfassungsprogramm* – in der Programmiersprache **COBOL** (**CO**mmon **B**usiness **O**riented **L**anguage) angeben, weil sich diese Sprache besonders gut zur Beschreibung von Problemlösungen im kaufmännischen und verwaltenden Bereich eignet.

1.1.3 Mikrocomputer

Das Erfassungsprogramm soll von einem *Mikrocomputer* – auch *Personal Computer* (**PC**) genannt – ausgeführt werden, der sich – vereinfacht dargestellt – aus folgenden Bausteinen zusammensetzt:

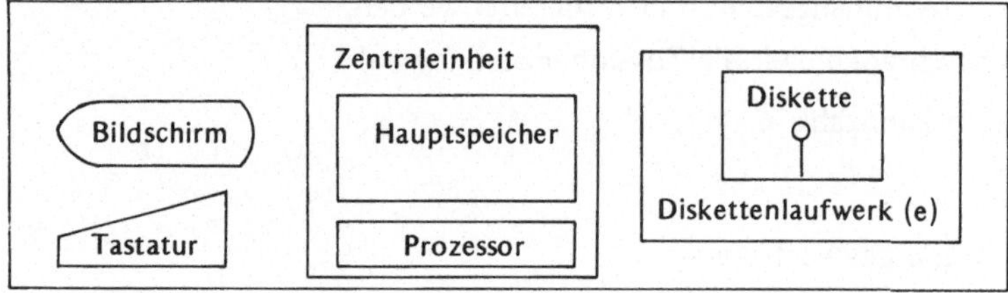

Der Mikrocomputer ist ein selbständiges Datenverarbeitungssystem, das sich von einem Großrechnersystem nicht im Aufbau und in der Wirkungsweise, sondern nur im Hinblick auf die Speicherkapazität und die Verarbeitungsgeschwindigkeit unterscheidet.

Die räumlichen Ausmaße des Mikrocomputers erlauben den unmittelbaren Einsatz am Arbeitsplatz.

Der Kern des Systems ist die *Zentraleinheit,* die aus dem *Hauptspeicher* und dem *Prozessor* besteht.

Die Speicherkapazität des Hauptspeichers beträgt i.a. 128 bzw. 256 Kilobytes (1 Kilobyte = 1 KB = 1024 Bytes) – einige Hersteller bieten Hauptspeichererweiterungen bis zu 3 MB (1 MB = 1 Megabyte = 1024 KB) an.

Zur Eingabe von Daten ist eine Tastatur und zur Daten-Ausgabe ein Bildschirm an die Zentraleinheit angeschlossen.

Der *Bildschirm* ist in 24 Zeilen untergliedert, die jeweils aus 80 Zeichenpositionen bestehen, so daß bis zu 1920 Zeichen gleichzeitig auf dem Bildschirm angezeigt werden können.[3]

Über die *Tastatur* (Genaueres s. Abschnitt 1.3.3) kann man Daten in den Hauptspeicher übertragen, die anschließend von einem in der Zentraleinheit ablaufenden Programm als Eingabeinformationen verwendet werden.

---

[3] Bei 25-zeiligen Bildschirmen wird die letzte Zeile in der Regel für Daueranzeigen von Anwenderinformationen verwendet, so daß sie für Ausgaben eines Anwenderprogramms nicht genutzt werden kann.

Wir setzen voraus, daß zwei *Diskettenlaufwerke* als magnetische Sekundärspeicher an die Zentraleinheit angeschlossen sind. Damit unterschieden werden kann, welches der beiden Laufwerke für den Disketten-Zugriff ausgewählt werden soll, wird das eine Laufwerk durch den Buchstaben "A" und das andere durch den Buchstaben "B" gekennzeichnet. Diese Benennung ist von Bedeutung, wenn wir festlegen müssen, zu welchem Laufwerk die von uns über die Tastatur eingegebenen Vertreterdaten übertragen werden sollen (s. Abschnitt 1.1.12).

Bei der Erfassung der Vertreterdaten läuft unser (noch zu entwickelndes) Erfassungsprogramm in der Zentraleinheit ab – d. h. es befindet sich im Hauptspeicher und wird dort Schritt für Schritt vom Prozessor ausgeführt.

Den Ablauf der Erfassung stellen wir uns wie folgt vor:

Zu Beginn wird auf dem Bildschirm der folgende Text (Bildschirm-Menü) angezeigt:

```
............................................................
. NACHNAME:  <                     >            KENNZAHL:<   >  .
.                                                              .
. VORNAME:   <                     >                           .
.                                                              .
. KONTOSTAND:<          >                                      .
.                                                              .
.                                                              .
.                                                              .
. ENDE(J):< >                                                  .
............................................................
```

In die durch die Zeichen "<" und ">" begrenzten Zeilenbereiche – die sog. *Erfassungsfelder* – werden die Daten einer Karteikarte über die Tastatur – wie bei einer Schreibmaschine – eingetragen. Gleichzeitig werden die eingegebenen Zeichen im Hauptspeicher zur Zwischenspeicherung aufbewahrt. Sind sämtliche Daten einer Karteikarte auf dem Bildschirm eingetragen, so sollen sie durch Betätigung einer Spezialtaste der Tastatur (Return-Taste) vom Hauptspeicher auf die Diskette im Diskettenlaufwerk übertragen werden. Danach werden die Eintragungen in den Erfassungsfeldern wieder gelöscht, um mit der Erfassung der Daten der nächsten Karteikarte fortfahren zu können.

Somit stellt sich der *Datenfluß* bei der Erfassung wie folgt dar:

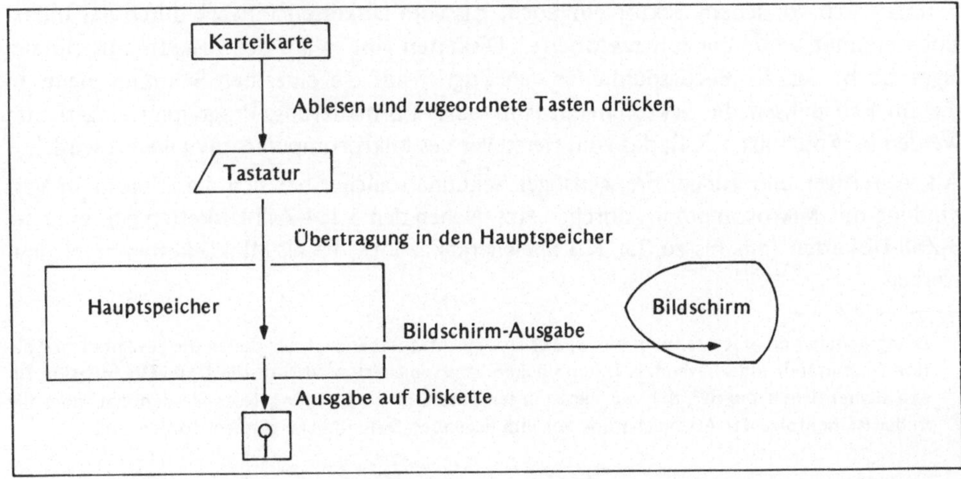

1.1.4 Diskette

Die *Diskette* (floppy disk) ist ein Datenträger, bei dem die zu speichernde Information auf einer magnetisch beschichteten Kunststoffplatte aufgezeichnet wird. Zum Schutz gegen Verschmutzung und mechanische Beschädigung befindet sich die Platte in einer quadratischen Plastikhülle, in der sie auch während der Benutzung im Diskettenlaufwerk verbleibt.

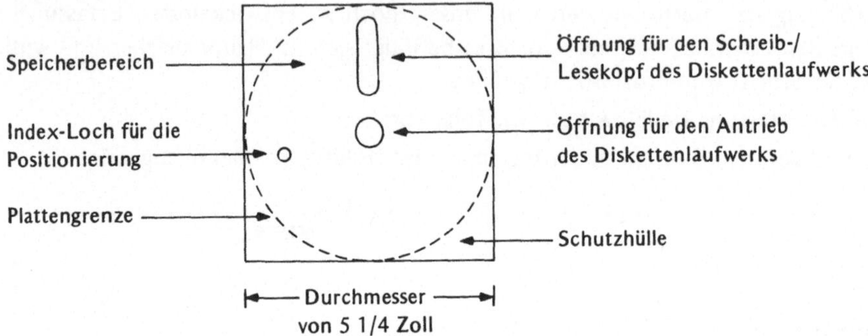

Die Daten werden auf konzentrischen *Spuren* (tracks) – üblicherweise 40 bei der 5 1/4-Zoll-Diskette – aufgezeichnet. Jede Spur ist in *Sektoren* unterteilt, die jeweils 512 Zeichen aufnehmen können. Die Speicherkapazität einer Diskette beträgt 320 KB (bei 8 Sektoren pro Spur) bzw. 360 KB (bei 9 Sektoren pro Spur).

Diskettenspeicher gehören zu den sog. zyklischen Speichern, bei denen das Speichermedium unter den Schreib-/Leseköpfen rotiert, so daß nach einer Umdrehung derselbe Speicherbereich wieder gelesen oder beschrieben werden kann. Auf solchen Speichern lassen sich (neben der sequentiellen Datei-Organisation) verschiedene Organisationsformen für den *Direktzugriff,* insbesondere die index-sequentielle Datei-Organisation (s. Abschnitt 4.2) realisieren.[4] Dabei versteht man unter dem Direktzugriff die Eigenschaft eines Datenspeichers, den gezielten Zugriff auf einen beliebigen Speicherbereich – bei der Diskette ist dies der Sektor – zu ermöglichen.

Disketten können hard- oder soft-sektoriert sein. Bei den *hard-sektorierten* Disketten befindet sich vor jedem Sektor ein Loch, das vom Diskettenlaufwerk durch das Index-Loch erkannt wird. Bei *soft-sektorierten* Disketten gibt es auf der Diskette nur ein einziges Loch, das als Bezugspunkt für den Zugriff auf die einzelnen Sektoren dient. In diesem Fall müssen die Sektoren mit Hilfe eines Formatierungs-Programms eingerichtet werden (s. Abschnitt 1.3.4), das vom Hersteller des Mikrocomputers mitgeliefert wird.

Als vielseitiger und zudem preisgünstiger Sekundärspeicher hat sich die Diskette in Verbindung mit Mikrocomputern durchgesetzt. Neben den 5 1/4-Zoll-Disketten gibt es heute 3-Zoll-Disketten (mit bis zu 256 KB Speicherkapazität), die als Minidisketten bezeichnet werden.

---

[4] Demgegenüber erlauben sequentielle Speicher (z. B. Magnetbänder), bei denen die gesamte Information in hintereinanderliegenden Datenblöcken abgespeichert wird, nur die Datei-Organisation für den sequentiellen Zugriff, d. h. ein bestimmter Datenblock kann nur gelesen werden, nachdem alle in der Reihenfolge der Abspeicherung vor ihm liegenden Datenblöcke gelesen worden sind.

Zum Schutz vor unerlaubtem Zugriff auf die abgespeicherte Information sind Disketten in der Regel mit einer Schreibschutzmarkierung versehen. In diesem Fall ist ein schreibender Zugriff nur dann erlaubt, falls das Schutzloch nicht mit einem Aluminiumstreifen überklebt ist.

1.1.5 Datensatz

Für die Abspeicherung der Vertreterdaten auf einer Diskette wählen wir die folgende Ablageform:

Für jeden Vertreter soll ein *Datensatz* mit der folgenden Struktur eingerichtet werden (am Beispiel des Vertreters EGON MEYER mit der Kennzahl 8413 und dem Kontostand + 725.15):

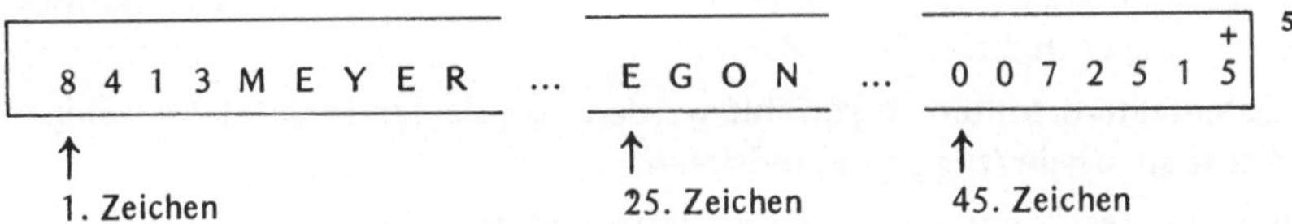

Damit haben wir die folgende Datensatz-Unterteilung festgelegt:

Zeichenposition	Inhalt
1 – 51	gesamte Vertreterinformation
1 – 4	Kennzahl
5 – 24	Nachname
25 – 44	Vorname
45 – 51	Kontostand

1.1.6 Datenfeld und Bezeichner

Da man die Zusammenfassung aufeinanderfolgender Zeichen ein *Datenfeld* nennt, können wir die o. a. Ablageform der Vertreterdaten in einem Datensatz wie folgt beschreiben:

Alle Daten eines einzelnen Vertreters sollen in einem 51 Zeichen langen Datenfeld – dem Datensatz – abgespeichert werden. Dieser Datensatz soll untergliedert sein in

- ein Datenfeld, das aus den ersten vier Zeichen besteht und die Kennzahl enthalten soll,
- ein Datenfeld mit dem Nachnamen (Zeichenposition 5–24),
- ein Datenfeld mit dem Vornamen (Zeichenposition 25–44) und
- ein 7 Zeichen langes Datenfeld (Zeichenposition 45–51), das an den ersten 5 Zeichenpositionen den ganzzahligen Teil und an den folgenden beiden Zeichenpositionen den nicht-ganzzahligen Teil des Kontostands enthält (zusammen mit der letzten Ziffer soll das Vorzeichen des Kontostands abgespeichert sein).

[5] Die Eintragung des Vorzeichens "+" über der Ziffer "5" soll andeuten, daß das Vorzeichen zusammen mit der letzten Ziffer abgespeichert wird.
Diese Ablage entspricht der üblichen rechnerinternen Abspeicherung einer signierten, d.h. mit einem Vorzeichen versehenen Dezimalzahl (s. Anhang A.5).

Aus Gründen der Zweckmäßigkeit spricht man nicht von einem „Datenfeld" mit einer „Anfangszeichen-" und einer „Endezeichenposition", sondern benutzt zur Adressierung der einzelnen Datenfelder Namen, sog. *Bezeichner.*

Bei der Wahl von Bezeichnern für Datenfelder sind die folgenden Regeln zu beachten:

Jeder vom *Programmierer* gewählte Bezeichner muß ein *Programmierer-Wort* sein, das aus maximal 30 Zeichen bestehen darf. Zulässige Zeichen sind dabei die (Groß-)Buchstaben des Alphabets, die Ziffern und das Sonderzeichen Bindestrich „–", das jedoch nicht erstes und auch nicht letztes Zeichen des Programmierer-Worts sein darf.

Ausgeschlossen als Programmierer-Wörter sind alle *reservierten COBOL-Wörter,* die im COBOL-Programm eine bestimmte Bedeutung haben (Schlüsselwörter). Sie sind in einer Liste im Anhang A.1 zusammengestellt.

Darüberhinaus ist bei der Wahl von Bezeichnern zu beachten, daß in der Zeichenfolge mindestens ein Buchstabe enthalten sein muß.

Bezeichner von Datenfeldern sollten so gewählt werden, daß sie den Inhalt der jeweiligen Datenfelder möglichst aussagekräftig charakterisieren.

Für die Datenfelder unseres Datensatzes mit den Vertreterdaten wählen wir die folgenden Bezeichner:

VERTRETER-SATZ	:	Datenfeld mit den gesamten Vertreterdaten
KENNZAHL	:	Datenfeld mit der Vertreterkennzahl
NACHNAME	:	Datenfeld mit dem Nachnamen des Vertreters
VORNAME	:	Datenfeld mit dem Vornamen des Vertreters
KONTOSTAND	:	Datenfeld mit dem Kontostand des Vertreters

Der Bezeichner VERTRETER-SATZ adressiert den gesamten Datensatz – wir nennen ihn daher *Datensatznamen.*

1.1.7 Datensatz-Beschreibung

Der Datensatz VERTRETER-SATZ ist untergliedert in die Datenfelder KENNZAHL, NACHNAME, VORNAME und KONTOSTAND.

Diese hierarchische Gliederung veranschaulichen wir uns durch die folgende Graphik:

<table>
<tr><td colspan="4" align="center">VERTRETER-SATZ</td></tr>
<tr><td>KENNZAHL
1 4</td><td>NACHNAME
5 24</td><td>VORNAME
25 44</td><td>KONTOSTAND
45 51</td></tr>
</table>

Im COBOL-Programm müssen wir diese Struktur und die Eigenschaften der einzelnen Datenfelder – wie etwa deren Länge und die Kennzeichnung, ob es sich um numerische oder um alphanumerische Datenfelder handelt (s. u.) – als *Datensatz-Beschreibung* in der folgenden Weise angeben:

```
01  VERTRETER-SATZ.
    02  KENNZAHL      PIC 9999.
    02  NACHNAME      PIC XXXXXXXXXXXXXXXXXXXX.
    02  VORNAME       PIC XXXXXXXXXXXXXXXXXXXX.
    02  KONTOSTAND    PIC S99999V99.
```

Die hierarchische Gliederung des Datensatzes wird durch *Stufennummern* – dies sind zweiziffrige Zahlen in den Grenzen von 01 bis 49 – festgelegt, die den Bezeichnern vorangestellt sind. Dabei erhält die höchste Stufe, d. h. der Datensatzname die Nummer 01. Die einem Datenfeld untergeordneten Datenfelder erhalten eine um (mindestens) 1 erhöhte Stufennummer.

Da die Datenfelder KENNZAHL, NACHNAME, VORNAME und KONTOSTAND alle dem Datenfeld VERTRETER-SATZ untergeordnet sind, muß die für das Feld KENNZAHL ausgewählte Stufennummer – wir haben die Nummer 02 vergeben – auch den Feldern NACHNAME, VORNAME und KONTOSTAND zugeordnet sein.

Unter dem Gesichtspunkt der hierarchischen Gliederung unterscheidet man in einer Datensatz-Beschreibung zwei Arten von Datenfeldern:

– *Datengruppen* (nichtelementare Datenfelder), die in weitere Datenfelder unterteilt sind, und
– *elementare Datenfelder,* die nicht weiter untergliedert sind.

Unser Datensatz VERTRETER-SATZ besteht somit aus der Datengruppe VERTRETER-SATZ und den elementaren Datenfeldern KENNZAHL, NACHNAME, VORNAME und KONTOSTAND.

1.1.8 PICTURE-Klausel

In der Datensatz-Beschreibung wird jede Eintragung für eine Datengruppe durch einen Punkt "." abgeschlossen, wogegen jedem elementaren Datenfeld eine **PICTURE**-*Klausel* der Form:

```
PIC picture-maske.
```

folgt.[6]

Diese Klausel wird durch das reservierte COBOL-Wort **PIC** eingeleitet – anstelle von "PIC" darf auch ausführlich "PICTURE" geschrieben werden –, und in der Picture-Maske wird durch die Häufigkeit der *Maskenzeichen* "9" bzw. "X" die Länge der einzelnen Datenfelder festgelegt.

Während durch "X" eine Stelle für ein beliebiges Textzeichen charakterisiert wird, kennzeichnet das Maskenzeichen "9" eine Ziffernstelle.

Somit legt die PICTURE-Klausel hinter dem Bezeichner KENNZAHL in der Eintragung

```
02 KENNZAHL    PIC 9999.
```

fest, daß das Datenfeld KENNZAHL 4 Zeichen lang ist und der Inhalt als vierstellige ganze Zahl interpretiert werden soll.

---

6 Unter einer Klausel versteht man eine Zusammenfassung spezieller COBOL-Sprachelemente. Unterstrichene reservierte COBOL-Wörter sind Schlüsselwörter, die im COBOL-Programm nicht weggelassen werden dürfen – im Gegensatz zu COBOL-Wahlwörtern, auf deren Angabe man verzichten kann.

Für unser Beispiel wird der Inhalt von

```
KENNZAHL | 8 4 1 3 |
           9 9 9 9
```

somit als ganze Zahl 8413 gedeutet.
Die PICTURE-Klausel

```
PIC XXXXXXXXXXXXXXXXXXXX.
```

hinter den Bezeichnern NACHNAME und VORNAME beschreibt jeweils einen Zeichenbereich von 20 Zeichen, in dem beliebige Textzeichen eingetragen sein dürfen.

Für unser Beispiel wird der Inhalt von

```
NACHNAME | M E Y E R ␣ ␣ ␣ ␣ ␣ ␣ ␣ ␣ ␣ ␣ ␣ ␣ ␣ ␣ ␣ |
           X X X X X X X X X X X X X X X X X X X X
```

somit als Text "MEYER␣␣␣␣␣␣␣␣␣␣␣␣␣␣␣" ermittelt, den wir abkürzend als "MEYER" angeben.
Dem Bezeichner KONTOSTAND folgt die PICTURE-Klausel

```
PIC S99999V99.
```

Sie bestimmt, daß das Datenfeld KONTOSTAND 7 Ziffern enthält. Das Maskenzeichen "V" legt die Position des Dezimalpunkts fest,[7] so daß in diesem Beispiel die ersten 5 Ziffern den ganzzahligen Teil und die letzten beiden Ziffern den nicht-ganzzahligen Teil der Dezimalzahl enthalten.
Das führende Maskenzeichen "S" zeigt an, daß das Datenfeld KONTOSTAND zur Aufnahme einer signierten, d. h. mit einem Vorzeichen versehenen Dezimalzahl dient, wobei deren Vorzeichen zusammen mit der letzten Ziffer abgespeichert wird.
Für unser Beispiel wird der Inhalt von[8]

```
              S9 9 9 9 9V9 9
                           +
KONTOSTAND  | 0 0 7 2 5 1 5 |
                         ^
```

als positive Zahl +00725.15, d. h. +725.15 interpretiert.
Die o. a. PICTURE-Klausel

```
PIC S99999V99.
```

ist eine Kurzform von

```
PIC S99999V99  SIGN IS TRAILING.
```

---

7 Das Zeichen "V" leitet sich aus dem Anfang des Worts "virtuell" ab – man spricht auch von einem virtuellen, d. h. gedachten Dezimalpunkt.

8 Wir kennzeichnen in der graphischen Darstellung die Lage des virtuellen Dezimalpunkts durch ein umgekehrtes stilisiertes "V".
Bei der Eingabe einer Dezimalzahl dürfen führende Nullen nicht weggelassen werden.

Durch die Angabe der **SIGN**-*Klausel* in der Form[9]

```
SIGN IS { LEADING  }
        { TRAILING }
```

kann man bestimmen, ob ein Vorzeichen zusammen mit der führenden (LEADING) oder aber mit der letzten Ziffer (TRAILING: dies ist die Voreinstellung) abgespeichert werden soll.

Davon abweichend kann man durch die zusätzliche Angabe der **SEPARATE**-*Klausel* (hinter der SIGN-Klausel) in der Form

```
SEPARATE CHARACTER
```

festlegen, daß das Vorzeichen nicht zusammen mit einer Ziffer, sondern eigenständig vor der ersten Ziffer (SIGN IS LEADING SEPARATE CHARACTER) oder hinter der letzten Ziffer (SIGN IS TRAILING SEPARATE CHARACTER) abgespeichert werden soll.[10]

1.1.9 Wiederholungsfaktor

Um Schreibarbeit zu sparen – und weil jede Picture-Maske nur maximal 30 Maskenzeichen enthalten darf – ist es möglich, die Anzahl mehrerer aufeinanderfolgender Maskenzeichen des gleichen Typs durch einen (ganzzahligen) *Wiederholungsfaktor* anzugeben, der von einer öffnenden "(" und schließenden Klammer ")" begrenzt wird.

So kann man etwa abkürzend

9 (4) anstelle von 9999

und

X (20) anstelle von XXXXXXXXXXXXXXXXXXXX

schreiben, so daß wir die Datensatz-Beschreibung des Datensatzes VERTRETER-SATZ auch so angeben können:

```
01  VERTRETER-SATZ.
    02  KENNZAHL      PIC 9(4).
    02  NACHNAME      PIC X(20).
    02  VORNAME       PIC X(20).
    02  KONTOSTAND    PIC S9(5)V99.
```

---

[9] Mit den Alternativklammern "{" und "}" wird festgelegt, daß entweder

SIGN IS LEADING

oder aber

SIGN IS TRAILING

syntaktisch richtige Klauseln sind.

[10] Die Möglichkeit, die getrennte Ablage von Vorzeichen und Ziffern festzulegen, ist dann von Bedeutung, wenn signierte numerische Daten, die von einem COBOL-Programm verarbeitet werden sollen, zuvor mit einem Editierprogramm (vgl. Abschnitt 1.3.5) auf einer Diskette erfaßt wurden. Zur Kodierung von numerischen Werten s. Anhang A.5.

1.1.10 Numerische und alphanumerische Datenfelder

Elementare Datenfelder, deren Inhalt als Zahl interpretiert werden soll, nennt man *numerisch.* Die Picture-Maske eines numerischen Datenfelds darf nur das Maskenzeichen "9" und evtl. zusätzlich die Maskenzeichen "S" und "V" – diese jedoch nur einmal – enthalten.

Ist der Inhalt eines elementaren Datenfelds dagegen als Text zu deuten, so spricht man von einem *alphanumerischen* Datenfeld. Seine Picture-Maske enthält nur das Maskenzeichen "X".

Somit sind KENNZAHL und KONTOSTAND numerische und NACHNAME und VORNAME alphanumerische Datenfelder.

Da Datengruppen nicht durch PICTURE-Klauseln beschrieben werden, kann man ihnen auch keine der Eigenschaften „numerisch" bzw. „alphanumerisch" zuordnen.

Um für das folgende eine einheitliche Sprechweise zu haben, nennen wir sowohl die Beschreibung einer Datengruppe als auch die Beschreibung eines elementaren Datenfelds eine *Datenfeld-Beschreibung.* Für den Fall, daß durch ein Datenfeld die Struktur eines Datensatzes auf der Diskette festgelegt wird, nennen wir die zugehörige Datenfeld-Beschreibung eine Datensatz-Beschreibung (vgl. Abschnitt 1.1.7).

1.1.11 Datei-Beschreibung

Die Vertreterdaten sollen in Form von Datensätzen, deren Struktur oben durch die Datensatz-Beschreibung von VERTRETER-SATZ charakterisiert wurde, auf dem magnetischen Datenträger Diskette abgespeichert werden.

Da eine Sammlung von Datensätzen als *Datei* bezeichnet wird, stellt sich somit die Aufgabe, eine Datei mit den Vertreterdatensätzen auf einer Diskette zu erstellen.

Zur Einrichtung dieser Datei muß im COBOL-Programm eine *Datei-Beschreibung* – auch FD-*Eintrag* (file description) genannt – vereinbart werden, in der hinter dem reservierten COBOL-Wort FD der *Dateiname* – als Bezeichner der Datei – und daran anschließend die Datensatz-Beschreibung angegeben werden muß.

Wir wählen den Dateinamen VERTRETER-DATEI und legen somit den folgenden FD-Eintrag fest:

```
FD  VERTRETER-DATEI.
01  VERTRETER-SATZ.
    02  KENNZAHL      PIC 9(4).
    02  NACHNAME      PIC X(20).
    02  VORNAME       PIC X(20).
    02  KONTOSTAND    PIC S9(5)V99.
```

Um die am Bildschirm zu erfassenden Vertreterdaten als Datensätze in die Datei VERTRETER-DATEI übertragen zu können, muß die Datei zunächst zur Verarbeitung (als Ausgabe-Datei) eröffnet werden.

Dadurch wird im Hauptspeicher ein Bereich als *Ausgabe-Puffer* eingerichtet. Im Ausgabe-Puffer müssen jeweils die Daten zusammengestellt werden, die anschließend als *ein* Datensatz in die Datei übertragen werden sollen. Dazu ist der Ausgabe-Puffer so strukturiert, wie es in der Datensatz-Beschreibung der zugehörigen Datei verabredet ist, und auf die einzelnen Felder des Puffers wird über diejenigen Bezeichner zugegriffen, die in der Datensatz-Beschreibung der Datei angegeben sind.

Ausgabe-Puffer, adressiert durch den Bezeichner VERTRETER-SATZ

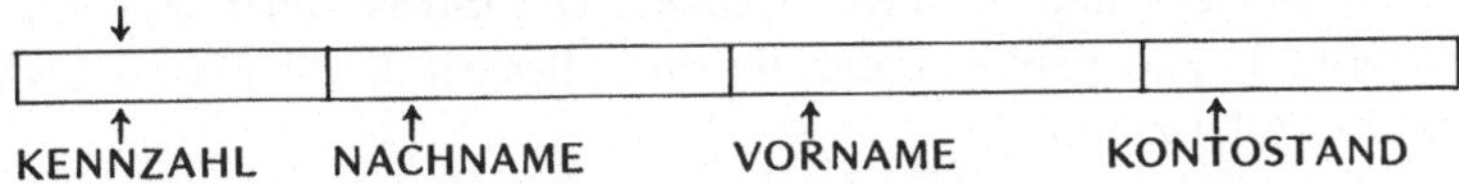

Die Datensatz-Beschreibung VERTRETER-SATZ dient somit als „Schablone“ für den Zugriff auf die einzelnen Felder des Ausgabe-Puffers.

Bevor die Daten eines Vertreters im Ausgabe-Puffer VERTRETER-SATZ zusammengestellt und als ein Datensatz in die Disketten-Datei VERTRETER-DATEI übertragen werden können, müssen die Informationseinheiten Kennzahl, Nachname, Vorname und Kontostand am Bildschirm erfaßt werden.

1.1.12 Programm-Aufbau

Bevor wir die Bildschirmerfassung im einzelnen konzipieren, geben wir das Programm-Gerüst für das zu erstellende Erfassungs-Programm wie folgt an:

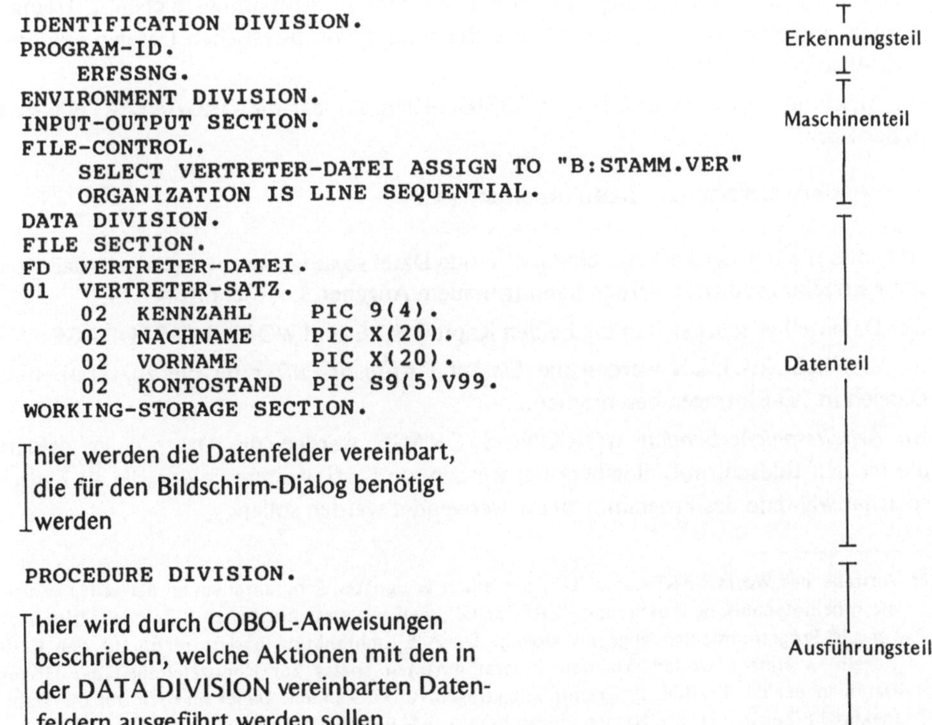

```
IDENTIFICATION DIVISION.
PROGRAM-ID.
    ERFSSNG.
ENVIRONMENT DIVISION.
INPUT-OUTPUT SECTION.
FILE-CONTROL.
    SELECT VERTRETER-DATEI ASSIGN TO "B:STAMM.VER"
    ORGANIZATION IS LINE SEQUENTIAL.
DATA DIVISION.
FILE SECTION.
FD  VERTRETER-DATEI.
01  VERTRETER-SATZ.
    02  KENNZAHL     PIC 9(4).
    02  NACHNAME     PIC X(20).
    02  VORNAME      PIC X(20).
    02  KONTOSTAND   PIC S9(5)V99.
WORKING-STORAGE SECTION.
```

hier werden die Datenfelder vereinbart, die für den Bildschirm-Dialog benötigt werden

```
PROCEDURE DIVISION.
```

hier wird durch COBOL-Anweisungen beschrieben, welche Aktionen mit den in der DATA DIVISION vereinbarten Datenfeldern ausgeführt werden sollen

Jedes COBOL-Programm besteht aus den 4 *Programmteilen* (divisions) IDENTIFICATION, ENVIRONMENT, DATA und PROCEDURE, die in dieser Reihenfolge untereinander angegeben werden müssen.

Jeder Programmteil ist weiter gegliedert – entweder nur in *Paragraphen* (dies gilt für die IDENTIFICATION DIVISION und die PROCEDURE DIVISION) oder aber in *Kapitel* (Sections), die wiederum in Paragraphen unterteilt sind (dies gilt für die ENVIRONMENT DIVISION und die DATA DIVISION).

Im Paragraphen PROGRAM-ID des Erkennungsteils wird der *Programmname* eingetragen, der ein Bezeichner sein muß.

Wir haben das Wort ERFSSNG als Programmnamen gewählt.[11]

Im Maschinenteil wird innerhalb des Kapitels INPUT-OUTPUT im Paragraphen FILE-CONTROL mit der SELECT- und der ASSIGN-Klausel in der Form

```
SELECT VERTRETER-DATEI ASSIGN TO "B:STAMM.VER"
```

der im COBOL-Programm durch einen FD-Eintrag definierten logischen Datei namens VERTRETER-DATEI die (nach dem Programmlauf) auf der Diskette vorliegende physische Datei mit der Angabe "B:STAMM.VER" zugeordnet.

Dabei muß die Bezeichnung der Disketten-Datei in Anführungszeichen (") eingefaßt werden und den Konventionen für die Benennung von physischen Dateien entsprechen (vgl. Abschnitt 1.3.4).

Im Anschluß an die SELECT- und ASSIGN-Klauseln legt die ORGANIZATION-Klausel in der Form

```
ORGANIZATION IS LINE SEQUENTIAL
```

fest, daß die auf der Diskette einzurichtende Datei so aufgebaut werden soll, daß sie nach ihrer Erstellung editiert werden kann (genauere Angaben s. Abschnitt 4.1.2).[12]

Der Datenteil gliedert sich in die beiden Kapitel FILE und WORKING-STORAGE.

In der FILE SECTION werden die *Ein-* und *Ausgabe-Puffer* für die zu verarbeitenden Dateien in FD-Einträgen beschrieben.

Im *Arbeitsspeicherbereich* WORKING-STORAGE werden die Datenfelder deklariert, die für den Bildschirm-Dialog benötigt werden, und evtl. weitere Felder, die als Zwischenspeicher während des Programmablaufs verwendet werden sollen.

---

[11] Anstelle des Worts "ERFASSUNG", das einen geeigneten Programmnamen darstellt, wählen wir die mnemotechnische Abkürzung "ERFSSNG", weil wir stets nur bis zu 8 Zeichen lange Bezeichner als Programmnamen angeben wollen. Diese Einschränkung basiert nicht auf den COBOL-Regeln. Vielmehr wollen wir den Programmnamen später zur Kennzeichnung der Disketten-Datei, in der das COBOL-Programm eingetragen ist, verwenden. Dabei sind wir auf die Wahl von maximal 8 Zeichen langen Namen eingeschränkt (s. Abschnitt 1.3.4).

[12] Unter "Editieren" versteht man die Bearbeitung von Texten in Dateien mit Hilfe eines Editierprogramms, das die Textmanipulation durch einfache Angaben über die Tastatur unterstützt. Zu den möglichen Bearbeitungsformen zählen die Texterstellung und -ergänzung sowie das Korrigieren und Löschen von Textteilen.

Alle FD-Einträge werden in der FILE SECTION untereinander eingetragen, und alle Datensatz-Beschreibungen für Datenfelder des Arbeitsspeicherbereichs werden in der WORKING-STORAGE SECTION untereinander angegeben.
In der PROCEDURE DIVISION werden die auszuführenden Aktionen durch COBOL-*Anweisungen* beschrieben, die jeweils durch ein charakteristisches reserviertes COBOL-Wort eingeleitet werden.
So wird etwa die Eröffnung der Datei VERTRETER-DATEI zur Ausgabe durch die COBOL-Anweisung

```
OPEN OUTPUT VERTRETER-DATEI
```

bewirkt.
Grundsätzlich muß hinter den Wörtern DIVISION und SECTION, hinter jedem Paragraphennamen und jedem Paragraphen-Eintrag ein Punkt "." gesetzt werden.

1.2 Erfassung am Bildschirm

1.2.1 Bildschirm-Aufbau

Für die Erfassung der auf den vorhandenen Karteikarten (s. Abschnitt 1.1.1) eingetragenen Daten ist ein Formular hilfreich, das auf dem Bildschirm des Mikrocomputers als *Erfassungs-Menü* in der folgenden Form angezeigt wird:

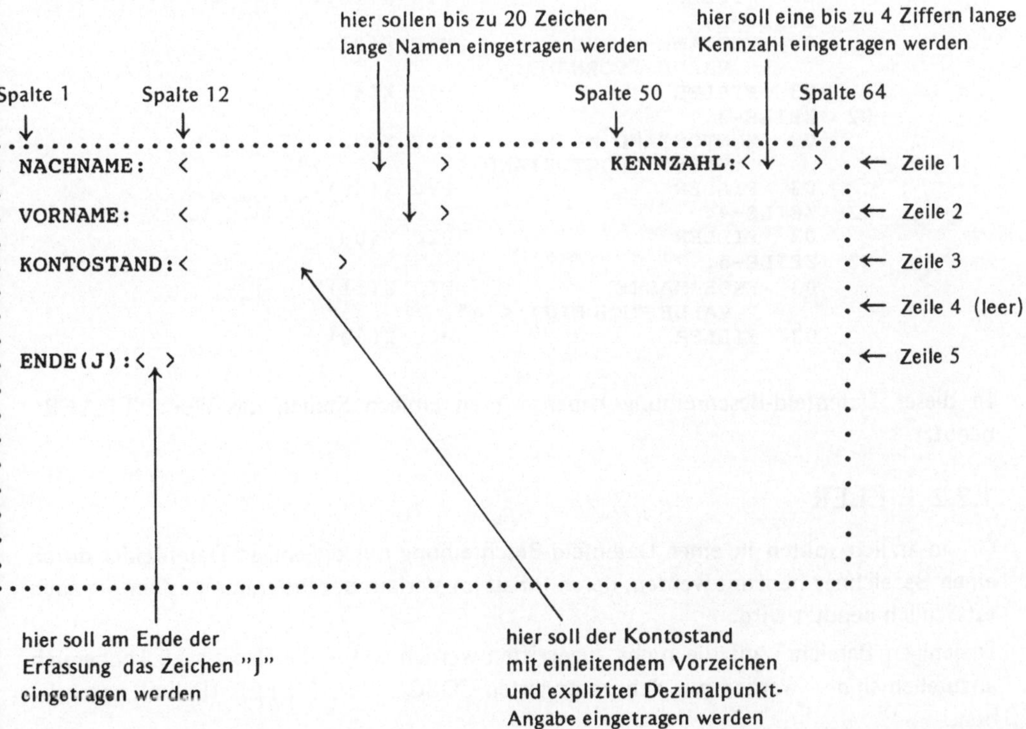

In die durch die Begrenzungszeichen "<" und ">" festgelegten Felder – wir nennen sie *Erfassungsfelder* – sollen bei der Erfassung die Daten für jeweils einen Vertreter über die Tastatur des Mikrocomputers eingetragen werden. Dabei dienen die Markierungszeichen "<" und ">" allein der optischen Sichtkontrolle (wir könnten auch andere Zeichen zur Begrenzung wählen).

Wir haben insgesamt fünf Erfassungsfelder konzipiert. Im ersten Feld soll der Nachname, im zweiten die Kennzahl, im dritten der Vorname, im vierten der Kontostand und im fünften – beim Erfassen der Daten der letzten Karteikarte – das Zeichen "J" als Signal für das Erfassungsende eingetragen werden.

Wir zeigen nun, wie man das Erfassungs-Menü auf dem Bildschirm erzeugen kann.

Zunächst muß man den Bildschirmausschnitt von Zeile 1 bis Zeile 5 als Datenfeld in der WORKING-STORAGE SECTION beschreiben. Da jede Bildschirmzeile aus 80 Zeichenpositionen besteht, müssen folglich 5 Zeilen mit jeweils 80 Zeichen zu einem Datenfeld von 400 Zeichen zusammengefaßt werden. Wir vergeben für das gesamte Datenfeld den Bezeichner BILDSCHIRM-AUS, für die den 5 Bildschirmzeilen zugeordneten Datenfelder die Bezeichner ZEILE-1 bis ZEILE-5 und definieren:

```
01  BILDSCHIRM-AUS.
    02  ZEILE-1.
        03  NACHNAME-MASKE        PIC X(33)
              VALUE "NACHNAME:  <                     >".
        03  FILLER                PIC X(16).
        03  KENNZAHL-MASKE        PIC X(15)
              VALUE "KENNZAHL:<    >".
        03  FILLER                PIC X(16).
    02  ZEILE-2.
        03  VORNAME-MASKE         PIC X(33)
              VALUE "VORNAME:   <                     >".
        03  FILLER                PIC X(47).
    02  ZEILE-3.
        03  KONTOSTAND-MASKE      PIC X(22)
              VALUE "KONTOSTAND:<         >".
        03  FILLER                PIC X(58).
    02  ZEILE-4.
        03  FILLER                PIC X(80).
    02  ZEILE-5.
        03  ENDE-MASKE            PIC X(11)
              VALUE "ENDE(J):< >".
        03  FILLER                PIC X(69).
```

In dieser Datenfeld-Beschreibung haben wir an einigen Stellen das Wort "FILLER" benutzt.

1.2.2 FILLER

Grundsätzlich sollten in einer Datenfeld-Beschreibung nur diejenigen Datenfelder durch einen Bezeichner benannt werden, deren Inhalt im Verlauf der Programmausführung auch tatsächlich benutzt wird.

Diejenigen Bereiche, auf die nicht zugegriffen werden soll – die also als Lückenbereich anzusehen sind – werden mit dem reservierten COBOL-Wort **FILLER** (Füllsel) beschrieben.

Die Länge eines derartigen Lückenbereichs wird in der hinter dem Wort FILLER anzugebenden PICTURE-Klausel mit dem Maskenzeichen X festgelegt.

In der ersten Zeile unseres Bildschirmausschnitts soll an den Zeichenpositionen 1–33 und den Positionen 50–64 eine Textinformation zur Kennzeichnung der (Lage der) Erfassungsfelder für den Nachnamen und die Vertreterkennzahl ausgegeben werden. In den Positionen 34–49 und 65–80 soll dagegen keine Information angezeigt werden. Folglich müssen wir für die erste Bildschirmzeile zwei elementare Datenfelder und zwei Lückenbereiche definieren. Dazu vereinbaren wir die ersten 80 Zeichen von BILDSCHIRM-AUS als Datengruppe ZEILE-1 und legen innerhalb dieses Datenfelds die elementaren Datenfelder NACHNAME-MASKE und KENNZAHL-MASKE ihrer Position, ihrer Länge und ihrem Typ entsprechend fest, wobei wir die Lücke von 16 Zeichenpositionen zwischen den beiden Feldern durch die Vereinbarung

```
02  FILLER  PIC X(16).
```

kennzeichnen (s. o.). In gleicher Weise beschreiben wir die 16 Zeichenpositionen umfassende Lücke am Ende der ersten Bildschirmzeile.

In der 4. Zeile unseres Bildschirmausschnitts soll keine Textausgabe erfolgen. Daher beschreiben wir die zugehörige Datengruppe ZEILE-4 durch:

```
02  ZEILE-4.
    03  FILLER  PIC X(80).
```

Diese Angabe kann natürlich auch durch

```
02  FILLER PIC X(80).
```

abgekürzt werden.

Die Bezeichner ZEILE-1, ZEILE-2, ZEILE-3, ZEILE-4 und ZEILE-5 haben wir zunächst nur aus Gründen der Übersichtlichkeit im Hinblick auf die Zeilenstrukturierung des Bildschirms definiert.

Da wir mit dieser Strukturierung jetzt vertraut sind, kürzen wir die o. a. Datenfeld-Beschreibung von BILDSCHIRM-AUS in Zukunft wie folgt ab (dabei fassen wir auch die beiden aufeinanderfolgenden FILLER-Eintragungen zu einer Eintragung zusammen):[13]

```
01  BILDSCHIRM-AUS.
    02  NACHNAME-MASKE          PIC X(33)
            VALUE "NACHNAME:  <                    >".
    02  FILLER                  PIC X(16).
    02  KENNZAHL-MASKE          PIC X(15)
            VALUE "KENNZAHL:<    >".
    02  FILLER                  PIC X(16).
    02  VORNAME-MASKE           PIC X(33)
            VALUE "VORNAME:   <                    >".
    02  FILLER                  PIC X(47).
    02  KONTOSTAND-MASKE        PIC X(22)
            VALUE "KONTOSTAND:<         >".
    02  FILLER                  PIC X(138).
    02  ENDE-MASKE              PIC X(11)
            VALUE "ENDE(J):< >".
    02  FILLER                  PIC X(69).
```

[13] Die Eintragung

```
02  FILLER PIC X(69).
```

1.2.3 VALUE-Klausel

Mit Hilfe der VALUE-*Klausel* kann ein in der WORKING-STORAGE SECTION vereinbartes alphanumerisches Datenfeld mit einer Zeichenfolge gefüllt – initialisiert – werden.[14]

Die hinter dem reservierten COBOL-Wort VALUE angegebene Zeichenfolge – auch *alphanumerisches Literal* genannt – muß dabei einleitend und abschließend von einem Anführungszeichen (") begrenzt werden. Will man das Anführungszeichen selbst als Zeichen innerhalb eines alphanumerischen Literals aufführen, so ist es ersatzweise durch zwei aufeinanderfolgende Anführungszeichen darzustellen.

Durch die Festlegung

```
02  NACHNAME-MASKE  PIC X(33)
         VALUE "NACHNAME:  <                    >".
```

wird die Zeichenfolge

NACHNAME:␣␣<␣␣␣␣␣␣␣␣␣␣␣␣␣␣␣␣␣␣␣␣>

als Wert in das Datenfeld NACHNAME-MASKE eingetragen, so daß sich ergibt:

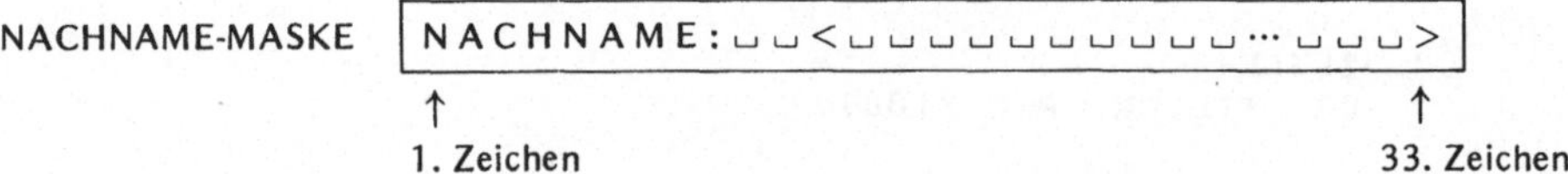

1.2.4 Struktur der Ein-/Ausgabebereiche für die Bildschirmverarbeitung

In den Abschnitten 1.2.1 und 1.2.2 haben wir den *(Bildschirm-) Ausgabebereich* für den Bildschirm-Dialog konzipiert und in Form der Datenfeld-Beschreibung BILDSCHIRM-AUS angegeben.

Diese Datenfeld-Beschreibung muß innerhalb des COBOL-Programms in der WORKING-STORAGE SECTION eingetragen werden:

```
WORKING-STORAGE SECTION.
01  BILDSCHIRM-AUS.
    02  NACHNAME-MASKE        PIC X(33)
             VALUE "NACHNAME:  <                    >".
    02  FILLER                PIC X(16).
    02  KENNZAHL-MASKE        PIC X(15)
             VALUE "KENNZAHL:<    >".
    02  FILLER                PIC X(16).
    02  VORNAME-MASKE         PIC X(33)
             VALUE "VORNAME:   <                    >".
    02  FILLER                PIC X(47).
    02  KONTOSTAND-MASKE      PIC X(22)
             VALUE "KONTOSTAND:<         >".
    02  FILLER                PIC X(138).
    02  ENDE-MASKE            PIC X(11)
             VALUE "ENDE(J):< >".
    02  FILLER                PIC X(69).
```

---

[14] Zur Initialisierung von numerischen Datenfeldern s. Abschnitt 2.5.

Als nächstes definieren wir den *Eingabebereich* für die Aufnahme der über die Tastatur zu erfassenden (und am Bildschirm anzuzeigenden) Daten durch eine weitere Datenfeld-Beschreibung innerhalb der WORKING-STORAGE SECTION. Als Bezeichner wählen wir das Programmierer-Wort BILDSCHIRM-EIN.

In der zugehörigen Datenfeld-Beschreibung sind dabei solche Felder zu vereinbaren, die bei der Erfassung den Nachnamen, die Kennzahl, den Vornamen, den Kontostand sowie das Zeichen "J" (zur Signalisierung des Erfassungsendes) aufnehmen können. Diese Datenfelder müssen mit den in der Beschreibung von BILDSCHIRM-AUS konzipierten und auf dem Bildschirm ausgegebenen Erfassungsfeldern korrespondieren.

Im Hinblick auf das o. a. Erfassungs-Menü (s. Abschnitt 1.2.1) sind somit für folgende Zeichenbereiche Datenfelder zu deklarieren:

- Zeile 1, Spalten 13–32: zur Erfassung des Nachnamens
- Zeile 1, Spalten 60–63: zur Erfassung der Kennzahl
- Zeile 2, Spalten 13–32: zur Erfassung des Vornamens
- Zeile 3, Spalten 13–21: zur Erfassung des Kontostands (es sollen das Vorzeichen und der Dezimalpunkt mit eingetastet werden)
- Zeile 5, Spalte 10: zur Erfassung des Zeichens "J" als Signal für die Beendigung des Erfassungsvorgangs

Wir ergänzen die bisherigen Eintragungen der WORKING-STORAGE SECTION wie folgt durch die Datenfeld-Beschreibung von BILDSCHIRM-EIN:

```
WORKING-STORAGE SECTION.
01   BILDSCHIRM-AUS.
     I  s. o.
01   BILDSCHIRM-EIN.
     02   FILLER                    PIC X(12).
     02   NACHNAME-EIN              PIC X(20).
     02   FILLER                    PIC X(27).
     02   KENNZAHL-EIN              PIC 9(4).
     02   FILLER                    PIC X(29).
     02   VORNAME-EIN               PIC X(20).
     02   FILLER                    PIC X(60).
     02   KONTOSTAND-EIN            PIC +(5)9.99.   15
     02   FILLER                    PIC X(148).
     02   ENDE-EIN                  PIC X.
          88   ENDE   VALUE "J".
     02   FILLER                    PIC X(70).
```

In dieser Beschreibung haben wir mit der Zahl "88" eine neue Stufennummer verwendet.

---

[15] KONTOSTAND-EIN ist ein numerisch-druckaufbereitetes Datenfeld (vgl. auch Abschnitt 2.3). Die Picture-Maske "+(5)9.99" legt fest, daß bei der Erfassung des Kontostands zunächst das Vorzeichen, dann der ganzzahlige Anteil, danach der Dezimalpunkt und zuletzt der nicht-ganzzahlige Anteil einzutasten sind. Darüberhinaus wird für die anschließende Ablage des Kontostands im Datenfeld KONTOSTAND-EIN folgendes bestimmt:

das Vorzeichen wird vor der ersten signifikanten (von Null verschiedenen) Ziffer eingetragen; sofern das Vorzeichen dadurch nicht an der ersten Zeichenposition im Feld erscheint, werden vorausgehende Zeichenpositionen mit Leerzeichen gefüllt. Durch das Maskenzeichen "." wird die Position des realen Dezimalpunkts festgelegt, d.h. an der drittletzten Zeichenposition im Datenfeld wird das Zeichen "." eingetragen.

1.2.5 Bedingungsnamen

Mit Hilfe der besonderen *Stufennummer* **88** haben wir in der obigen Datenfeld-Beschreibung von ENDE-EIN den *Bedingungsnamen* ENDE vereinbart und mit der VALUE-Klausel an den Wert "J" gebunden (keine Initialisierung des Felds ENDE-EIN). Dadurch kann im Ausführungsteil PROCEDURE DIVISION stellvertretend für die ausführliche Vergleichsbedingung

ENDE-EIN = "J"

(mit der abgeprüft wird, ob das Feld ENDE-EIN den Wert "J" enthält) abkürzend der Name ENDE verwendet werden. Dabei bestimmt der Wert, der auf die VALUE-Klausel hinter der Stufennummer 88 und dem Bedingungsnamen folgt – in unserem Fall das alphanumerische Literal "J" – womit der Inhalt des Felds ENDE-EIN verglichen werden soll.

Derartige charakteristische Bedingungen sollten stets in die Form von Bedingungsnamen gekleidet werden, weil dadurch die Lesbarkeit von COBOL-Programmen wesentlich verbessert wird.

1.2.6 Beschreibung der Bildschirmerfassung

Bevor wir das o.a. Gerüst des Programms ERFSSNG (s. Abschnitt 1.1.12) durch die Eintragung der PROCEDURE DIVISION vervollständigen, fassen wir den Ablauf der Dialog-orientierten Bildschirmerfassung zusammen:

Der Text, der als Erfassungs-Menü auf dem Bildschirm ausgegeben werden soll, muß zunächst in die entsprechenden Datenfelder des Ausgabebereichs BILDSCHIRM-AUS (im Arbeitsspeicher) eingetragen und danach auf dem Bildschirm ausgegeben werden.

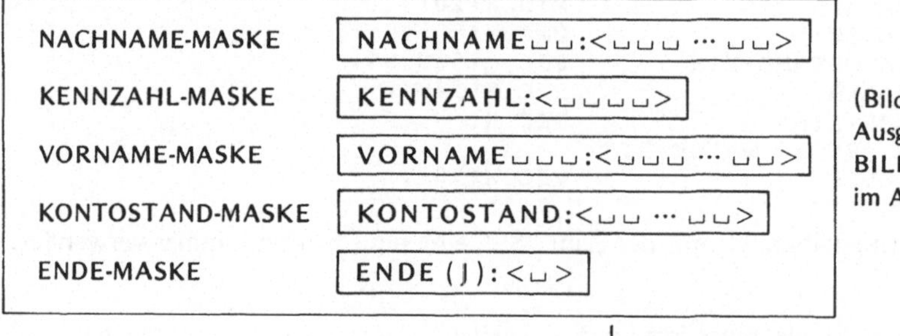

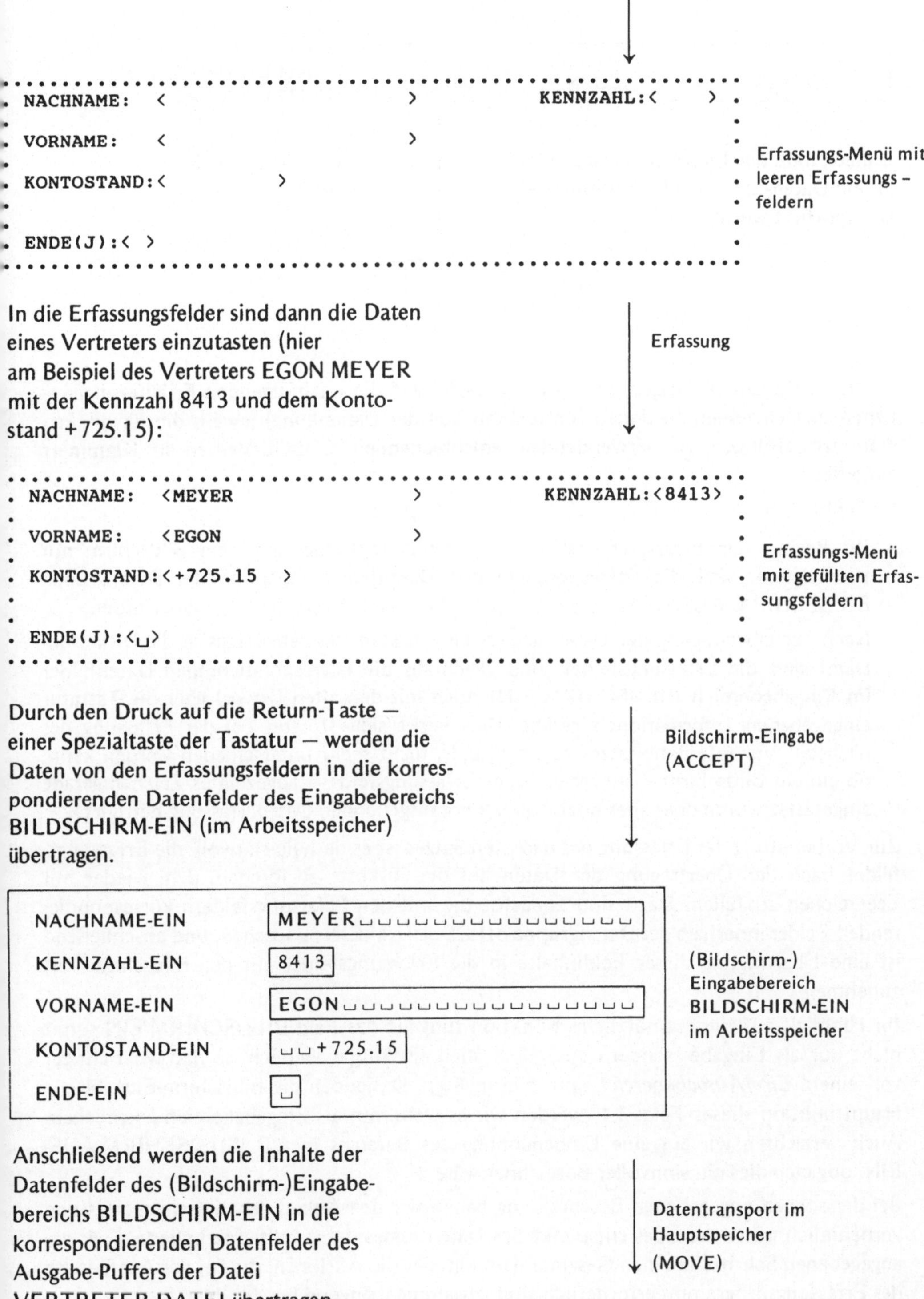

In die Erfassungsfelder sind dann die Daten eines Vertreters einzutasten (hier am Beispiel des Vertreters EGON MEYER mit der Kennzahl 8413 und dem Kontostand +725.15):

Durch den Druck auf die Return-Taste – einer Spezialtaste der Tastatur – werden die Daten von den Erfassungsfeldern in die korrespondierenden Datenfelder des Eingabebereichs BILDSCHIRM-EIN (im Arbeitsspeicher) übertragen.

Anschließend werden die Inhalte der Datenfelder des (Bildschirm-)Eingabebereichs BILDSCHIRM-EIN in die korrespondierenden Datenfelder des Ausgabe-Puffers der Datei VERTRETER-DATEI übertragen.

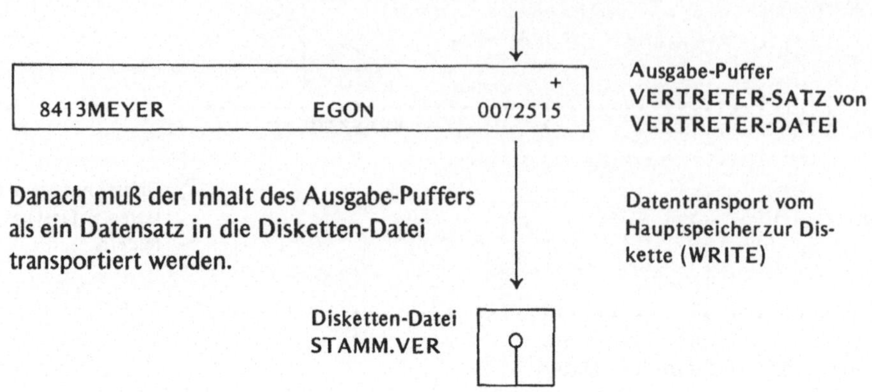

In dieser Darstellung haben wir – im Vorgriff auf die nachfolgenden Erläuterungen – neben den einzelnen Aktionen (im rechten Teil der Darstellung) jeweils die für die Programmanweisungen zu verwendenden entsprechenden COBOL-Verben in Klammern aufgeführt.

Im Hinblick auf das o. a. Erfassungs-Schema ist folgendes zu beachten:

- Zu Beginn der Erfassung enthalten die Erfassungsfelder auf dem Bildschirm nur Leerzeichen, weil die korrespondierenden Datenfelder innerhalb der Datengruppe BILDSCHIRM-AUS mit Hilfe der VALUE-Klausel mit Leerzeichen gefüllt wurden.
- Nach der Übertragung der Daten des ersten erfaßten Vertretersatzes in die Disketten-Datei sind die Erfassungsfelder (und gleichfalls die korrespondierenden Datenfelder im Eingabebereich BILDSCHIRM-EIN) noch mit den alten (zuvor) über die Tastatur eingegebenen Informationen gefüllt. Dies wirkt sich störend bei der Erfassung des nächsten Vertreterdatensatzes aus, weil u. U. nicht mehr unterschieden werden kann, ob ein am Bildschirm – innerhalb eines Erfassungsfelds – angezeigtes Zeichen gerade eingetastet wurde oder aber noch von der vorausgehenden Datenerfassung herrührt.

Zur Vorbereitung der Erfassung des nächsten Satzes ist es deshalb sinnvoll, die Erfassungsfelder nach der Übertragung der Daten auf die Diskette zu löschen, d. h. wieder mit Leerzeichen zu füllen. Dazu sind zunächst die mit den Erfassungsfeldern korrespondierenden Felder innerhalb der Datengruppe BILDSCHIRM-EIN zu löschen, und anschließend ist eine Übertragung dieser Feldinhalte in die Erfassungsfelder auf den Bildschirm vorzunehmen.

Im Hinblick auf diese zusätzliche Funktion fungiert das Feld BILDSCHIRM-EIN somit nicht nur als Eingabe- sondern zusätzlich auch als Ausgabebereich, so daß wir richtiger von einem *Ein-/Ausgabebereich* sprechen müßten. Da jedoch die Bildschirm-Eingabe die Hauptfunktion dieses Felds ist, werden wir es weiterhin als Eingabebereich ansprechen. Auch verzichten wir auf eine Umbenennung des Bereichs in z. B. BILDSCHIRM-AUS-EIN, obgleich dies ein sinnvoller Bezeichner wäre.

Bei der soeben angegebenen Beschreibung haben wir den Ablauf der Bildschirmerfassung vornehmlich unter dem Gesichtspunkt des Datenflusses dargestellt. Jetzt gliedern wir die angegebenen Schritte in einen Gesamtablauf ein, der die Aktionen, die bei der Ausführung des Erfassungsprogramms erforderlich sind, zusammenhängend beschreibt.

Beschreibung des Programmablaufs:

1. Eröffnung der Disketten-Datei STAMM.VER – angesiedelt auf der Diskette im Laufwerk B – mit dem COBOL-Programmnamen VERTRETER-DATEI zur Ausgabe.
2. Löschen des gesamten Bildschirms, d. h. Ausgabe von (geeignet vielen) Leerzeilen (d. s. Zeilen, die nur aus Leerzeichen bestehen).
3. Bildschirm-Ausgabe des Erfassungs-Menüs.
4. Löschen des Datenfelds ENDE-EIN, d. h. Übertragung eines Leerzeichens in dieses Feld.
5. Löschen der Datenfelder im (Bildschirm-)Eingabebereich BILDSCHIRM-EIN, d. h. Übertragung von Leerzeichen in die Felder NACHNAME-EIN, KENNZAHL-EIN, VORNAME-EIN und KONTOSTAND-EIN.
6. Übertragung des (Bildschirm-)Eingabebereichs BILDSCHIRM-EIN auf den Bildschirm, d. h. Füllung der Erfassungsfelder auf dem Bildschirm mit Leerzeichen.
7. Anforderung einer Eingabe in die durch "<" und ">" markierten Erfassungsfelder auf dem Bildschirm

****

Jetzt sind die Daten eines Vertreters vom Anwender des Mikrocomputers in die Erfassungsfelder einzutasten (detaillierte Angaben hierzu sind in den Abschnitten 1.3.10, 1.3.11 und 1.3.12 enthalten).

****

und Übertragung der Daten in den Erfassungsfeldern in die korrespondierenden Datenfelder im (Bildschirm-)Eingabebereich BILDSCHIRM-EIN – ausgelöst durch den Druck auf die Return-Taste.

8. Transport der Daten in den einzelnen Feldern der Datengruppe BILDSCHIRM-EIN in die korrespondierenden Datenfelder des Ausgabe-Puffers VERTRETER-SATZ.
9. Ausgabe des Pufferinhalts von VERTRETER-SATZ als ein Datensatz in die Disketten-Datei mit dem COBOL-Namen VERTRETER-DATEI.

....

10. Solange das Datenfeld ENDE-EIN nicht das Zeichen "J" enthält, fahre fort mit Schritt 5!

....

11. Schließen der Disketten-Datei VERTRETER-DATEI, d. h. Beenden der Bearbeitung dieser Datei.
12. Löschen des Bildschirms.
13. Beenden des Programmlaufs.

Diese Beschreibung ist durch geeignete COBOL-Anweisungen in den Ausführungsteil PROCEDURE DIVISION des Programms ERFSSNG (vgl. Abschnitt 1.1.12) umzusetzen. Bevor wir dazu kommen, geben wir eine graphische Darstellung des eben beschriebenen Programmlaufs in Form eines *Struktogramms* an:

RAHMEN

(1)	eröffne VERTRETER-DATEI zur Ausgabe
(2)	lösche den Bildschirm
(3)	übertrage den Inhalt von BILDSCHIRM-AUS auf den Bildschirm
(4)	lösche ENDE-EIN
(5)	führe wiederholt aus bis ENDE-EIN = "J"
(6)	VERARBEITUNG
(7)	schließe VERTRETER-DATEI
(8)	lösche den Bildschirm
(9)	beende den Programmlauf

VERARBEITUNG

(10)	lösche NACHNAME-EIN, KENNZAHL-EIN, VORNAME-EIN und KONTOSTAND-EIN (kurz: lösche BILDSCHIRM-EIN)
(11)	übertrage den Inhalt von BILDSCHIRM-EIN auf den Bildschirm
(12)	fordere für die Erfassungsfelder auf dem Bildschirm eine Eingabe an und transportiere die Inhalte der Erfassungsfelder in die korrespondierenden Datenfelder des (Bildschirm-)Eingabebereichs BILDSCHIRM-EIN.
(13)	KENNZAHL-EIN → KENNZAHL
(14)	NACHNAME-EIN → NACHNAME
(15)	VORNAME-EIN → VORNAME
(16)	KONTOSTAND-EIN → KONTOSTAND
(17)	schreibe den Inhalt des Ausgabe-Puffers VERTRETER-SATZ als Datensatz in die Datei VERTRETER-DATEI.

Das Struktogramm besteht aus 17 *Strukturblöcken.*
Jeder Strukturblock gibt einen Verarbeitungsschritt an.
Die Blöcke werden von oben nach unten durchlaufen.

Bei der Ausführung des Blocks (5) – diesen Block nennt man einen *Schleifenblock* – wird der Strukturblock (6) solange durchlaufen, bis die Endebedingung erfüllt ist, d.h. bis das Feld ENDE-EIN das Zeichen "J" enthält.

Der Strukturblock (6) heißt *Prozeduraufrufblock.* Er steht stellvertretend für die Strukturblöcke (10) bis (17). Die Ausführung von Block (6) beginnt mit der Bearbeitung von Block (10), wird mit der Ausführung der Blöcke (11) bis (16) fortgesetzt und endet mit der Bearbeitung von Block (17).

Die Umwandlung des o.a. Struktogramms, das den Programmablauf beschreibt, in die PROCEDURE DIVISION unseres COBOL-Programms ERFSSNG nehmen wir in der folgenden Weise vor:

– Wir setzen jeden Strukturblock in eine COBOL-Anweisung um; dies gilt für alle Blöcke mit Ausnahme des Schleifenblocks und des in diesen Block eingebetteten Prozeduraufrufblocks – eine solche Kombination wird im COBOL-Programm durch *eine* Anweisung beschrieben (s. Zeile "(5) und (6)" der PROCEDURE DIVISION).

– Jeder Struktogrammteil, bestehend aus aufeinanderfolgenden Strukturblöcken, wird als eine *Prozedur* (d.i. eine zusammenhängende Folge von COBOL-Anweisungen) in der PROCEDURE DIVISION eingetragen. Die Prozedur wird durch ein Programmierer-Wort, den *Prozedurnamen,* benannt.

Wir haben für den ersten Struktogrammteil, gebildet aus den Blöcken (1) bis (9), den Prozedurnamen RAHMEN und für den zweiten Struktogrammteil, bestehend aus den Blöcken (10) bis (17), den Prozedurnamen VERARBEITUNG gewählt.

Damit liefert uns das obige Struktogramm die folgende PROCEDURE DIVISION:[16]

```
       PROCEDURE DIVISION.
       RAHMEN.
           OPEN OUTPUT VERTRETER-DATEI    17            (1)
           DISPLAY SPACES UPON CRT                      (2)
           DISPLAY BILDSCHIRM-AUS UPON CRT              (3)
           MOVE SPACE TO ENDE-EIN                       (4)
           PERFORM VERARBEITUNG UNTIL ENDE              (5) und (6)
           CLOSE VERTRETER-DATEI                        (7)
           DISPLAY SPACES UPON CRT                      (8)
           STOP RUN.                                    (9)
       VERARBEITUNG.
           MOVE SPACES TO BILDSCHIRM-EIN                (10)
           DISPLAY BILDSCHIRM-EIN UPON CRT              (11)
      *    ********************************************
      *    JETZT MUESSEN DIE ERFASSUNGSFELDER GEFUELLT
      *    UND DEREN INHALTE DURCH DRUECKEN DER
      *    "RETURN-TASTE" ABGESCHICKT WERDEN
      *    ********************************************
           ACCEPT BILDSCHIRM-EIN FROM CRT               (12)
           MOVE KENNZAHL-EIN TO KENNZAHL                (13)
           MOVE NACHNAME-EIN TO NACHNAME                (14)
           MOVE VORNAME-EIN TO VORNAME                  (15)
           MOVE KONTOSTAND-EIN TO KONTOSTAND            (16)
           WRITE VERTRETER-SATZ.                        (17)
```

1.2.7 Grundlegende COBOL-Anweisungen

Durch den Vergleich der einzelnen Programmzeilen mit den im Struktogramm beschriebenen Aktionen (wir haben hierfür die Referenznummern von 1 bis 17 verwendet) erkennt man unmittelbar:

– das Eröffnen und Schließen von Dateien erfolgt mit der OPEN- und der CLOSE-Anweisung,
– zur Übertragung auf den Bildschirm wird die DISPLAY-Anweisung eingesetzt,
– mit der MOVE-Anweisung werden Daten zwischen Datenfeldern transportiert (durch die Angabe von "SPACE" bzw. "SPACES" wird das hinter dem Wort "TO" aufgeführte Datenfeld vollständig mit Leerzeichen gefüllt, vgl. Abschnitt 2.12).
– mit der PERFORM-Anweisung wird eine Prozedur ausgeführt,

---

16 Die durch das Zeichen "*" in der 7. Zeichenposition eingeleiteten Zeilen sind Kommentarzeilen, die Text enthalten dürfen.

17 CRT ist die Abkürzung für "Cathode Ray Tube" (Kathodenstrahlröhre).

- zur Eingabe von Daten über die Tastatur wird die ACCEPT-Anweisung eingesetzt,
- mit der WRITE-Anweisung wird der Inhalt des Ausgabe-Puffers als Datensatz in die Disketten-Datei übertragen und
- die Ausführung der STOP-Anweisung beendet den Programmlauf.

Die Struktur einer COBOL-Anweisung wird durch ihre *Syntax* gekennzeichnet, bei deren Darstellung die in der Anweisung enthaltenen reservierten COBOL-Wörter groß und die Platzhalter für Programmierer-Wörter – zur Unterscheidung von den reservierten COBOL-Wörtern – klein geschrieben werden.

Für die von uns verwendeten Programmanweisungen stellt sich deren Syntax und *Semantik*, d. h. deren Bedeutung, wie folgt dar:

Syntax	Semantik
OPEN OUTPUT dateiname	Eröffnen der Datei "dateiname" zur Ausgabe
CLOSE dateiname	Abschließen der Datei "dateiname"
DISPLAY bezeichner UPON CRT	Bildschirm-Ausgabe des Inhalts des Datenfelds "bezeichner"
MOVE {bezeichner-1 / literal} TO bezeichner-2	Übertragung des Inhalts des Sendefelds "bezeichner-1" bzw. der Konstanten "literal" (auf Sendefeldposition) in das Empfangsfeld "bezeichner-2"
PERFORM prozedurname UNTIL bedingung	Ausführung der Prozedur "prozedurname" solange, bis die UNTIL-Bedingung erfüllt ist
ACCEPT bezeichner FROM CRT	Eingabe über die Tastatur in das Datenfeld "bezeichner"
WRITE datensatzname	Ausgabe des Inhalts des Ausgabe-Puffers "datensatzname" in die zugeordnete Datei
STOP RUN	Beenden des Programmlaufs

Die für unsere Problemlösung erforderlichen Datentransporte fassen wir noch einmal im folgenden Diagramm zusammen:

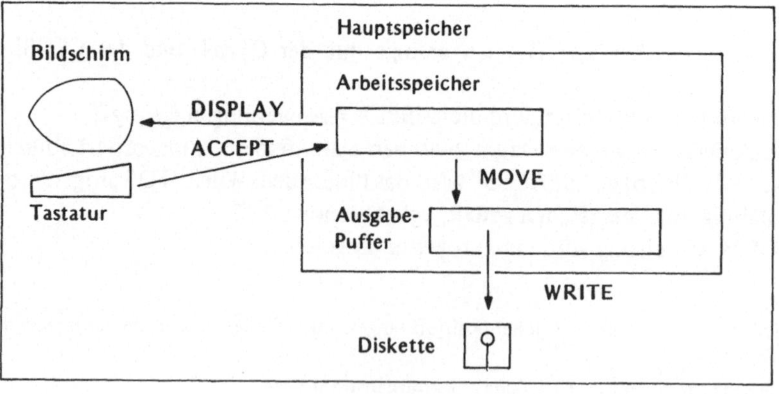

Jede Ausgabe von Daten aus dem Hauptspeicher auf den Bildschirm erfolgt mit der **DISPLAY-Anweisung**. Dabei werden die Datenfeldinhalte des (Bildschirm-)Ausgabebereichs zeichenweise auf den Bildschirm übertragen, wobei die Bildschirmpositionen der angezeigten Zeichen durch die zugehörigen Zeichenpositionen im Datenfeld bestimmt sind.

So gilt etwa:

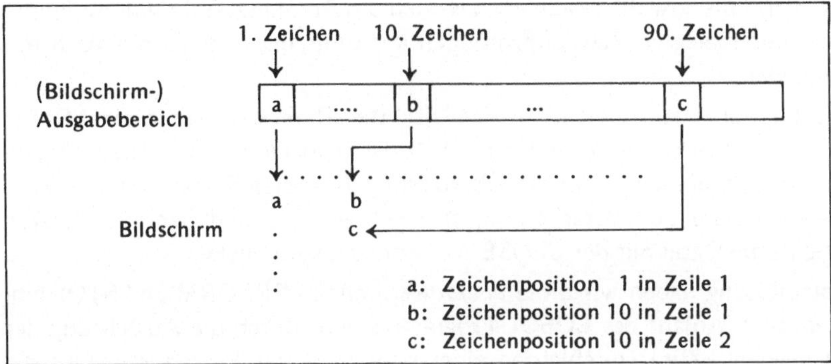

Mit der **ACCEPT-*Anweisung*** wird die Daten-Eingabe über die Tastatur in den Hauptspeicher bei gleichzeitiger Darstellung auf dem Bildschirm vorgenommen. Dabei werden beim Drücken der Return-Taste *nur* diejenigen in den Erfassungsfeldern auf dem Bildschirm angezeigten Zeichen in die korrespondierenden Felder des (Bildschirm-)Eingabebereichs übertragen, die *nach* der Eingabeanforderung eingetastet worden sind.

So gilt etwa:

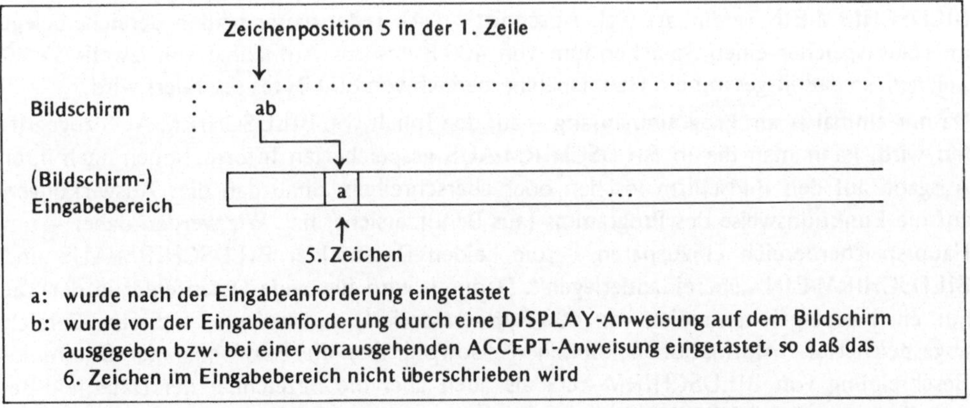

Die Syntax und die Semantik der Anweisungen DISPLAY und ACCEPT für den Dialog-orientierten Programmablauf werden wir ausführlich in Abschnitt 1.3.13 beschreiben.

Innerhalb des Hauptspeichers werden alle Datentransporte durch die **MOVE-*Anweisung*** ausgeführt. Die Übertragung vom Sendefeld in das Empfangsfeld orientiert sich stets an den Eigenschaften des Empfangsfelds.

So wird beim *alphanumerischen* MOVE der Inhalt des Sendefelds immer *linksbündig* im Empfangsfeld abgelegt, wobei sich die Übertragungslänge nach der Länge des Empfangsfelds richtet. Bei einem kürzeren Empfangsfeld werden die überzähligen Zeichen abgeschnitten, und bei kürzerem Sendefeld werden die restlichen Zeichenpositionen des Empfangsfelds mit Leerzeichen aufgefüllt.

Beim *numerischen* MOVE erfolgt die Übertragung der Ziffern stets *dezimalpunktgerecht,* wobei nicht in das Empfangsfeld passende Ziffern verlorengehen (jedoch nicht das abgespeicherte Vorzeichen, falls sowohl das Sende- als auch das Empfangsfeld signierte Felder sind), während die nichtbelegten Zeichenpositionen des Empfangsfelds automatisch mit Nullen aufgefüllt werden.

Die Daten-Übertragung vom Hauptspeicher in eine Disketten-Datei wird durch die **WRITE**-*Anweisung* bewirkt, bei deren Ausführung der Inhalt des Ausgabe-Puffers als ein Datensatz in die Datei transportiert wird. Vor der Übertragung des ersten Satzes muß die Datei durch die **OPEN**-*Anweisung* zur Verarbeitung eröffnet werden, und nach der letzten Daten-Übertragung ist die Datei mit der **CLOSE**-*Anweisung* abzuschließen.

Bei der o. a. Problemlösung haben wir die *Steueranweisungen* PERFORM und STOP eingesetzt. Der dynamische Ablauf des COBOL-Programms wird durch die Ausführung der **STOP**-*Anweisung* beendet. Zum Durchlaufen einer oder mehrerer Prozeduren wird die **PERFORM**-*Anweisung* eingesetzt. Ohne Angabe der UNTIL-Klausel wird der *einmalige* Durchlauf und mit Kodierung der UNTIL-Klausel – in Abhängigkeit von einer Bedingung (sie wird stets *vor* Ausführung der Prozedur geprüft) – der *wiederholte* Durchlauf der Prozedur(en) beschrieben.

1.2.8 REDEFINES-Klausel

In unserem Programm ERFSSNG haben wir in der WORKING-STORAGE SECTION den (Bildschirm-)Ausgabebereich BILDSCHIRM-AUS und den (Bildschirm-)Eingabebereich BILDSCHIRM-EIN vereinbart (vgl. Abschnitt 1.2.4). Jeder dieser beiden Bereiche belegt im Hauptspeicher einen Speicherraum von 400 Bytes zur Aufnahme von jeweils 5 * 80 Zeichen, so daß insgesamt ein Hauptspeicherbereich von 800 Bytes reserviert wird.

Da nur einmal – am Programmanfang – auf den Inhalt von BILDSCHIRM-AUS zugegriffen wird, kann man die in BILDSCHIRM-AUS gespeicherten Informationen nach ihrer Ausgabe auf den Bildschirm löschen oder überschreiben, ohne daß dies Auswirkungen auf die Funktionsweise des Programms (aus Benutzersicht) hat. Wir werden daher – um Hauptspeicherbereich einzusparen – die beiden Datenfelder BILDSCHIRM-AUS und BILDSCHIRM-EIN „übereinanderlegen". Dadurch wird für beide Datenfelder in der Tat nur ein Hauptspeicherbereich von 400 Bytes reserviert, und auf die in diesem Bereich abgespeicherten Informationen können wir sowohl über die Bezeichner der Datenfeld-Beschreibung von BILDSCHIRM-AUS als auch über die Bezeichner der Datenfeld-Beschreibung von BILDSCHIRM-EIN zugreifen.

Will man in der angegebenen Weise die Beschreibungen zweier Datenfelder "bez-1" und "bez-2" als "Schablonen" für ein und denselben Speicherbereich benutzen, so hat man die **REDEFINES**-*Klausel* [18]

```
stufennummer bez-2 REDEFINES bez-1
```

[18] Die Redefinition des Datenfelds "bez-1" ist beliebig oft möglich.

in der folgenden Form anzuwenden:

stufennummer bez-1 ...	Reservierung des Speicherbereichs, der redefiniert werden soll
stufennummer bez-2 REDEFINES bez-1 ...	Redefinition (neuerliche Vereinbarung) des Datenfelds "bez-1" durch die Datenfeld-Beschreibung von "bez-2"

In unserem Fall deklarieren wir daher:

```
WORKING-STORAGE SECTION.
01  BILDSCHIRM-AUS.
    02  NACHNAME-MASKE          PIC X(33)
            VALUE "NACHNAME:  <                    >".
    02  FILLER                  PIC X(16).
    02  KENNZAHL-MASKE          PIC X(15)
            VALUE "KENNZAHL:<    >".
    02  FILLER                  PIC X(16).
    02  VORNAME-MASKE           PIC X(33)
            VALUE "VORNAME:   <                    >".
    02  FILLER                  PIC X(47).
    02  KONTOSTAND-MASKE        PIC X(22)
            VALUE "KONTOSTAND:<         >".
    02  FILLER                  PIC X(138).
    02  ENDE-MASKE              PIC X(11)
            VALUE "ENDE(J):< >".
    02  FILLER                  PIC X(69).
01  BILDSCHIRM-EIN REDEFINES BILDSCHIRM-AUS.
    02  FILLER                  PIC X(12).
    02  NACHNAME-EIN            PIC X(20).
    02  FILLER                  PIC X(27).
    02  KENNZAHL-EIN            PIC 9(4).
    02  FILLER                  PIC X(29).
    02  VORNAME-EIN             PIC X(20).
    02  FILLER                  PIC X(60).
    02  KONTOSTAND-EIN          PIC +(5)9.99.
    02  FILLER                  PIC X(148).
    02  ENDE-EIN                PIC X.
        88  ENDE  VALUE "J".
    02  FILLER                  PIC X(70).
```

1.2.9 Das COBOL-Programm ERFSSNG

Als Ergebnis der vorhergehenden Diskussion geben wir nun das vollständige COBOL-Programm ERFSSNG als Lösung des eingangs formulierten Problems an:

```
IDENTIFICATION DIVISION.
PROGRAM-ID.
    ERFSSNG.
ENVIRONMENT DIVISION.
INPUT-OUTPUT SECTION.
FILE-CONTROL.
    SELECT VERTRETER-DATEI ASSIGN TO "B:STAMM.VER"
    ORGANIZATION IS LINE SEQUENTIAL.
DATA DIVISION.
```

```
FILE SECTION.
FD  VERTRETER-DATEI.
01  VERTRETER-SATZ.
    02  KENNZAHL      PIC 9(4).
    02  NACHNAME      PIC X(20).
    02  VORNAME       PIC X(20).
    02  KONTOSTAND    PIC S9(5)V99.
WORKING-STORAGE SECTION.
01  BILDSCHIRM-AUS.
    02  NACHNAME-MASKE          PIC X(33)
             VALUE "NACHNAME:  <                      >".
    02  FILLER                  PIC X(16).
    02  KENNZAHL-MASKE          PIC X(15)
             VALUE "KENNZAHL:<     >".
    02  FILLER                  PIC X(16).
    02  VORNAME-MASKE           PIC X(33)
             VALUE "VORNAME:   <                      >".
    02  FILLER                  PIC X(47).
    02  KONTOSTAND-MASKE        PIC X(22)
             VALUE "KONTOSTAND:<          >".
    02  FILLER                  PIC X(138).
    02  ENDE-MASKE              PIC X(11)
             VALUE "ENDE(J):< >".
    02  FILLER                  PIC X(69).
01  BILDSCHIRM-EIN REDEFINES BILDSCHIRM-AUS.
    02  FILLER            PIC X(12).
    02  NACHNAME-EIN      PIC X(20).
    02  FILLER            PIC X(27).
    02  KENNZAHL-EIN      PIC 9(4).
    02  FILLER            PIC X(29).
    02  VORNAME-EIN       PIC X(20).
    02  FILLER            PIC X(60).
    02  KONTOSTAND-EIN    PIC +(5)9.99.
    02  FILLER            PIC X(148).
    02  ENDE-EIN          PIC X.
        88  ENDE VALUE "J".
    02  FILLER            PIC X(70).
PROCEDURE DIVISION.
RAHMEN.
    OPEN OUTPUT VERTRETER-DATEI
    DISPLAY SPACES UPON CRT
    DISPLAY BILDSCHIRM-AUS UPON CRT
    MOVE SPACE TO ENDE-EIN
    PERFORM VERARBEITUNG UNTIL ENDE
    CLOSE VERTRETER-DATEI
    DISPLAY SPACES UPON CRT
    STOP RUN.
VERARBEITUNG.
    MOVE SPACES TO BILDSCHIRM-EIN
    DISPLAY BILDSCHIRM-EIN UPON CRT
*   ********************************************
*   JETZT MUESSEN DIE ERFASSUNGSFELDER GEFUELLT
*   UND DEREN INHALTE DURCH DRUECKEN DER
*   "RETURN-TASTE" ABGESCHICKT WERDEN
*   ********************************************
    ACCEPT BILDSCHIRM-EIN FROM CRT
    MOVE KENNZAHL-EIN TO KENNZAHL
    MOVE NACHNAME-EIN TO NACHNAME
    MOVE VORNAME-EIN TO VORNAME
    MOVE KONTOSTAND-EIN TO KONTOSTAND
    WRITE VERTRETER-SATZ.
```

Bei der Eingabe dieser Programmzeilen in den Mikrocomputer (s. Abschnitt 1.3.5) muß die COBOL-*Notation* beachtet werden, die folgendes vorschreibt:

Programmteil-, Kapitel-, Paragraphen- und Prozedurnamen, FD- und 01-Einträge müssen im *Zeilenbereich* A, d.h. an den Zeichenpositionen 8–11 beginnen, und alle anderen Eintragungen sind im *Zeilenbereich* B, d.h. an den Zeichenpositionen 12–72 vorzunehmen.

1.2.10 Aufgabe

Für jeden Artikel, der im Abrechnungszeitraum von einem Vertreter verkauft wird, soll ein Auftragssatz nach der Vorschrift

Zeichenbereich	Inhalt
1– 3	Artikelnummer
4– 6	Stückzahl
7–11	Stückpreis
12–14	Auftragsnummer
15–18	Vertreterkennzahl

in einer Auftrags-Datei abgespeichert werden.

Alle Aufträge, die von einem Vertreter eingehen, werden – beginnend mit der Nummer 1 – durchnumeriert, und es wird vorausgesetzt, daß ein Vertreter im Abrechnungszeitraum maximal 999 Aufträge ordert.

Man schreibe ein COBOL-Programm, mit dem die einzelnen Informationen interaktiv am Mikrocomputer erfaßt und als Datensatz in die Auftrags-Datei AUFTRAG.VER auf einer Diskette abgespeichert werden können!

1.3 Erfassung, Kompilierung und Ausführung von Programmen

1.3.1 Überblick

Bevor wir unser in der Programmiersprache COBOL abgefaßtes Programm ERFSSNG – wir nennen es COBOL-*Quellprogramm* (source program) zur Unterscheidung vom daraus zu erzeugenden endgültigen, ablauffähigen *Objektprogramm* (object program) – zur interaktiven Erfassung der Vertreterdaten einsetzen können, sind noch die folgenden Schritte durchzuführen:

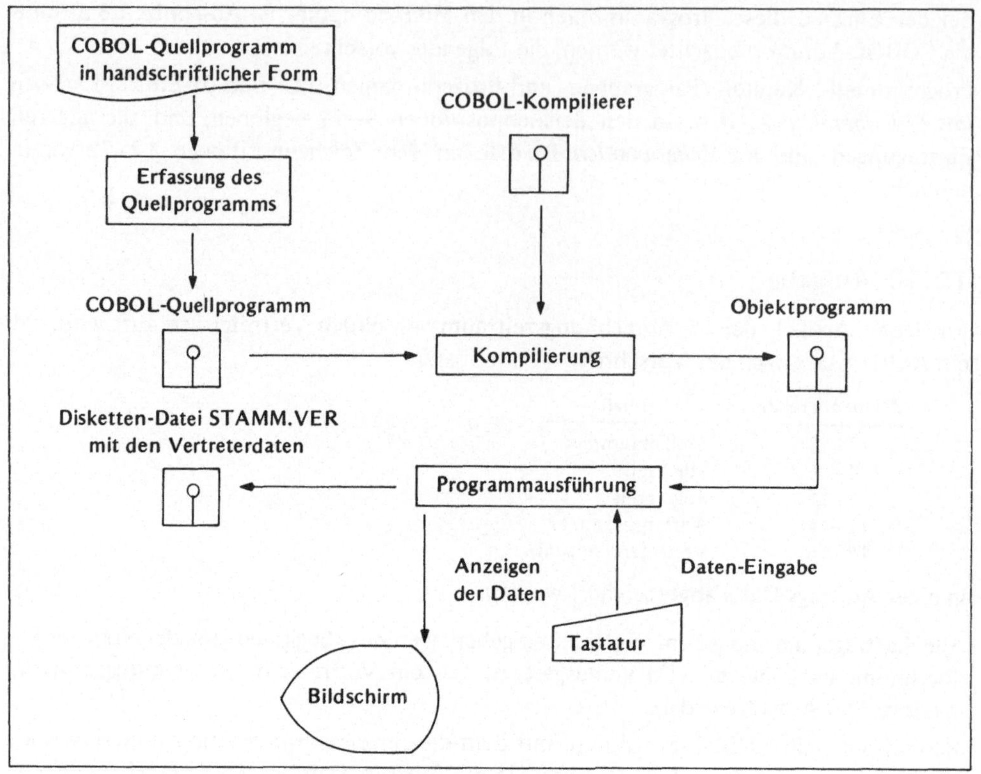

1. *Programmerfassung*

   Zunächst ist das in handschriftlicher Form vorliegende Quellprogramm auf den maschinell lesbaren Datenträger Diskette zu übertragen. Für diesen Erfassungsvorgang benutzen wir ein Editierprogramm, mit dessen Hilfe wir das Quellprogramm über die Tastatur eingeben und in einer Disketten-Datei abspeichern können.

2. *Kompilierung*

   Da die COBOL-Anweisungen unseres Quellprogramms nicht vom Prozessor des Mikrocomputers ausgeführt werden können – sie gehören nicht zu seinem Befehlsvorrat – müssen sie in ausführbare Befehle, d. h. in elementare Maschineninstruktionen übersetzt werden. Die Umwandlung des COBOL-Quellprogramms in das zugehörige Objektprogramm, das die entsprechenden ausführbaren Befehle enthält, wird von einem speziellen Übersetzungsprogramm, dem COBOL-*Kompilierer* (compiler) durchgeführt. Das Objektprogramm wird in einer Disketten-Datei abgespeichert.

3. *Programmausführung*

   Anschließend muß das Objektprogramm von der Diskette in den Hauptspeicher geladen und zur Ausführung gebracht werden, so daß mit der Dialog-orientierten Erfassung der Vertreterdaten – wie sie im Quellprogramm ERFSSNG beschrieben ist – begonnen werden kann.

In den nachfolgenden Abschnitten werden wir die einzelnen Schritte näher erläutern. Dabei setzen wir voraus, daß uns ein Mikrocomputer mit dem *Betriebssystem* CP/M bzw. MS-DOS zur Verfügung steht.[19]

Dabei versteht man unter einem *Betriebssystem* eine Menge von Programmen, die den Mikrocomputer zur Ausführung bestimmter Grundfunktionen – wie etwa zur Steuerung des sinnvollen Zusammenwirkens von Prozessor, Hauptspeicher, Bildschirm, Tastatur und Diskettenlaufwerk(en) – befähigt und damit überhaupt erst für den Anwender benutzbar macht. Ein Steuerprogramm des Betriebssystems nimmt Anforderungen des Anwenders, die als *Kommandos* formuliert sein müssen, entgegen und bringt die dadurch angeforderten Programme zur Ausführung, z. B. das Kommando "ED" unter CP/M zur Editierung einer Disketten-Datei.

Desweiteren setzen wir für das folgende voraus, daß auf dem Mikrocomputer der Kompilierer LEVEL II COBOL (bzw. das Programmsystem PERSONAL COBOL – s. Abschnitt 1.3.9) der Firma Micro Focus zum Einsatz kommt.[20]

Wir gehen nun davon aus, daß wir über drei Disketten verfügen:

– die *Systemdiskette*, auf der das Betriebssystem (CP/M oder MS-DOS bzw. PC-DOS) und die zugehörigen systemnahen Dienstprogramme – wie etwa das Editierprogramm – abgespeichert sind,[21]
– die COBOL-*Diskette*, die den Kompilierer (bzw. das Programmsystem PERSONAL COBOL) enthält[22] und
– eine Leerdiskette (unbehandelte Diskette), auf der wir das COBOL-Quellprogramm, das zugehörige Objektprogramm, die zu erstellende Vertreterdaten-Datei STAMM.VER sowie weitere Dateien abspeichern werden.

Zunächst wollen wir uns Grundkenntnisse über den Umgang mit einem Mikrocomputer aneignen. Anschließend werden wir beispielhaft die Erfassung der Programmzeilen unseres COBOL-Programms mit Hilfe des Editierprogramms ED unter CP/M beschreiben. Danach stellen wir die Kompilierung durch den Kompilierer LEVEL II COBOL und die nachfolgende Ausführung unseres Programms dar. Daran anschließend beschreiben wir den Umgang mit dem von der Firma Micro Focus entwickelten Programmsystem PERSONAL COBOL zur komfortablen (über Bildschirm-Menüs steuerbaren) Dialog-Verarbeitung von COBOL-Programmen.

---

19 CP/M (Abkürzung für "Control Program for Microcomputers") ist ein von der Firma Digital Research entwickeltes Standard-Betriebssystem. Ursprünglich für die 8-Bit-Prozessoren Z80 und Intel 8080 entwickelt, wurde es später für den Einsatz von 16-Bit-Prozessoren wie etwa Intel 8086 bzw. Intel 8088 erweitert und in dieser Form als CP/M-86 bezeichnet. MS-DOS (Abkürzung für "MicroSoft Disk Operating System") ist ein von der Firma Microsoft entwickeltes Standard-Betriebssystem für den Einsatz von 16-bit-Prozessoren. Auf dem Mikrocomputer der Firma IBM wird es unter der Bezeichnung "PC-DOS" geführt.

20 Weitere COBOL-Kompilierer, die unter den Betriebssystemen CP/M und MS-DOS betrieben werden können, sind z. B. COBOL 80 der Firma Microsoft (*nicht* CP/M-86), MBP COBOL der Firma MBP, CIS COBOL der Firma Micro Focus und RM COBOL der Firma Ryan McFarland.

21 Auf dieser Systemdiskette des Betriebssystems CP/M sind u. a. die Dateien CPM.SYS, ED.CMD und FORMAT.CMD enthalten.

22 Auf dieser Diskette sind (unter CP/M) die folgenden Dateien enthalten: COBOL, COBOL.CMD (unter MS-DOS: COBOL.COM), COBOL.DYN, COBOL.ERR, COBOL.I51, COBOL.I52, COBOL.I53, COBOL.I56, COBOL.I59, COBOL.ISR, IXSIO.INT, COMMS.INT, ADIS.INT und RUN.CMD (unter MS-DOS: RUN.COM).

1.3.2 Laden des Betriebssystems

In der Regel wird der Mikrocomputer zusammen mit den beiden an ihn angeschlossenen Diskettenlaufwerken A und B durch Betätigung eines Netzschalters in Betrieb gesetzt. Je nach Herstellerangaben muß die Systemdiskette vor oder nach dem Einschalten in ein Laufwerk, etwa in das Laufwerk A, eingelegt und dieses Laufwerk anschließend verriegelt werden. Durch Drücken des *Reset-Knopfs,* der am Rechnergehäuse angebracht ist, oder (bei fehlendem Reset-Knopf) allein schon durch das Einlegen der Systemdiskette in das Laufwerk wird das Betriebssystem automatisch in den Hauptspeicher des Mikrocomputers geladen (Kaltstart) und zur Ausführung gebracht.[23]

Nach dem Aufbau der Verbindungen aller Rechnerkomponenten meldet das System seine Bereitschaft zur Entgegennahme eines Kommandos durch das Anzeigen der *Systemanfrage* (system prompt)

A>

auf dem Bildschirm.[24] Dabei ist "A" der Name des Diskettenlaufwerks, in das die Systemdiskette eingelegt wurde.

1.3.3 Tastatur

Über die Tastatur werden Informationen an das jeweils in der Zentraleinheit ablaufende Programm übermittelt. Sie dient also z. B. zur Eingabe von Kommandos an das Betriebssystem und zur Erfassung von Daten unter einem entsprechenden Programm, etwa dem Editierprogramm oder dem von uns erstellten Erfassungsprogramm mit dem COBOL-Programmnamen ERFSSNG.

Neben den von der Schreibmaschinen-Tastatur her bekannten Zeichentasten enthält die Tastatur eines Mikrocomputers mehrere *Spezialtasten* (zum Auslösen speziell verabredeter Aktionen) und Tasten zur Positionierung des *Cursors.* Dies ist eine Schreibmarke auf dem Bildschirm, welche die aktuelle Bildschirmposition anzeigt. Sie erscheint in der Regel als (blinkendes) Unterstreichungszeichen oder auch als helles Rechteck.

Als Beispiele für wichtige Spezialtasten führen wir an dieser Stelle die Return-Taste, die Backspace-Taste und die Control-Taste an:

Durch Betätigung der *Return-Taste* wird eine unmittelbar vorausgehende Daten-Eingabe abgeschlossen, so daß die über die Tastatur eingegebenen und in der Regel auf dem Bildschirm angezeigten Zeichen dem ablaufenden Programm übermittelt werden. Die Betätigung dieser Taste werden wir – aus beschreibungstechnischen Gründen – im folgenden durch die Zeichenfolge "<ret>" kennzeichnen.

---

[23] Muß das Betriebssystem – bei eingeschaltetem Mikrocomputer – nach dem Kaltstart erneut geladen werden, so ist es nicht erforderlich, den Mikrocomputer ein- und wieder auszuschalten, um den Ladevorgang einzuleiten. Es genügt in diesem Fall, den Reset-Knopf bzw. die Spezialtaste "Control" in Verbindung mit der Taste für das Zeichen "C" (Warmstart unter CP/M) bzw. mit den Tasten "Alt" und "Del" (Warmstart unter MS-DOS) zu drücken.

[24] In diesem Augenblick erlischt die Kontrollampe am Diskettenlaufwerk A. Eine leuchtende Lampe zeigt stets einen Datentransport zwischen Hauptspeicher und Diskettenlaufwerk (Diskettenzugriff) an. In dieser Situation darf man die Diskette auf keinen Fall aus dem Laufwerk herausnehmen. Beim Betriebssystem MS-DOS hat der Anwender vor der Eingabe von Kommandos die Möglichkeit, das Datum und die Tageszeit einzutasten.

Durch den Druck auf die *Backspace-Taste* wird das zuletzt eingegebene (fehlerhafte) Zeichen nicht an das ablaufende Programm übertragen. Das bereits auf dem Bildschirm angezeigte Zeichen wird gelöscht und die aktuelle Cursorposition wird um eine Stelle nach links (an die Position des gelöschten Zeichens) zurückgesetzt.

Die *Control-Taste* wirkt nur in Verbindung mit einer anderen Taste. Dabei ist sie stets als erste Taste zu drücken, anschließend gedrückt zu halten und erst nach Betätigung der gewünschten weiteren Taste wieder loszulassen. Aus beschreibungstechnischen Gründen werden wir den Druck auf die Control-Taste durch das Zeichen "∧" kennzeichnen.

Diese drei Spezialtasten sind z. B. auf der Tastatur des Mikrocomputers der Firma IBM wie folgt angeordnet:[25]

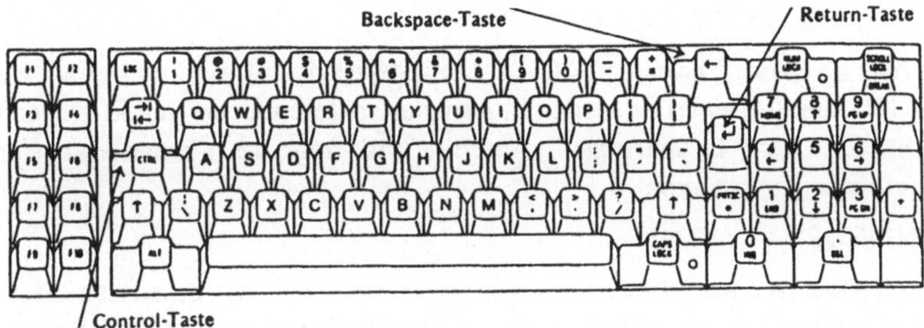

1.3.4 Formatieren einer Diskette

Wir wollen das COBOL-Quellprogramm ERFSSNG in einer Datei auf der (softsektorierten) Leerdiskette abspeichern. Bevor wir diese Diskette zum ersten Mal als Datenträger auf dem Mikrocomputer benutzen können, muß sie mit Hilfe eines speziellen Dienstprogramms, dem sog. *Formatierungs-Programm,* für die Datenaufnahme vorbereitet werden.[26]

Bei der Formatierung wird das Aufzeichnungsformat für die Datenablage festgelegt. Jede neue Diskette muß einmalig – vor der ersten Benutzung – formatiert werden. Ein erneutes Formatieren zu einem späteren Zeitpunkt bewirkt die Löschung aller bereits auf dieser Diskette abgespeicherten Informationen.

Wir legen unsere Leerdiskette in das Laufwerk B ein und geben das Kommando zur Formatierung in der folgenden Form an (am Beispiel des Kommandos FORMAT unter dem Betriebssystem CP/M auf dem Mikrocomputer der Firma Fujitsu):

A > FORMAT <ret>

---

25 Diese Tastatur mit der internationalen Zeichenbelegung unterscheidet sich von der deutschen Tastatur u. a. dadurch, daß die Plätze der Tasten "Y" und "Z" miteinander vertauscht sind und daß bei der deutschen Tastatur zudem Tasten mit den Umlauten vorhanden sind.

Bei einigen Mikrocomputern lassen sich verschiedene Tastenbelegungen auswählen, entweder (hardware-seitig) durch eine mechanische Umschaltung (durch das Drücken einer Umschalt-Taste) oder (software-seitig) durch das Laden einer speziellen Tastatur-Datei von der Systemdiskette.

26 Disketten unterscheiden sich nicht nur in ihrer Größe und Speicherkapazität, sondern auch in einer Vielzahl von möglichen Aufzeichnungsformaten.

In der Regel sind auf einer Diskette an einem Rechner aufgezeichnete Daten nicht auf einem anderen Rechner-Typ lesbar.

Dazu drücken wir – wie bei der Schreibmaschine – auf diejenigen Tasten der Tastatur, auf denen die Buchstaben "F", "O", "R", "M", "A" und "T" abgebildet sind. Durch die Betätigung der Return-Taste, im Text gekennzeichnet durch die Zeichenfolge "<ret>", Übermitteln wir diese Eingabe dem Formatierungs-Programm, das daraufhin die folgende Meldung auf dem Bildschirm ausgibt:

DISK FORMATTING PROGRAM
INSERT DISK IN DRIVE B:
CONTINUE ? (Y OR N) >

Die vom Programm gestellte Anfrage wird von uns mit der Eingabe des Zeichens "Y" quittiert:

CONTINUE ? (Y OR N) > Y <ret>

Jetzt leuchtet die Kontrollampe am Diskettenlaufwerk B auf, und es werden Kenninformationen (für die Ansteuerung der Sektoren bei späteren Disketten-Zugriffen) auf die Diskette im Laufwerk B übertragen. Anschließend fragt das Formatierungs-Programm durch die erneute Ausgabe von

CONTINUE ? (Y OR N) >

an, ob noch eine weitere Diskette formatiert werden soll. Wir quittieren diese Anfrage mit der Eingabe des Zeichens "N" – mit anschließendem Druck auf die Return-Taste – und beenden damit den Programmlauf des Formatierungs-Programms.

Die formatierte Diskette – wir nennen sie zur Unterscheidung von einer unformatierten Leerdiskette im folgenden *Daten-Diskette* – verbleibt im Laufwerk B, so daß unmittelbar anschließend die Erfassung der Programmzeilen durchgeführt und somit das COBOL-Quellprogramm ERFSSNG in einer Datei auf der Daten-Diskette abgespeichert werden kann.

Alle auf einer Diskette eingetragenen Dateien werden vom Betriebssystem über ein *Disketten-Inhaltsverzeichnis* (directory) verwaltet. Jede neu eingerichtete Datei wird in diesem Verzeichnis *katalogisiert,* d. h. es wird der Dateiname zusammen mit den Nummern der Sektoren eingetragen, in denen die Datensätze dieser Datei abgespeichert sind.[27]

Zur Katalogisierung der Datei, die das COBOL-Quellprogramm ERFSSNG aufnehmen soll, müssen wir einen geeigneten Dateinamen angeben. Dieser Name kann unter Berücksichtigung der Namenskonvention[28]

<bis zu 8 Zeichen langer Grundname> [.<bis zu 3 Zeichen lange Ergänzung>]

frei gewählt werden, d. h. jeder Dateiname besteht aus einem *Grundnamen,* dem eine durch einen Punkt "." abgetrennte *Ergänzung* folgen darf. Im Grundnamen und in der Ergänzung sollten nur Buchstaben und Ziffern verwendet werden. Zur Kennzeichnung des Laufwerks, in das die zur Aufnahme der Datei vorgesehene Diskette eingelegt ist, muß dem Dateinamen eine *Laufwerksbezeichnung* in der Form "**A:**" oder "**B:**" voran-

---

[27] Beim Mikrocomputer M16 der Firma Fujitsu können z. B. unter dem CP/M-System bis zu 64 Dateien im Disketten-Inhaltsverzeichnis katalogisiert werden.

[28] Die beiden Optionalklammern "[" und "]" zeigen an, daß der Klammerinhalt angegeben werden kann, aber auch fehlen darf (die Klammern selbst werden nicht mit angegeben).

gestellt werden. Sofern die Datei auf der Diskette im *Standardlaufwerk*, d. h. im angemeldeten Laufwerk – dies ist das in der Systemanfrage angegebene Laufwerk (bei "A >" also das Laufwerk A) – eingerichtet werden soll, darf man auf die Angabe der Laufwerksbezeichnung verzichten.

1.3.5 Erfassung des Quellprogramms

Wir wollen unser Quellprogramm ERFSSNG in einer Disketten-Datei mit dem Dateinamen ERFSSNG.COB auf der Daten-Diskette (im Laufwerk B) abspeichern.[29] Die Erfassung des Quellprogramms demonstrieren wir im folgenden beispielhaft durch den Einsatz des unter dem Betriebssystem CP/M zur Verfügung stehenden Editierprogramms, das durch das Kommando ED zur Ausführung gebracht wird.[30]

Unmittelbar hinter der Systemanforderung

A>

geben wir das Kommando **ED** für den Aufruf des Editierprogramms und den Namen der einzurichtenden Disketten-Datei wie folgt an:

A > ED B: ERFSSNG.COB <ret>

Durch die dem Dateinamen ERFSSNG.COB vorangestellte Laufwerksangabe "B:" zeigen wir an, daß die Datei ERFSSNG.COB auf der Diskette im Laufwerk B eingerichtet werden soll.

Bei der Durchführung der Erfassung unseres Quellprogramms stellt sich der Datenfluß wie folgt dar:

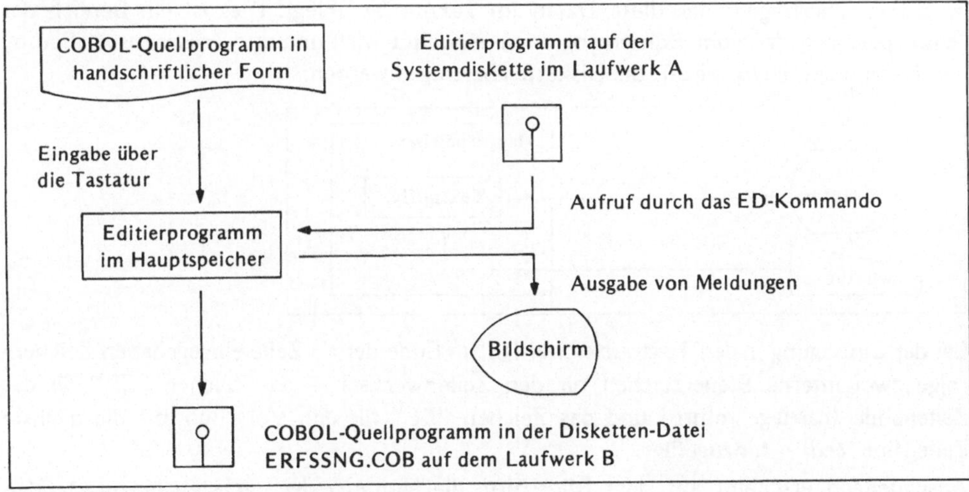

29 Die Ergänzung "COB" hinter dem Grundnamen "ERFSSNG" soll darauf hinweisen, daß die Datei ein COBOL-Quellprogramm enthält.

30 Das Editierprogramm ist auf der CP/M-Systemdiskette in der Datei ED.CMD abgespeichert. Unter dem System MS-DOS wird ein entsprechendes Editierprogramm durch das Kommando EDLIN aufgerufen. Beide Programme stimmen in der logischen Grundkonzeption überein und unterscheiden sich nur geringfügig im Hinblick auf den Leistungsumfang und die diesbzgl. Editierbefehle.

Auf unsere Eingabe

A > ED B:ERFSSNG.COB <ret>

hin meldet sich das Editierprogramm mit der Bildschirm-Ausgabe[31]

NEW FILE
:*_

weil noch keine Datei mit dem Dateinamen ERFSSNG.COB auf der Diskette im Laufwerk B existiert.

Durch die Eingabe des *ED-Befehls* I (input) in der Form

*I <ret>

teilen wir dem Editierprogramm mit, daß wir Daten erfassen wollen. Daraufhin wird auf dem Bildschirm ausgegeben:

1: _

Jetzt können wir die erste Zeile unseres COBOL-Quellprogramms eintragen, indem wir für jedes Zeichen die zugehörige Taste drücken. Jedes eingetastete Zeichen wird in einen Zeilenpufferbereich im Hauptspeicher übertragen und zusätzlich am Bildschirm angezeigt. Ein falsch eingegebenes Zeichen läßt sich dadurch korrigieren, daß wir den Cursor mit der Backspace-Taste um eine oder mehrere Zeichenpositionen (nach links) zurücksetzen und anschließend die fehlerhafte Eintragung überschreiben.

Nach Eintastung aller Zeichen einer Programmzeile unseres COBOL-Quellprogramms betätigen wir die Return-Taste. Dadurch wird die eingebene Zeichenfolge an das Editierprogramm übertragen, das diese Daten im *Textpuffer* ablegt. Dies ist ein Bereich des Hauptspeichers, der vom Editierprogramm verwaltet wird und zur Zwischenspeicherung der Daten dient, bevor sie auf die Diskette übertragen werden.

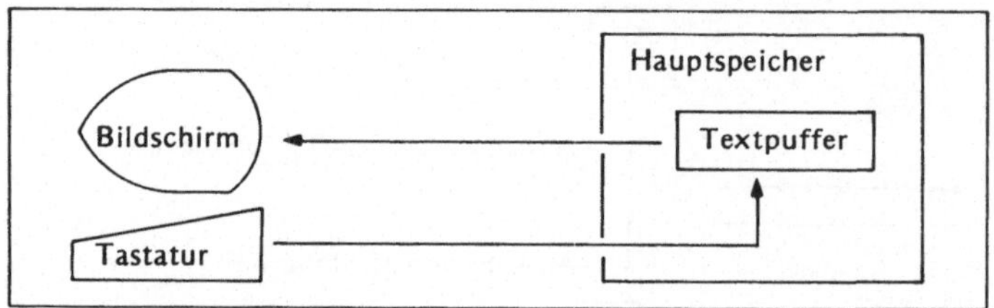

Bei der Eintragung in den Textpuffer werden am Ende der als Zeile eingegebenen Zeichenfolge zwei interne Steuerzeichen für den Zeilenwechsel – das Zeichen "CR" für das Zeilenende (carriage return) und das Zeichen "LF" für den Vorschub auf die nächste Zeile (line feed) – hinzugefügt.

Anschließend erscheint auf dem Bildschirm die Nummer der nächsten einzutastenden Zeile.

Ist der Bildschirm bis zur letzten Zeile gefüllt, so wird – nach Betätigung der Return-Taste – der Bildschirminhalt um eine Zeile nach oben verschoben, so daß in der untersten Bildschirmzeile eine weitere Daten-Eingabe möglich wird.

---

[31] Das Zeichen "*" symbolisiert die Anfrage des Editierprogramms und fordert zur Eingabe von ED-Befehlen auf.

Um die Eingabe der Programmzeilen gemäß der COBOL-Notation (s. Abschnitt 1.2.9) zu erleichtern, kann man in der Regel die *Tabulator-Taste*

für die Tabulatorsteuerung benutzen. Steht der Cursor am Zeilenanfang, so wird nach dem erstmaligen Drücken dieser Taste automatisch auf den Anfang des Programmzeilenbereichs A (Zeichenposition 8) positioniert.[32]

Nachdem die letzte Programmzeile (durch die Betätigung der Return-Taste) in den Textpuffer übertragen worden ist, muß dem Editierprogramm das Erfassungsende mitgeteilt werden.

Dazu ist die Control-Taste zusammen mit der Taste "Z" zu drücken (wir schreiben dafür "^Z" und sprechen in dieser Situation von "Control-Z"). Anschließend meldet sich das Editierprogramm mit der Ausgabe des Zeichens "*" und fordert zur Eingabe des nächsten ED-Befehls auf.

Jetzt muß die Übertragung der Programmzeilen des COBOL-Programms ERFSSNG aus dem Textpuffer in die Datei ERFSSNG.COB auf die Diskette im Laufwerk B ausgelöst werden.

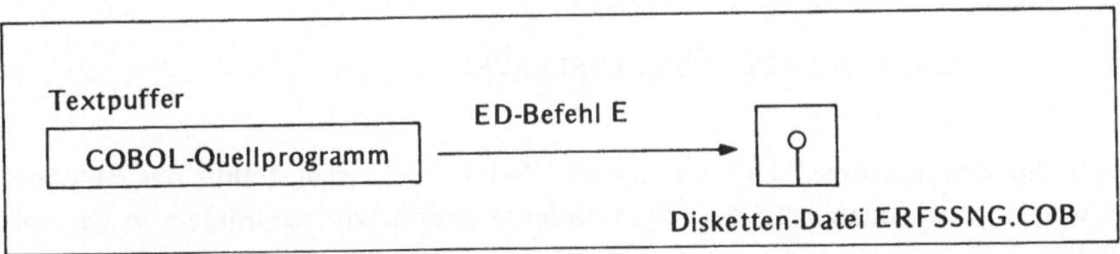

Dazu wird der *ED-Befehl* E (end) in der Form:

<ret> preceded: *E<ret>

eingegeben. Nach der Übertragung der Programmzeilen aus dem Textpuffer in die Disketten-Datei ist die Ausführung des Editierprogramms beendet, und das Betriebssystem meldet sich mit der Systemanfrage "A>".

Stellt man vor Beendigung der Editierung (durch den ED-Befehl E) fest, daß man einen Eingabefehler gemacht hat, so kann man mit Hilfe geeigneter Editier-Befehle Korrekturen im Textpuffer vornehmen.

Hat man z. B. in Zeile 48 geschrieben:

```
OPEN INPUT VERTRETERDATEI
```

(richtig muß es heißen: OPEN OUTPUT VERTRETER-DATEI), so ist zunächst der *Zeichenpositionszeiger* innerhalb des Textpuffers auf den Anfang der Zeile 48 zu setzen.

---

[32] Jeder weitere Druck auf die Tabulator-Taste positioniert den Cursor nach rechts auf die nächstgelegene Zeichenposition, die ein Vielfaches der Zahl Acht beträgt.

Dies erreicht man durch die Eingabe des ED-Befehls "48:" in der Form

```
*48:<ret>
```

woraufhin die Meldung

```
48: *_
```

auf dem Bildschirm ausgegeben wird.

Um die Zeichenfolge "IN" durch die Zeichenfolge "OUT" auszutauschen, wird der *ED-Befehl* **S** (substitute) in der Form:

```
48: *SIN^ZOUT^Z<ret>
```

eingegeben.
Da das Ergebnis nicht automatisch angezeigt wird, müssen wir den Zeichenpositionszeiger mit dem *ED-Befehl* **0L** (line) vor den Anfang der aktuellen Zeile zurücksetzen und anschließend mit dem *ED-Befehl* **T** (type) den Inhalt der Zeile 48 auf dem Bildschirm protokollieren. Beide Befehle können zusammengezogen werden:

```
48: *0LT<ret>
```

Anschließend wird auf dem Bildschirm ausgegeben:

```
48:           OPEN OUTPUT VERTRETERDATEI
48: *_
```

Jetzt soll noch die Zeichenfolge "DATEI" durch "–DATEI" ersetzt und das Ergebnis protokolliert werden. Die dazu erforderlichen Befehle geben wir zusammen in der folgenden Form ein:

```
48: *SDATEI^Z-DATEI^Z0LT<ret>
```

woraufhin die Ausgabe von

```
48:           OPEN OUTPUT VERTRETER-DATEI
48: *_
```

erfolgt.

Zur Kontrolle der im Textpuffer bislang eingetragenen Daten setzen wir den Zeichenpositionszeiger auf den Anfang der ersten Zeile durch die Eingabe von

```
*1:<ret>
```

zurück und rufen durch den Befehl

```
*23T<ret>
```

die Bildschirm-Ausgabe von insgesamt 23 Zeilen (beginnend mit der Zeile 1) ab, so daß die ersten 23 Zeilen angezeigt werden.

Wir erhalten:

```
. 1:        IDENTIFICATION DIVISION.
. 2:        PROGRAM-ID.
. 3:            ERFSSNG.
. 4:        ENVIRONMENT DIVISION.
. 5:        INPUT-OUTPUT SECTION.
. 6:        FILE-CONTROL.
. 7:            SELECT VERTRETER-DATEI ASSIGN TO "B:STAMM.VER"
. 8:                   ORGANIZATION IS LINE SEQUENTIAL.
. 9:        DATA DIVISION.
. 10:       FD  VERTRETER-DATEI.
. 11:       01  VERTRETER-SATZZ.
. 12:           02  KENNZAHL     PIC 9(4).
. 13:           02  NACHNAME     PIC X(20).
. 14:           02  VORNAME      PIC X(20).
. 15:           02  KONTOSTAND   PIC S9(5)V99.
. 16:       WORKING-STORAGE SECTION.
. 17:       01  BILDSCHIRM-AUS.
. 18:           02  NACHNAME-MASKE          PIC X(33)
. 19:                   VALUE "NACHNAME:  <                    >".
. 20:           02  FILLER                  PIC X(16).
. 21:           02  KENNZAHL-MASKE          PIC X(15)
. 22:                   VALUE "KENNZAHL:<    >".
. 23:           02  FILLER                  PIC X(16).
. 1: *_
```

Uns fällt auf, daß wir hinter Zeile 9 die Programmzeile

```
FILE SECTION.
```

vergessen haben.[33] Zur nachträglichen Erfassung dieser Informationen positionieren wir den Zeichenpositionszeiger vor den Anfang der 10. Zeile und geben den I-Befehl ein:

```
1: *10:I<ret>
```

Dann tragen wir ein:

```
10:         FILE SECTION.<ret>
11:  ^Z
```

und überprüfen diese Aktion durch:

```
*1:11T<ret>
```

mit dem Ergebnis:

```
. 1:        IDENTIFICATION DIVISION.
. 2:        PROGRAM-ID.
. 3:            ERFSSNG.
. 4:        ENVIRONMENT DIVISION.
. 5:        INPUT-OUTPUT SECTION.
. 6:        FILE-CONTROL.
. 7:            SELECT VERTRETER-DATEI ASSIGN TO "B:STAMM.VER"
. 8:                   ORGANIZATION IS LINE SEQUENTIAL.
. 9:        DATA DIVISION.
. 10:       FILE SECTION.
. 11:       FD  VERTRETER-DATEI.
. 1: *_
```

[33] Der aufmerksame Leser wird sicherlich erkennen, daß in Zeile 11 anstelle des Namens "VERTRETER-SATZ" die falsche Angabe "VERTRETER-SATZZ" eingetragen ist. Wir nehmen an dieser Stelle absichtlich keine Korrektur vor, damit wir im Abschnitt 1.3.6 die Reaktion des Kompilierers auf diese falsche Angabe kennenlernen.

Sollen nach Beendigung der Editierung durch die Eingabe des ED-Befehls

*E<ret>

weitere Textmanipulationen mit dem Inhalt der Datei ERFSSNG.COB durchgeführt werden, so sind die Programmzeilen zunächst von der Diskette in den Textpuffer im Hauptspeicher zu übertragen.

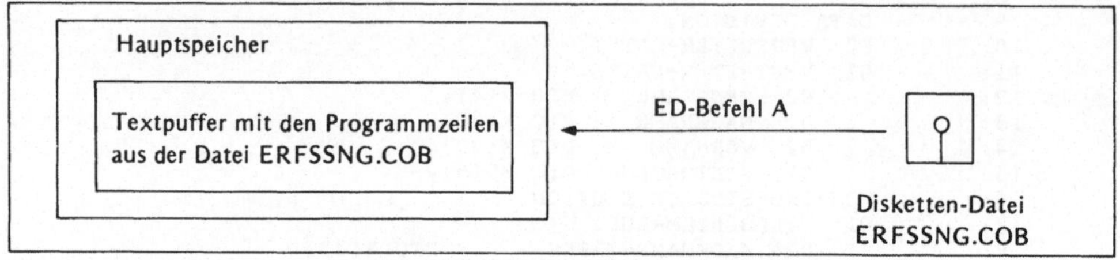

Dazu muß nach dem Start des Editierprogramms[34] durch die Eingabe von

A > ED B:ERFSSNG.COB <ret>

der ED-Befehl **A** (append) mit dem vorausgehenden Zeichen "#" in der Form

* #A <ret>

eingegeben werden.

Anschließend steht der Zeichenpositionszeiger vor dem ersten Zeichen der ersten Zeile, was durch die Bildschirm-Ausgabe

1: *_

angedeutet wird.

Jetzt können die Textmanipulationen durch geeignete ED-Befehle durchgeführt werden. Zur Sicherung der modifizierten Programmzeilen ist wiederum der ED-Befehl "E" anzugeben.

[34] Nach dem Start des Editierprogramms wird der Inhalt der Datei ERFSSNG.COB zur Sicherheit in einer Disketten-Datei namens ERFSSNG.BAK (die Ergänzung "BAK" kürzt die Wörter "back up" ab) abgespeichert. Ist eine Datei dieses Namens beim Start des Editierprogramms bereits auf der Diskette vorhanden, so wird ihr Inhalt überschrieben. Somit muß man, falls einem beim Editieren ein schwerwiegender Fehler unterläuft, vor dem erneuten Aufruf des Editierprogramms (mit dem ED-Kommando) den Inhalt der Datei ERFSSNG.BAK wieder unter dem Namen ERFSSNG.COB bereitstellen, unter CP/M etwa durch die Eingabe der CP/M-Kommandos:

A > ERA B:ERFSSNG.COB <ret>
A > REN B:ERFSSNG.COB = B:ERFSSNG.BAK <ret>

Abschließend fassen wir die von uns an Beispielen gezeigten Eingabe-, Korrektur-, Positionierungs- und Ausgabe-Befehle des CP/M-Editierprogramms ED in einer Tabelle zusammen:

I	Einleitung der Erfassung von Zeilen
Return-Taste "<ret>"	Durchführung eines Zeilenwechsels bei der Daten-Eingabe
∧Z	Beendigung der Erfassung
<zeilennummer>:	Positionierung des Zeichenpositionszeigers im Textpuffer vor den Anfang der Zeile mit der angegebenen "<zeilennummer>"
S <text-1> ^Z <text-2> ^Z	Suchen von "<text-1>" ab der aktuellen Zeichenposition und Ersetzung durch "<text-2>"
0L	Positionierung des Zeichenpositionszeigers vor den Anfang der aktuellen Zeile
T	Bildschirm-Ausgabe der aktuellen Zeile
<zahl>T	Bildschirm-Ausgabe der nächsten "<zahl>" Zeilen, beginnend mit der Zeile, in welcher der Zeichenpositionszeiger steht
#A	Übertragung der Sätze der Disketten-Datei in den Textpuffer
E	Übertragung des Textpuffer-Inhalts in die Disketten-Datei und Beendigung des Editierprogramms

Eine Zusammenstellung aller ED-Befehle enthält Anhang A.2.

1.3.6 Kompilierung des Quellprogramms

Nach der Erfassung unserer Quellprogrammzeilen und der Abspeicherung in der Datei ERFSSNG.COB auf der Diskette im Laufwerk B können wir nun den COBOL-Kompilierer starten. Dazu nehmen wir die zur Zeit nicht benötigte Systemdiskette aus dem Laufwerk A heraus und ersetzen sie durch die COBOL-Diskette, die den **COBOL-*Kompilierer*** enthält.

Beim Arbeiten unter CP/M muß das Betriebssystem über diesen durchgeführten *Diskettenwechsel* im Laufwerk A informiert werden (unter MS-DOS ist dies nicht erforderlich). Dies geschieht durch die Eingabe (sie wird *nicht* durch den Druck auf die Return-Taste abgeschlossen) von:

A> ^ C

Anschließend meldet sich wieder das Betriebssystem durch die Ausgabe von

A>

Wir geben das *Kommando* **COBOL** in der Form

A>COBOL B:ERFSSNG.COB<ret>

ein und bringen dadurch den COBOL-Kompilierer zur Ausführung. Er wird vom Betriebssystem von der Diskette im Laufwerk A in den Hauptspeicher geladen, und die Datei ERFSSNG.COB, die auf der Diskette im Laufwerk B enthalten ist, wird ihm als Eingabe-Datei zur Kompilierung übergeben.

Der Kompilierer übersetzt die Quellzeilen in die vom Prozessor ausführbaren Befehle und legt das resultierende Objektprogramm in der Disketten-Datei ERFSSNG.INT – die Ergänzung "INT" wird an den Grundnamen der Quellprogramm-Datei angefügt – auf dem Laufwerk B ab.[35]

Gleichzeitig wird – ebenfalls auf dem Laufwerk B – eine *Listing-Datei* namens ERFSSNG.LST eingerichtet, in die der Kompilierer die Programmzeilen des Quellprogramms mit Meldungen über evtl. vorhandene Syntaxfehler einträgt (dahinter folgt noch eine Statistik über die Anzahl der Fehler und die Größe des benötigten Speicherbereichs für die Programmausführung).

Den Datenfluß bei der Kompilierung stellen wir durch das folgende Schema dar:

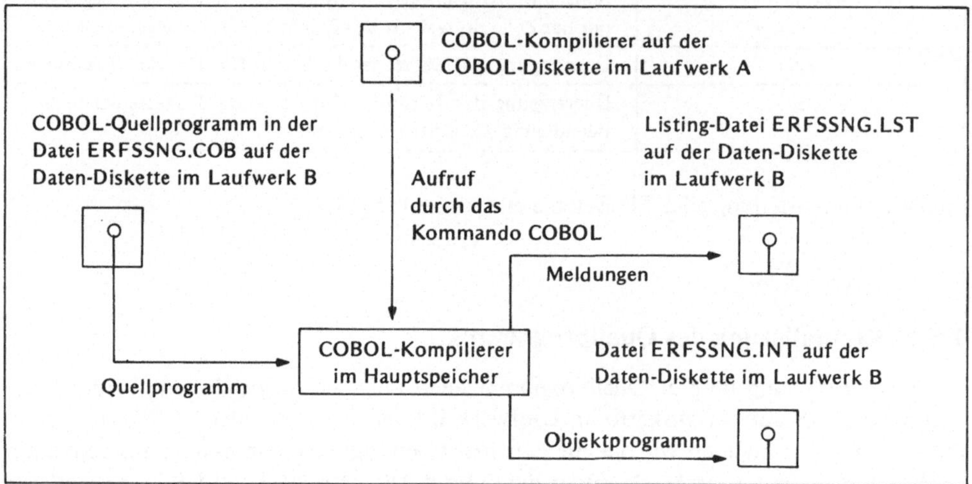

Standardmäßig werden die vom Kompilierer erzeugten Dateien auf der Diskette eingerichtet, auf der sich die Datei mit dem Quellprogramm befindet – in unserem Fall ist dies das Laufwerk B.

[35] Genaugenommen werden nicht die vom Prozessor ausführbaren Befehle erzeugt, sondern das Objektprogramm wird aus Befehlen eines Zwischenkodes aufgebaut, die bei der Ausführung des Objektprogramms vom COBOL-Laufzeitsystem (RTS: Run Time System) interpretiert und entsprechend ausgeführt werden. Das COBOL-Laufzeitsystem ist (unter CP/M) auf der COBOL-Diskette in der Datei RUN.CMD (unter MS-DOS lautet der Dateiname RUN.COM) abgespeichert. Es wird zum Start des COBOL-Programms zusammen mit dem Objektprogramm in den Hauptspeicher geladen. Bei der Programmausführung werden u. U. weitere Programmteile, die ebenfalls auf der COBOL-Diskette abgespeichert sind, in den Hauptspeicher nachgeladen, etwa der Inhalt der Datei IXSIO.INT (falls index-sequentielle Dateien verarbeitet werden sollen) bzw. der Inhalt der Datei ADIS.INT (falls ein Bildschirm-Dialog geführt werden soll).

Will man davon abweichend ein anderes Laufwerk oder andere Dateinamen festlegen, so muß man das Kommando COBOL um die *Kompilierer-Direktiven* **INT** und **LIST** in der folgenden Form erweitern:[36]

```
A>COBOL  B:ERFSSNG.COB [INT"[laufwerkname-1:]dateiname-1"]
                       [LIST"[laufwerkname-2:]dateiname-2"]
```

So erreichen wir etwa durch die Eingabe von

A>COBOL B:ERFSSNG.COB INT"P1" LIST"B:P1LIST"<ret>

daß die Objektprogramm-Datei mit dem Dateinamen P1 auf dem Laufwerk A und die Listing-Datei mit dem Dateinamen P1LIST auf dem Laufwerk B eingerichtet werden.

Läßt man nämlich in einer Kompilierer-Direktive die (wahlfreie) Laufwerksbezeichnung weg, so wird die angegebene Datei auf dem Laufwerk erstellt, von dem der Kompilierer geladen wurde.

Neben der INT- und der LIST-Direktive gibt es weitere Kompilierer-Direktiven, mit denen man die Kompilierung steuern kann (s. Anhang A.3).[37]

Nach der Kompilierung unseres Quellprogramms ERFSSNG aufgrund der Eingabe

A>COBOL B:ERFSSNG.COB<ret>

erhalten wir auf dem Bildschirm die folgende Meldung über das Ergebnis des Kompilierungslaufs:[38]

```
*****************************************************************************
*****************************************************************************
Level II COBOL  V2.1 COPYRIGHT (C) 1983 MICRO FOCUS LTD
Compiling B:ERFSSNG.COB
          WRITE VERTRETER-SATZ.
*103*******************************                                 (0000)**
*   Operand has wrong data-type, is not declared or '.' missing            **
ERRORS=00001 DATA=01280 CODE=00512 DICT=00570:61237/61807 GSA FLAGS =   OFF
*****************************************************************************
*****************************************************************************
```

Die Angabe "DATA=01280" bedeutet, daß das Objektprogramm 1280 Bytes für die Einrichtung seiner Datenfelder benötigt. Die Ausgabe "CODE=00512" besagt, daß für die Ablage des Programmkodes 512 Bytes im Hauptspeicher benötigt werden. Der Text "DICT=00570:61237/61807" kennzeichnet, daß von den insgesamt 61807 Bytes für die

36 Die Direktiven werden – jeweils getrennt durch mindestens ein Leerzeichen – hinter dem Dateinamen angegeben.

37 Werden mehrere Direktiven angegeben und reicht eine Bildschirmzeile für die Darstellung eines COBOL-Kommandos nicht aus, so ist am Zeilenende das Zeichen "&" einzutragen. Es zeigt an, daß das Kommando in der nächsten Zeile fortgesetzt wird.

38 Die unter der protokollierten fehlerhaften Programmzeile angegebene Fehlermeldung ist vom Kompilierer aus der Datei COBOL.ERR abgerufen worden, die auf der COBOL-Diskette abgespeichert ist.

Kompilierer-Tabellen (die zur Übersetzung benötigt werden) bei der Kompilierung unseres Programms 570 Bytes benutzt und 61237 Bytes nicht belegt wurden. Die Meldung "GSA FLAGS = OFF" bedeutet, daß der Kompilierer nicht überprüfen sollte, welchen Sprachleveln – festgelegt vom GSA (Abkürzung von "General Services Administration"), einer Abteilung des "Federal Compiler Testing Centers" – die von uns benutzten COBOL-Sprachelemente zuzuordnen sind.

Aus der o.a. Bildschirm-Ausgabe ersehen wir, daß der Kompilierer einen Fehler (ERRORS=00001) festgestellt hat.

Die ausgegebene Fehlermeldung bezieht sich auf die Anweisung

```
WRITE VERTRETER-SATZ.
```

Sie läßt darauf schließen, daß das Feld VERTRETER-SATZ nicht korrekt vereinbart wurde ("Operand is not declared").

Zur Beseitigung dieses Fehlers muß die Datensatz-Beschreibung im FD-Eintrag der Datei VERTRETER-DATEI überprüft werden.

Somit müssen wir die Zeilen des Quellprogramms nochmals editieren und danach den COBOL-Kompilierer erneut starten.

In dieser Situation ist es zweckmäßig, anstelle der Quellprogramm-Datei ERFSSNG.COB die Listing-Datei ERFSSNG.LST, die das Kompilierungs-Protokoll enthält, zu editieren. Diese Datei enthält nämlich unter jeder fehlerhaften Programmzeile eine auf diese Zeile bezogene Fehlermeldung, die man beim Editieren als Hinweis auf die Fehlerursache heranziehen kann.

Nach der Editierung kann man die veränderte Listing-Datei – ohne vorherige Löschung der Fehlermeldungen – dem Kompilierer als Eingabe-Datei übergeben, da der Kompilierer die Fehlermeldungen ignoriert.[39]

Für die Kompilierung von ERFSSNG.LST müssen wir beim Aufruf des Kompilierers der neu einzurichtenden Listing-Datei über die Angabe der LIST-Direktive einen Namen zuweisen, der vom Dateinamen ERFSSNG.LST (der alten Listing-Datei) verschieden ist. Andernfalls würde der Kompilierer den Versuch unternehmen, die Datei ERFSSNG.LST, aus der das Quellprogramm gelesen wird, erneut einzurichten. Weil dies nicht möglich ist, würde der Kompilpiererlauf mit einem Fehler abgebrochen (mit der Meldung "Open fail: B:ERFSSNG.LST").

[39] Nach der letzten Korrektur sollte man mit dem Editierprogramm alle Fehlermeldungen löschen und die Listing-Datei als neue Quellprogramm-Datei übernehmen. Dazu muß man (unter dem System CP/M) eingeben:

A > ERA B:ERFSSNG.COB <ret>
A > REN B:ERFSSNG.COB=B:ERFSSNG.LST <ret>

Durch das CP/M-Kommando ERA (von "erase", d.h. löschen) wird die Datei ERFSSNG.COB auf dem Laufwerk B gelöscht, und durch das CP/M-Kommando REN (von "rename", d.h. umbenennen) wird die Datei ERFSSNG.LST auf dem Laufwerk B in die Datei ERFSSNG.COB umbenannt.

Unter dem Betriebssystem MS-DOS lauten die entsprechenden Kommandos:

A > ERASE B:ERFSSNG.COB <ret>
A > REN B:ERFSSNG.LST B:ERFSSNG.COB <ret>

Daher wählen wir für die neue Listing-Datei den Namen "ERFSSNG.PRT" und geben ein:

A > COBOL B:ERFSSNG.LST LIST"B:ERFSSNG.PRT" <ret>

Nach der Kompilierung erhalten wir auf dem Bildschirm die Meldung:

```
*************************************************************************************
*************************************************************************************
Level II COBOL  V2.1 COPYRIGHT (C) 1983 MICRO FOCUS LTD
Accepted - LIST"B:ERFSSNG.PRT"
Compiling B:ERFSSNG.LST
ERRORS=00000 DATA=01280 CODE=00512 DICT=00569:61238/61807 GSA FLAGS =  OFF
*************************************************************************************
*************************************************************************************
```

Die Ausgabe "ERRORS=00000" zeigt an, daß das korrigierte Quellprogramm keine Syntaxfehler mehr enthält.[40] Somit konnte der Kompilierer die Umwandlung in das Objektprogramm und dessen Abspeicherung in der Disketten-Datei ERFSSNG.INT (auf dem Laufwerk B) vornehmen.[41]

Damit man zu einem späteren Zeitpunkt jederzeit auf eine Disketten-Datei mit dem korrekten Quellprogramm zurückgreifen kann, sollte man jetzt mit Hilfe des Editierprogramms alle Fehlermeldungs- und alle weiteren Nachrichtenzeilen innerhalb des Kompilierungsprotokolls in der Disketten-Datei ERFSSNG.LST löschen und daran anschließend diese Datei wieder in die Datei ERFSSNG.COB umbenennen.

1.3.7 Ausführung des Objektprogramms

Nach der Kompilierung unseres Programms ERFSSNG zur Erfassung der Vertreterdaten ist das resultierende Objektprogramm in der Disketten-Datei ERFSSNG.INT im Laufwerk B abgespeichert worden.

Durch die Eingabe des *Kommandos* **RUN** in der Form

A > RUN B:ERFSSNG.INT <ret>

wird das Objektprogramm vom Betriebssystem in den Hauptspeicher geladen und zur Ausführung gebracht. Bei der Eröffnung der Disketten-Datei STAMM.VER wird eine auf der Diskette vorhandene Datei gleichen Namens gelöscht, da wir das COBOL-Wort OUTPUT in der OPEN-Anweisung eingetragen haben (s. Abschnitt 1.2.9). Soll die Löschung verhindert werden, weil die Erfassung fortgesetzt und die nun eingegebenen Sätze hinter den bereits zuvor in der Datei abgespeicherten Sätzen angefügt werden sollen, so muß anstelle von OUTPUT das Wort EXTEND in der OPEN-Anweisung angegeben werden (s. Abschnitt 4.1.3).

---

40 Der Kompilierer prüft nicht, ob der in einer ASSIGN-Klausel (innerhalb des Paragraphen FILE-CONTROL) angegebene Name einer Disketten-Datei syntaktisch korrekt ist.

41 In der Regel (dies hängt von den Voreinstellungen des Kompilierersab) werden auf dem Laufwerk B nicht nur die Objektprogramm-Datei ERFSSNG.INT und die Listing-Datei ERFSSNG.PRT erzeugt, sondern auch die für spezielle Anwendungen erforderlichen Dateien ERFSSNG.ANM, ERFSSNG.ACP und ERFSSNG.D00. Die Generierung der Dateien mit den Ergänzungen "ANM", "ACP" und "D00" unterbleibt, falls beim COBOL-Kommando die Kompilierer-Direktive NOANIM (s. Anhang A.3) angegeben wird, etwa in der Form:

A > COBOL B:ERFSSNG.LST LIST"B:ERFSSNG.PRT" NOANIM <ret>

Als Überblick geben wir das folgende Schema an:

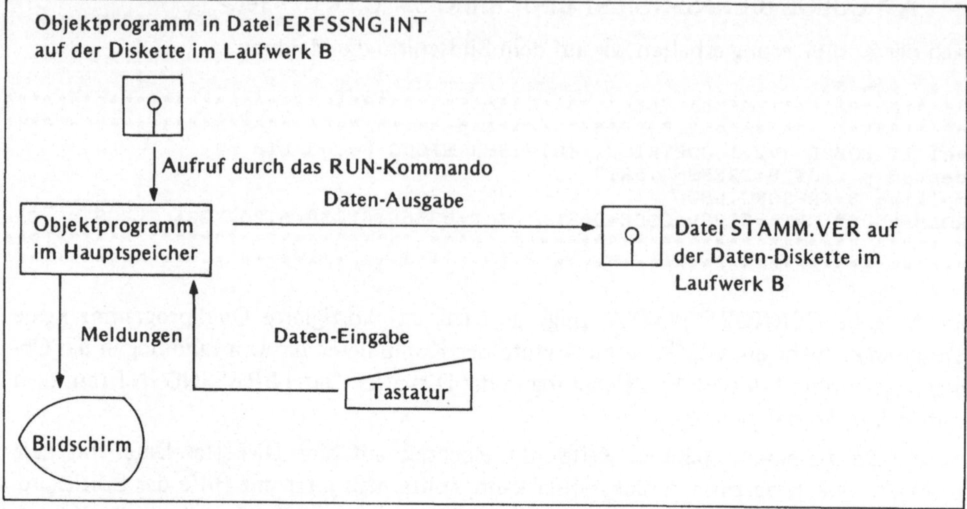

Wie innerhalb des Quellprogramms durch die COBOL-Anweisungen beschrieben, läuft der Verarbeitungsprozeß wie folgt ab:

Der Bildschirm wird gelöscht, und das Erfassungs-Menü wird auf dem Bildschirm ausgegeben. Anschließend ist das Programm zur Erfassung der Daten eines Vertreters bereit:

```
......................................................................
.                                                                    .
. NACHNAME   <                     >            KENNZAHL:<    >      .
.                                                                    .
. VORNAME    <                     >                                 .
.                                                                    .
. KONTOSTAND:<          >                                            .
.                                                                    .
.                                                                    .
. ENDE(J):< >                                                        .
......................................................................
```

Nach der Eingabe der Vertreterdaten in die Erfassungsfelder wird durch den Druck auf die Return-Taste dafür gesorgt, daß die Daten von den Erfassungsfeldern in die korrespondierenden Datenfelder im (Bildschirm-) Eingabebereich, von dort in den Datei-Ausgabe-Puffer und von dort satzweise in die Disketten-Datei STAMM.VER auf dem Laufwerk B übertragen werden, was wir durch die Angabe von

```
ASSIGN TO "B:STAMM.VER"
```

innerhalb des COBOL-Programms verabredet haben.

Der Erfassungsvorgang von Vertreterdaten wird solange wiederholt, bis im Erfassungsfeld mit dem Text "ENDE(J):" das Zeichen "J" eingetragen wird. Jetzt wird der letzte Datensatz aus den gerade erfaßten Daten zusammengestellt und als letzter Satz in die Datei STAMM.VER übertragen. Anschließend wird die Verarbeitung dieser Datei abgeschlossen und der Programmlauf nach dem Löschen des Bildschirms beendet.

1.3.8 Dynamische Zuweisung von Dateinamen

Es besteht die Möglichkeit, den Namen der Disketten-Datei für die abzuspeichernden Vertreterdaten nicht nur statisch, d.h. zum Zeitpunkt der Kompilierung, sondern auch dynamisch zum Beginn der Programmausführung festzulegen.

Dazu muß man beim Programmstart durch das Kommando RUN den gewünschten Dateinamen der Disketten-Datei als RUN-*Direktive* angeben (s. Anhang A.4). Wählen wir etwa – wie bisher – den Dateinamen STAMM.VER und soll die Datei auf dem Laufwerk B erstellt werden, so müssen wir schreiben:

A > RUN B:ERFSSNG.INT B:STAMM.VER <ret>

Dies funktioniert natürlich nur dann, wenn wir im Quellprogramm geeignete Vorkehrungen für diese veränderte Eingabeform getroffen haben. So ist zunächst der Paragraph FILE-CONTROL folgendermaßen abzuändern:

```
FILE-CONTROL.
    SELECT VERTRETER-DATEI ASSIGN TO EXTERNER-DATEINAME
    ORGANIZATION IS LINE SEQUENTIAL.
```

Der Name EXTERNER-DATEINAME ist ein von uns gewählter Bezeichner für ein Datenfeld, das etwa durch

```
01  EXTERNER-DATEINAME PIC X(14).
```

in der WORKING-STORAGE SECTION zu vereinbaren ist.

Diesem Datenfeld wird die im RUN-Kommando eingetragene Direktive "B:STAMM.VER" dadurch zugeordnet, daß die Anweisung

```
ACCEPT EXTERNER-DATEINAME FROM CONSOLE
```

unmittelbar zu Beginn der Prozedur RAHMEN im Programm ERFSSNG eingetragen und damit als erste Anweisung zur Laufzeit ausgeführt wird.

Neben dieser Form der Zuweisung einer RUN-Direktiven durch die *erste* im Programm aufgeführte ACCEPT-Anweisung mit der Klausel "FROM CONSOLE" besteht die Möglichkeit, mit Hilfe der ACCEPT-Anweisung (s. dazu die Angaben im Abschnitt 1.3.15) eine Eingabe des Dateinamens über die Tastatur zur Laufzeit des Programms anzufordern.

1.3.9 Einsatz des Programmsystems PERSONAL COBOL unter MS-DOS

Start des Systems PERSONAL COBOL.

Um das von uns entwickelte COBOL-Programm ERFSSNG zur Ausführung zu bringen, mußten wir die folgenden Kommandos (nacheinander) eingeben:

- das Kommando zum Aufruf des Editierprogramms (ED unter CP/M bzw. EDLIN unter MS-DOS) für die Erfassung der Programmzeilen,
- das COBOL-Kommando zum Aufruf des COBOL-Kompilierers für die Übersetzung des Quellprogramms in das Objektprogramm und
- das RUN-Kommando zum Aufruf des Objektprogramms zur Durchführung des Programmlaufs.

Mit jedem dieser drei Kommandos wird ein eigenständiges Programm zur Ausführung gebracht.

Um die Aufrufkonventionen für diese zur Programmentwicklung erforderlichen Komponenten zu vereinheitlichen, hat die Firma Micro Focus für den Einsatz auf einem **IBM-** oder **IBM-kompatiblen** Mikrocomputer mit dem Betriebssystem **MS-DOS** das integrierte Programmsystem **PERSONAL COBOL** entwickelt. Mit diesem System können COBOL-Programme im Rahmen einer (durch Bildschirm-Menüs steuerbaren) Dialog-Verarbeitung komfortabel erfaßt, editiert, kompiliert und ausgeführt werden. Wir zeigen im folgenden beispielhaft, wie wir unser COBOL-Programm ERFSSNG durch den Einsatz des Systems PERSONAL COBOL unter MS-DOS zur Ausführung bringen.

Unter der Voraussetzung, daß die COBOL-Systemdiskette mit dem Programmsystem PERSONAL COBOL im Laufwerk A und die Daten-Diskette im Laufwerk B eines IBM-Mikrocomputers (mit mindestens 256 KB Hauptspeicher) bereitgestellt sind, starten wir das PERSONAL COBOL-System durch die Eingabe des Kommandos

A > COBOL B:<ret>

unter dem Betriebssystem MS-DOS. Daraufhin wird das folgende *Kommando-Menü* auf dem Bildschirm ausgegeben:

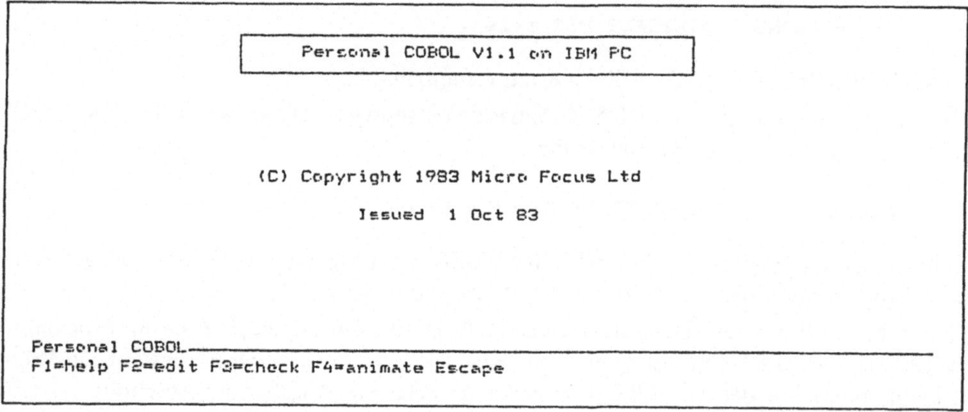

Mit Hilfe der Funktionstasten F2, F3 und F4, deren Bedeutungen in der letzten Bildschirmzeile (in abgekürzter Form) beschrieben sind, kann man das jeweils gewünschte Bild-Menü auswählen:

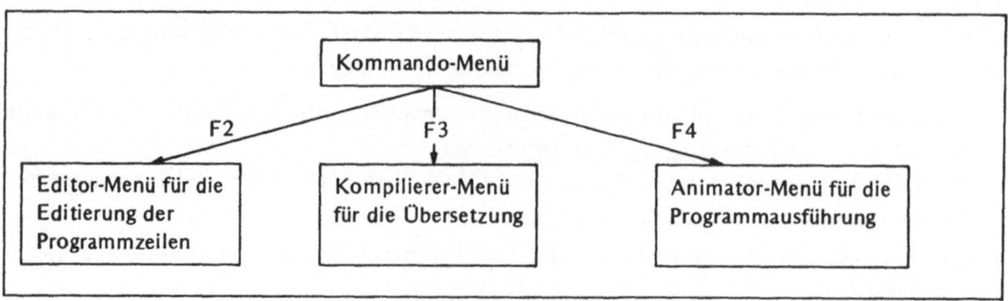

Editierung

Wir betätigen die F2-Taste und verzweigen in das *Editor-Menü*, in dem die drei untersten Bildschirmzeilen die folgenden Angaben enthalten:

```
Editing_new_file________________________Line_1__________Col_8_____Ins_Caps_Num_Scroll
F1=help F2=forms F3/F4=insert/delete-line F5=repeat-line F6=restore-line
F7=retype-char F8=restore-char F9=word-left F10=word-right Alternate Ctrl Escape
```

Der Cursor steht an der 8. Zeichenposition innerhalb der 1. Bildschirmzeile, so daß wir unmittelbar die 1. Programmzeile in den Textpuffer eingeben können. Zum Zeilenwechsel betätigen wir die Return-Taste und setzen die Erfassung mit der Eingabe der 2. und aller nachfolgenden Programmzeilen fort. Zur Positionierung innerhalb einer Zeile können wir die Tabulator-Taste und zur unmittelbaren Zeichenkorrektur die Backspace-Taste einsetzen.

Zum Löschen einzelner Zeichen muß die Del-Taste und zum Einfügen von Zeichen die Ins-Taste (Einfüge-Modus ein- und ausschalten) gedrückt werden. Zur Positionierung des Cursors sind die Tasten Cursor-Links (eine Zeichenposition nach links), Cursor-Rechts (eine Zeichenposition nach rechts), Cursor-Tief (eine Zeile tiefer) und Cursor-Hoch (eine Zeile höher) zu verwenden.

In den beiden letzten Bildschirmzeilen sind Hinweise für die Verwendung der Funktionstasten F1 bis F10 und der Spezialtasten "Alternate", "Ctrl" und ..Escape" eingetragen. Z.B. kann man durch den Druck auf die F4-Taste die aktuelle Zeile (d.i. die Zeile, in welcher der Cursor positioniert ist) löschen oder etwa durch den Druck auf die F5-Taste vor der aktuellen Zeile eine Kopie dieser aktuellen Zeile einfügen (genauere Angaben s. Anhang A.7).

Nach der Eingabe der letzten Programmzeile des Programms ERFSSNG muß der Inhalt des Textpuffers in eine Disketten-Datei auf dem Laufwerk B gesichert werden. Dazu drücken wir auf die Alt-Taste, halten sie gedrückt und betätigen die F4-Taste, woraufhin die folgende Aufforderung im unteren Bildschirmbereich angezeigt wird:

```
Save_file_________________________________________________Ins_Caps_Num_Scroll
F1=help F2=directory Escape
enter file-name ERFSSNG  then press ↵
```

Wir geben den Namen ERFSSNG in das (erhellte) Eingabefeld ein und drücken die Return-Taste.

Da wir beim Aufruf des PERSONAL COBOL-Systems (innerhalb des COBOL-Kommandos) die Bezeichnung "B:" für das Arbeitslaufwerk angegeben haben, wird der Inhalt des von uns über die Tastatur gefüllten Textpuffers in die Disketten-Datei ERFSSNG[42] auf dem Laufwerk B übertragen.

Wir verlassen das Editor-Menü durch die Escape-Taste und gelangen in das übergeordnete Kommando-Menü.

Sollen die erfaßten Programmzeilen korrigiert oder ergänzt werden, so ist innerhalb des Kommando-Menüs erneut die F2-Taste zum Aufruf des Editor-Menüs zu drücken. Damit der leere Textpuffer mit den Programmzeilen aus der Disketten-Datei ERFSSNG gefüllt wird, muß anschließend die F3-Taste (bei gedrückter Alt-Taste) betätigt werden. Da das System sich den zur Sicherung des Textpufferinhalts zuvor vergebenen Namen ERFSSNG gemerkt hat, erscheint die folgende Aufforderung im unteren Bildschirmteil:

```
Load-file-----------------------------------------------------Ins-Caps-Num-Scroll
F1=help F2=directory Escape
enter file-name ERFSSNG  then press ↵
```

Durch die Return-Taste wird der Textpuffer mit den innerhalb der Datei ERFSSNG gespeicherten Zeilen des Programms ERFSSNG gefüllt, so daß das Programm modifiziert werden kann.

Zur Sicherung eines geänderten Programms ist – wie bereits oben beschrieben – die Alt-Taste in Verbindung mit der F4-Taste zu betätigen. Danach gelangt man durch die Escape-Taste in das Kommando-Menü.

Kompilierung

Zur Kompilierung des COBOL-Programms ERFSSNG muß das *Kommando-Menü* durch die F3-Taste verlassen werden, woraufhin das Kompilierer-Menü mit den folgenden Angaben in den drei letzten Bildschirmzeilen angezeigt wird:

```
Check-----------------------------------------Pause--------Ins-Caps-Num-Scroll
F1=help F2=directory F3=pause-at-error-on/off F4=print-on/off Escape
enter file-name ERFSSNG  then press ↵
```

Bevor der Kompilierer durch den Druck auf die Return-Taste gestartet wird, haben wir die Möglichkeit, mit der F3-Taste den Pause-Modus anzustellen.

---

42 Das Programmsystem PERSONAL COBOL verwendet für die Namen von Dateien, in denen COBOL-Quellprogramme abgespeichert sind, die Namensergänzung "CBL" (das "O" aus dem Namen "COBOL" ist entfernt).

Im *Pause-Modus* unterbricht der Kompilierer den Übersetzungslauf, wenn er einen Syntaxfehler entdeckt hat.

Der Anwender wird befragt, ob trotz dieses Fehlers weiter kompiliert oder aber unmittelbar in das Editor-Menü an die Position der fehlerhaften Angabe verzweigt werden soll. Dadurch besitzt man die Möglichkeit, den Kompilierlauf in Abhängigkeit von der Fehlerart abzubrechen oder aber weiter fortzusetzen. Entscheidet man sich für den Abbruch, so ist der Inhalt des Textpuffers – nach der Fehlerkorrektur – wieder zu sichern und der Kompilierer zur Übersetzung des veränderten Quellprogramms erneut zu starten.

Programmausführung

Nach erfolgreicher Kompilierung[43] erscheint im unteren Bildschirmteil das Kommando-Menü, das wir durch die F4-Taste verlassen. Daraufhin wird das *Animator-Menü* auf dem Bildschirm ausgegeben, über das wir die Programmausführung abrufen:

```
Animate----------------------------------------------------Zoom-Ins-Caps-Num-Scroll
F1=help F2=directory F3=zoom-on/off Escape
enter file-name ERFSSNG  then press ↵
```

Zunächst schalten wir den sog. *Zoom-Modus* durch die F3-Taste ein, so daß das Programm – nach einem Start – mit maximaler Geschwindigkeit ausgeführt wird.

Den Programmstart veranlassen wir durch die Return-Taste. Danach wird das Erfassungs-Menü des Programms ERFSSNG (s. Abschnitt 1.3.7) auf dem Bildschirm ausgegeben. Wir führen die Erfassung durch und beenden die Programmausführung durch die Eingabe des Zeichens "J" in das letzte Feld des Erfassungs-Menüs.

Am Programmende wird das Animator-Menü automatisch verlassen und das Kommando-Menü auf dem Bildschirm angezeigt.

Soll der Programmlauf des PERSONAL COBOL-Systems beendet werden, so ist die Escape-Taste zu drücken.

Zusammenfassend stellen wir die Arbeit mit dem Programmsystem PERSONAL COBOL durch das folgende Ablaufschema dar:

[43] Es sind die Disketten-Dateien ERFSSNG.INT, ERFSSNG.ANM, ERFSSNG.ACP und ERFSSNG.D00 erzeugt worden.

A>COBOL B:<ret>

Ausgabe des Kommando-Menüs

Druck auf Funktionstaste oder Escape-Taste

wiederhole, bis Escape-Taste innerhalb des Kommando-Menüs gedrückt wird

F2

Ausgabe des Editor-Menüs

erstmalige Erfassung der Programmzeilen?

ja

Eingabe der Programmzeilen

nein

Einlesen der Programmzeilen durch: Alt + F3 und: Dateiname <ret>

Ergänzung oder Änderung der Programmzeilen

Sichern durch: Alt + F4 und: Dateiname <ret>

Escape-Taste drücken

F3

Ausgabe des Kompilierer-Menüs

Pause-Modus durch: F3

kompiliere durch: <ret>

bis Kompilierung beendet oder Abbruch wegen Fehlers

Fehler entdeckt?

ja

Kompilierung fortsetzen?

ja

nein

Ausgabe des Editor-Menüs

Ergänzung oder Ändern der Programmzeilen

Sichern durch: Alt + F4 und: Dateiname <ret>

Escape-Taste drücken

nein

F4

Ausgabe des Animator-Menüs

Zoom-Modus einstellen durch: F3

führe aus durch: <ret>

Ausgabe des Kommando-Menüs

Druck auf Funktionstaste oder Escape-Taste

Ende PERSONAL COBOL

Überwachung der Programmausführung

Weil bei einer Programmentwicklung oftmals Fehler in einem Programm enthalten sind, die der Kompilierer nicht erkennen kann – es handelt sich um Denkfehler, nicht um syntaktische Fehler –, ist es z.B. wünschenswert,

- die Ausführung von COBOL-Anweisungen zu überwachen,
- Haltepunkte zur Ausgabe des Inhalts von Datenfeldern oder zur Eingabe von neuen Werten in Datenfelder einzurichten,
- die aktuell ausgeführte Anweisung in ihrer Programmumgebung anzuzeigen,
- den Bildschirm zu gliedern, um innerhalb eines Bildschirmbereichs ausgewählte Programmzeilen zur Unterstützung bei der Fehlersuche zu protokollieren oder
- einzelne, nicht zum Programm gehörende COBOL-Anweisungen kompilieren und unmittelbar anschließend zur Ausführung bringen zu lassen.

Diese Möglichkeiten werden vom Programmsystem PERSONAL COBOL innerhalb des *Animating-Menüs* (s. Anhang A.7) bereitgestellt, in das vom Animator-Menü automatisch verzweigt wird, wenn der *Zoom-Modus ausgeschaltet* und die Return-Taste gedrückt wird.

In diesem Menü sind die einzelnen Leistungen durch die 10 Funktionstasten in Verbindung mit bestimmten Zeichentasten aufrufbar. Z.B. wird die F2-Taste zum Umschalten vom Animating-Menü zum Bildschirm mit den Programmausgaben eingesetzt. Dadurch kann man wechselseitig die Programmausführung innerhalb des Animating-Menüs und die Daten-Ausgaben des Programms auf dem Bildschirm verfolgen.

1.3.10 Daten-Eingabe bei der Bildschirm-Erfassung

Nachdem wir die technische Handhabung beschrieben haben, die für eine Programmausführung vorbereitend erforderlich ist, stellen wir im folgenden dar, wie Daten in ein Bildschirm-Menü eingegeben werden können.

Beim Start des COBOL-Programms ERFSSNG erscheint das Eingabe-Menü mit den Erfassungsfeldern auf dem Bildschirm, indem der Inhalt des Bildschirm-Ausgabebereichs BILDSCHIRM-AUS auf den Bildschirm ausgegeben wird (dies wird durch die COBOL-Anweisung DISPLAY veranlaßt).

Danach meldet das Programm seine Bereitschaft zur Daten-Eingabe (dies geschieht zu Beginn der Ausführung der COBOL-Anweisung ACCEPT).

Dazu leuchtet der *Cursor* auf der 1. Zeichenposition des 1. Erfassungsfelds auf – dies ist die Spaltenposition 13 in der 1. Zeile. Die Stellung des Cursors markiert die aktuelle Zeichenposition für das erste einzugebende Zeichen, d.h. den ersten Buchstaben des Vertreternamens.

aktuelle Cursorposition

```
.....................................................................
. NACHNAME  :<_                   >                 KENNZAHL:<    > .
.                                                                   .
. VORNAME   :<                    >                                 .
.                                                                   .
. KONTOSTAND:<          >                                           .
.                                                                   .
.                                                                   .
. ENDE(J):< >                                                       .
.                                                                   .
.....................................................................
```

Wir beziehen uns im folgenden auf die Erfassung der Daten des Vertreters "EGON MEYER" und tippen folglich als erstes das Zeichen "M" ein. Dadurch erscheint das Zeichen "M" an der durch den Cursor gekennzeichneten Zeichenposition, und der Cursor rückt automatisch um eine Zeichenposition nach rechts. Wir tippen das Zeichen "E", dann "Y" und dann "E" und "R" ein. Damit ist die Eingabe des Nachnamens beendet.

Da das Ende des aktuellen Erfassungsfelds (dieses korrespondiert mit NACHNAME-EIN), d.h. die Zeichenposition 32 innerhalb der ersten Zeile, noch nicht erreicht ist, muß der Cursor durch ein (einmaliges) Drücken der Spezialtaste *Cursor-Tief*

auf die erste Zeichenposition des nächsten Erfassungsfelds (dieses korrespondiert mit KENNZAHL-EIN) positioniert werden.[44]

In diesem Erfassungsfeld wird die Vertreterkennzahl durch das Drücken der Tasten "8", "4", "1" und "3" – in dieser Reihenfolge – eingetippt. Damit ist die Erfassung der Kennzahl "8413" beendet. Da in diesem Fall die letzte Zeichenposition des Erfassungsfelds bereits erreicht ist, springt der Cursor *automatisch* auf die erste Zeichenposition des nächsten Erfassungsfelds (dieses korrespondiert mit VORNAME-EIN), d.h. zur Spalte 13 in der 2. Zeile. Dort wird die Zeichenfolge "EGON" eingetippt. Durch erneutes Drücken der Taste Cursor-Tief rückt der Cursor auf den Anfang des nächsten Erfassungsfelds vor (dieses korrespondiert mit KONTOSTAND-EIN). Ab Spalte 13 in der 3. Zeile muß die Zeichenfolge "+725.15" eingetastet werden.

---

[44] In dieser Situation darf die Return-Taste nicht betätigt werden, da sonst die Erfassung der Daten für diesen Vertreter als beendet angesehen und die Datenübertragung von den Erfassungsfeldern in die korrespondierenden Datenfelder des Bildschirm-Eingabebereichs ausgelöst wird.

Anschließend stellt sich der Bildschirminhalt wie folgt dar:

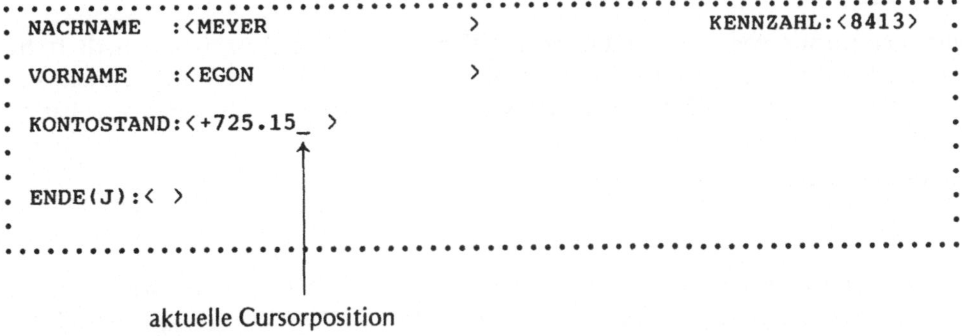

Da wir gerade mit der Erfassung beginnen, machen wir im letzten Erfassungsfeld keine Eintragung (die Eingabe des Zeichens "J" signalisiert das Erfassungsende).

Nachdem wir uns von der Korrektheit der in die Erfassungsfelder eingetragenen Informationen überzeugt haben, lösen wir die Datenübertragung von den Erfassungsfeldern in die korrespondierenden Datenfelder des Eingabebereichs BILDSCHIRM-EIN durch das Drücken der Return-Taste aus.

1.3.11 Cursor-Tasten

Soll vor Betätigung der Return-Taste eine Datenkorrektur vorgenommen werden, so muß man den Cursor auf das zu verändernde Zeichen positionieren. Hierzu sind eine oder mehrere der *Cursor-Tasten*

zu bedienen.

Beim Drücken der Taste *Cursor-Tief* springt der Cursor von der aktuellen Cursorposition auf den Anfang des nächsten Erfassungsfelds. Steht der Cursor bereits innerhalb des letzten Erfassungsfelds, so hat der Druck auf diese Cursor-Taste den Sprung auf die letzte Zeichenposition in diesem Erfassungsfeld zur Folge. Ein erneuter Druck auf die Taste Cursor-Tief führt zu keiner weiteren Veränderung der Cursorstellung.

Mit Hilfe der Taste *Cursor-Hoch*

↑

kann man den Cursor auf den Anfang des aktuellen Erfassungsfelds zurücksetzen. Steht der Cursor bereits auf dem Feldanfang, so springt er auf den Anfang des vorausgehenden Erfassungsfelds zurück.

Zeigt der Cursor allerdings schon auf den Anfang des ersten Erfassungsfelds, so hat der Druck auf diese Cursor-Taste keine Wirkung.

Mit der Taste *Cursor-Rechts*

wird der Cursor von seiner aktuellen Position um eine Zeichenposition nach rechts versetzt. Steht er am Ende eines Erfassungsfelds, so springt er auf den Anfang des nächsten Felds. Zeigt er bereits auf die letzte Zeichenposition im letzten Erfassungsfeld, so hat der Druck auf diese Cursor-Taste keine Wirkung.

Mit der Taste *Cursor-Links*

wird die Cursorposition um eine Stelle nach links gerückt. Befindet sich der Cursor am Anfang eines Erfassungsfelds, so wird er auf das letzte Zeichen des vorausgehenden Erfassungsfelds positioniert. Steht er bereits auf der ersten Position des ersten Erfassungsfelds, so hat der Druck auf diese Cursor-Taste keine Wirkung.

Mit der *Home-Taste* (Cursor-Home)

[↖] bzw. [HOME]

wird der Cursor von seiner aktuellen Zeichenposition unmittelbar auf den Anfang des ersten Erfassungsfelds positioniert.

Befindet sich der Cursor z. B. in der Position (0) (s. Abb.) und soll das 3. Zeichen im Erfassungsfeld für die Vertreterkennzahl – von "5" auf "1" – verändert werden,

```
. NACHNAME    <MEYER              >                  KENNZAHL:<8453>  .
.                                                                     .
. VORNAME:    <EGON               >                                   .
.             (2)                                             (3)     .
. KONTOSTAND:<+725.15  >                                              .
.             (1)     (0)                                    (4)      .
.                                                                     .
. ENDE(J):< >                                                         .
.                                                                     .
```

so sind die folgenden Cursor-Tasten hintereinander zu drücken:

[↑] [↑] [←] [←]

Dies führt – schrittweise – zu den Positionen (1) bis (4). Zu derselben Zeichenposition gelangt man auch dadurch, daß man die folgenden Cursor-Tasten betätigt:

[↖] [↓] [→] [→]

Jetzt steht der Cursor auf der Zeichenposition (4), so daß nun die Ersetzung der Ziffer "5" durch den Druck auf die Taste mit der Ziffer "1" vorgenommen werden kann.

1.3.12 Bildschirm-Eingabe von ganzzahligen Werten

Soll in ein Erfassungsfeld ein ganzzahliger Wert eingetragen werden – das korrespondierende Datenfeld im Arbeitsspeicher ist allein durch das Maskenzeichen "9" beschrieben – so wird bei der Füllung des Felds automatisch abgeprüft, ob auch tatsächlich nur Ziffern eingetastet werden. Jedes Zeichen, das keine Ziffer ist, wird – bei unveränderter Cursorposition – zurückgewiesen, und der Anwender wird durch einen Piepton auf den Eingabefehler aufmerksam gemacht. So ist es z. B. unmöglich, in das mit KENNZAHL-EIN korrespondierende Erfassungsfeld etwa das Leerzeichen einzutasten.

Ganzzahlige Werte sind stets rechtsbündig in ein Erfassungsfeld einzutragen. Dabei müssen führende Nullen mit erfaßt werden. Ein *automatisches Auffüllen* mit führenden Nullen wird dann vorgenommen, wenn nach der Eingabe aller Ziffernzeichen die Taste mit dem Dezimalpunkt "." gedrückt wird.

Soll z. B. im Erfassungsfeld für die Vertreterkennzahl die ganze Zahl 14 erfaßt werden, so hat man nach Eintastung der Ziffern "1" und "4" die folgende Situation:

KENNZAHL: <14_ >

Wird nun – der Cursor steht auf der 3. Zeichenposition in diesem Erfassungsfeld – die Taste mit dem Dezimalpunkt "." gedrückt, so erhält man:[45]

KENNZAHL: <0014>

Wird diese Taste nicht gedrückt, sondern die Information im Erfassungsfeld in der Form

KENNZAHL: <14 >

abgeschickt, so werden *nur* die beiden ersten im zugeordneten Datenfeld KENNZAHL-EIN enthaltenen Zeichen durch die Zeichen "1" und "4" ersetzt, so daß wir das Ergebnis

KENNZAHL-EIN | 1 4 ␣ ␣ |

erhalten.[46]

1.3.13 ACCEPT- und DISPLAY-Anweisungen

Der Dialog zwischen dem Anwender und dem im Mikrocomputer ablaufenden Programm wird über die Eingabe-Einheit "Tastatur" und die Ausgabe-Einheit "Bildschirm" geführt. Dabei wird eine Eingabe über die Tastatur durch die Ausführung der COBOL-Anweisung ACCEPT angefordert, und die Ausgabe auf den Bildschirm erfolgt durch die Ausführung der COBOL-Anweisung DISPLAY.

---

[45] Wird in dieser Situation die Taste "." erneut gedrückt, so ist das Ergebnis abhängig von der Position des Cursors im Erfassungsfeld. Steht der Cursor rechts von der ersten signifikanten Ziffer, so wird die Ziffernfolge um eine Position nach rechts verschoben, so daß die letzte Ziffer verlorengeht und an der ersten Ziffernposition eine Null nachgezogen wird. Steht der Cursor unter bzw. vor der ersten signifikanten Ziffer, so wird das Erfassungsfeld insgesamt mit Nullen überschrieben.

[46] Bei der Übertragung des Inhalts des numerischen Datenfelds KENNZAHL-EIN in das numerische Feld KENNZAHL, das Bestandteil des Ausgabe-Puffers für die Disketten-Datei ist, werden die beiden Leerzeichen im Sendefeld als Null interpretiert, so daß sich ergibt:

KENNZAHL | 1 4 0 0 |

Bei der traditionellen COBOL-Programmierung wurden diese beiden Anweisungen dazu verwendet, kurze Nachrichten zwischen dem Bediener einer Datenverarbeitungsanlage und dem im Rechner ablaufenden Programm auszutauschen. Im Hinblick auf eine interaktive Programmführung ist die Syntax dieser Anweisung gegenüber der Normierung innerhalb des ANSI-Standards (s. 1.3.15) verändert worden.[47] Wir stellen hier die Syntax dieser beiden Anweisungen für die Bildschirm-orientierte Ein-/Ausgabe so vor, wie sie beim Kompilierer **LEVEL II COBOL** der Firma Micro Focus vorgeschrieben ist.[48]

Syntax (noch unvollständig)

```
DISPLAY  {bezeichner-1}   UPON CRT
         {literal     }
ACCEPT  bezeichner-2      FROM CRT
```

In dem von uns im Abschnitt 1.2.9 angegebenen COBOL-Programm ERFSSNG zur Datenerfassung haben wir die folgenden Anweisungen eingesetzt:

(1) `DISPLAY SPACES UPON CRT`

(2) `DISPLAY BILDSCHIRM-AUS UPON CRT`

(3) `DISPLAY BILDSCHIRM-EIN UPON CRT`

(4) `ACCEPT BILDSCHIRM-EIN FROM CRT`

Wir haben gelernt, daß bei der Ausführung dieser Anweisungen – auf unser Programm bezogen – die folgenden Aktionen stattfinden:

(1) der gesamte Bildschirm wird gelöscht,

(2) das innerhalb der Datengruppe BILDSCHIRM-AUS aufgebaute Erfassungs-Menü wird auf dem Bildschirm ausgegeben,

(3) der Inhalt der Datengruppe BILDSCHIRM-EIN wird auf dem Bildschirm ausgegeben (d.h. die innerhalb des Erfassungs-Menüs auf dem Bildschirm festgelegten Erfassungsfelder werden mit Leerzeichen überschrieben), und

(4) der Inhalt der Erfassungsfelder, in die über die Tastatur Daten eingetragen wurden, wird in die Datenfelder der Datengruppe BILDSCHIRM-EIN übertragen, die mit den Erfassungsfeldern korrespondieren.

---

[47] Der ANSI-Standard beinhaltet den vom amerikanischen Normenausschuß ANSI (American National Standards Institute) festgelegten Sprachumfang der Programmiersprache COBOL.

[48] Die für Mikrocomputer vorhandenen COBOL-Kompilierer unterscheiden sich in der Regel besonders im Hinblick auf die Konzeption der Bildschirm-orientierten Dialog-Verarbeitung.

DISPLAY-Anweisung

Bei der Ausführung einer **DISPLAY**-*Anweisung* wird der Inhalt des Datenfelds "bezeichner" bei der Angabe von

DISPLAY bezeichner UPON CRT

bzw. der Text "literal" bei der Angabe von

DISPLAY literal UPON CRT

auf dem Bildschirm ausgegeben. Standardmäßig gilt als *Bezugspunkt* für die Ausgabe des ersten Zeichens die erste Zeichenposition in der ersten Bildschirmzeile (diesen Bezugspunkt kann man durch den Einsatz der AT-Klausel verändern, s. u.). Sollen mehr Zeichen ausgegeben werden als die aktuelle Zeile aufnehmen kann, so wird die auszugebende Information am Zeilenende "aufgebrochen" und die Ausgabe mit Beginn der nächsten Bildschirmzeile fortgesetzt. Die Gesamtzahl der Zeichen, die mit einer DISPLAY-Anweisung ausgegeben werden können, darf die Zeichenzahl von 80 * 24 = 1920 nicht überschreiten, da ein Bildschirm von COBOL aus 24 Zeilen mit jeweils 80 Zeichen pro Zeile aufnehmen kann.[49]

Bei der Bildschirm-Ausgabe spielen die *FILLER-Bereiche*, d. h. die Bereiche innerhalb einer Datengruppe, die durch das reservierte COBOL-Wort FILLER beschrieben sind, eine gesonderte Rolle.

Wird nämlich der Inhalt einer mit FILLER-Bereichen deklarierten Datengruppe auf dem Bildschirm ausgegeben, so bleiben diejenigen Bildschirmbereiche unverändert, die mit den FILLER-Bereichen korrespondieren, d. h. die an diesen Positionen auf dem Bildschirm abgebildeten Zeichen können nicht überschrieben werden. Aus diesem Grund bleiben bei der Löschung der Erfassungsfelder durch die Anweisung (s. Programm ERFSSNG in Abschnitt 1.2.9)

```
DISPLAY BILDSCHIRM-EIN UPON CRT
```

die Bildschirmmasken des Bildschirm-Menüs erhalten.

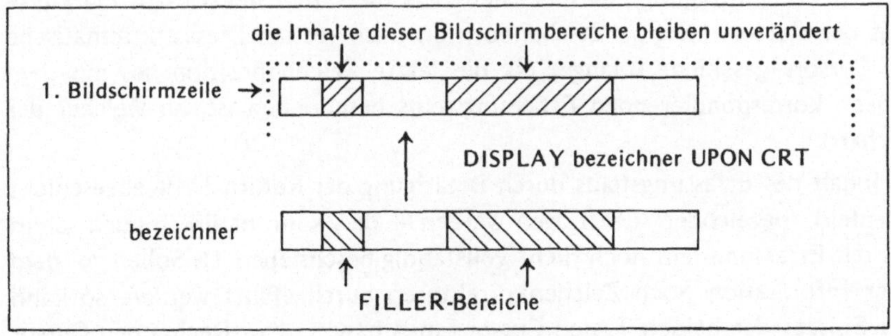

49 Abhängig vom jeweiligen Bildschirmtyp ist die maximal darstellbare Zeichenzahl in der Regel auf den Wert 1919 eingeschränkt, da die letzte Zeichenposition in der letzten Zeile für die interne Bildschirmsteuerung reserviert ist (die Ausgabe eines Zeichens an diese Position führt i. a. dazu, daß der Bildschirminhalt um eine Zeilenposition nach oben verschoben wird).

Löschung des Bildschirms

Eine gesonderte Rolle spielt das reservierte COBOL-Wort SPACES (vgl. 2.12). Bei der Ausführung der Anweisung

```
DISPLAY SPACES UPON CRT
```

wird der gesamte Bildschirm gelöscht (mit Leerzeichen überschrieben), d.h. an allen Zeichenpositionen werden Leerzeichen angezeigt. Es ist zu beachten, daß diese Anweisung nicht gleichbedeutend mit

```
DISPLAY "␣" UPON CRT
```

ist, da bei der Ausführung dieser Anweisung nur das *erste* Zeichen ab Bezugspunkt, d.h. das erste Zeichen in der ersten Bildschirmzeile durch die Ausgabe *eines* Leerzeichens gelöscht wird.

ACCEPT-Anweisung

Bei der Ausführung einer **ACCEPT**-*Anweisung* wird der Anwender des Programms aufgefordert, Daten über die Tastatur in die vereinbarten Erfassungsfelder auf dem Bildschirm einzutragen.
Die Erfassungsfelder sind festgelegt durch die Vereinbarung des Datenfelds "bezeichner", das in der Anweisung

ACCEPT bezeichner FROM CRT

aufgeführt ist, wobei die in der Vereinbarung von "bezeichner" angegebenen elementaren Datenfelder mit entsprechenden Bereichen auf dem Bildschirm korrespondieren (vgl. die Ausführungen im Abschnitt 1.2.1 und 1.2.4).

Handelt es sich beim Feld "bezeichner" um ein elementares Datenfeld, so wird bei der Ausführung der ACCEPT-Anweisung der Cursor zunächst auf den Anfang des korrespondierenden Erfassungsfelds, d.h. auf die erste Zeichenposition der ersten Bildschirmzeile gesetzt. Nach der Eintragung eines Zeichens auf die durch den Cursor markierte Position springt der Cursor um eine Zeichenposition nach rechts. Dieses automatische Vorrücken des Cursors geschieht solange, bis die letzte Zeichenposition des mit dem Feld "bezeichner" korrespondierenden Erfassungsfelds beschrieben ist, an welcher der Cursor dann verharrt.

Jetzt kann der Inhalt des Erfassungsfelds durch Betätigung der Return-Taste abgeschickt und in das Datenfeld "bezeichner" übertragen werden – dies kann natürlich auch schon geschehen, falls das Erfassungsfeld noch nicht vollständig beschrieben ist. Sollen vor dem Wegschicken der Information noch Zeichenkorrekturen durchgeführt werden, so kann man durch den Einsatz der beiden Tasten Cursor-Links bzw. Cursor-Rechts den Cursor jeweils auf die Position eines zu korrigierenden Zeichens bewegen und das dort angegebene Zeichen überschreiben. Durch den Druck auf die Taste Cursor-Home kann man den Cursor auch direkt auf den Anfang des Erfassungsfeldes zurückpositionieren.

Die soeben gegebene Darstellung gilt auch für den Fall, daß das Feld "bezeichner" eine Datengruppe ist, bei deren Vereinbarung das reservierte COBOL-Wort FILLER nicht verwendet wurde.

Enthält dagegen die Vereinbarung der Datengruppe das Wort FILLER, so werden bei der automatischen Cursorpositionierung – während der Zeichen-Eingabe über die Tastatur – alle mit FILLER-Bereichen korrespondierenden Bildschirmbereiche automatisch übersprungen, weil diese Bereiche **schreibgeschützt** sind, d.h. die an diesen Stellen auf dem Bildschirm abgebildeten Zeichen können nicht überschrieben werden. Ferner werden diese FILLER-Bereiche auch bei der Cursorsteuerung mit Hilfe der Tasten Cursor-Rechts und Cursor-Links übersprungen, so daß beim Erreichen eines FILLER-Bereichs automatisch auf das Ende (bei Cursor-Links) bzw. auf den Anfang (bei Cursor-Rechts) des nächsten, an den FILLER-Bereich angrenzenden Erfassungsfelds gesprungen wird.

Ferner kann man mit der Taste Cursor-Tief von der aktuellen Zeichenposition den nächsten FILLER-Bereich automatisch überspringen und den Cursor an den Beginn des darauffolgenden Erfassungsfelds positionieren.

Mit der Taste Cursor-Hoch kann man den Cursor an den Anfang des aktuellen Erfassungsfelds bewegen oder aber – falls der Cursor bereits auf der ersten Zeichenposition des aktuellen Erfassungsfelds positioniert ist – den dieses Erfassungsfeld unmittelbar vorausgehenden FILLER-Bereich überspringen und an den Anfang des Erfassungsfelds positionieren, das diesem FILLER-Bereich vorausgeht.

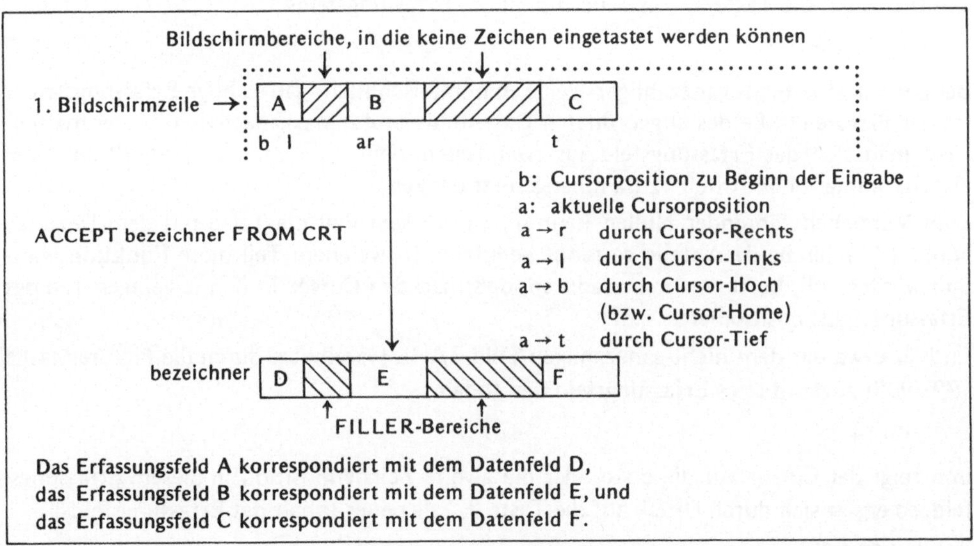

In keinem Fall läßt sich der Cursor über die erste Zeichenposition des ersten Erfassungsfelds bzw. über die letzte Zeichenposition des letzten Erfassungsfelds hinwegpositionieren (weitere Erläuterungen s. 1.3.11).

Grundsätzlich wird die Daten-Eingabe in die Erfassungsfelder durch die Betätigung der Return-Taste abgeschlossen und damit die Steuerung wieder an das ausführende Programm übertragen.

Daran anschließend werden die in die Erfassungsfelder eingetragenen Zeichen in die Datenfelder transportiert, die mit den Erfassungsfeldern korrespondieren.

Bei diesen Übertragungen werden von jedem Erfassungsfeld *nur* diejenigen Zeichen berücksichtigt, die nach der ACCEPT-Anforderung in die Erfassungsfelder eingetastet wurden. Diejenigen Zeichen, die bereits bei einer früheren ACCEPT-Anforderung in die Erfassungsfelder eingegeben und bei der aktuellen Anforderung nicht überschrieben wurden, werden nicht übernommen.

Bei einem alphanumerischen oder einem numerischen Datenfeld erfolgt die Übernahme vom Erfassungsfeld in das korrespondierende Empfangsfeld zeichenpositions-orientiert, d.h. ein in das Erfassungsfeld auf dem Bildschirm (über die Tastatur) neu eingetastetes Zeichen ersetzt im zugehörigen Erfassungsfeld dasjenige Zeichen, dessen Zeichenposition mit der Bildschirmposition des eingegebenen Zeichens korrespondiert.

Bei der Eingabe ganzzahliger Werte in ganzzahlige nicht signierte numerische Erfassungsfelder kann man die Taste mit dem Dezimalpunkt (".") benutzen, um führende Nullen an den Anfang des Erfassungsfelds "nachzuziehen" (vgl. 1.3.12).

Enthält etwa das dem ganzzahlig numerischen Datenfeld KENNZAHL-EIN (PIC 9999) zugeordnete Erfassungsfeld die Zeichenfolge "14" in der Form

<14 >

und zeigt der Cursor auf eine Zeichenposition dieses Erfassungsfelds, so ergibt sich durch den Druck auf die Taste "." als neuer Inhalt des Erfassungsfelds:[50]

<0014>

Bei der Eingabe nicht-ganzzahliger Werte in numerisch nicht-ganzzahlige Erfassungsfelder (in der Picture-Maske des zugeordneten Datenfelds ist das Maskenzeichen "V" enthalten) kann man sich das Erfassungsfeld aus zwei Teilen, dem "ganzzahligen Anteil" und dem "Nachkommastellen-Anteil" zusammengesetzt denken:

Zum Vorziehen führender Nullen kann man in diesem Fall die Taste mit dem Dezimalpunkt (".") für beide Anteile getrennt benutzen. In welchem Teil diese Funktion wirksam werden soll, bestimmt man dadurch, daß man den Cursor in den jeweiligen Teil des Erfassungsfelds positioniert.

Enthält etwa ein dem nicht-ganzzahligen Feld ZAHL (vereinbart durch die Picture-Maske "99V99") zugeordnetes Erfassungsfeld den Inhalt

< 14 >

und zeigt der Cursor auf die erste oder die zweite Zeichenposition in diesem Erfassungsfeld, so ergibt sich durch Druck auf die Taste "." als neuer Inhalt des Erfassungsfelds:

<014 >

---

[50] Ist das Erfassungsfeld bereits vollständig mit Ziffern gefüllt, so löst der Druck auf die Taste "." die folgende Reaktion aus:

Sofern der Cursor rechts von der ersten signifikanten Ziffer steht, wird der Feldinhalt um eine Stelle nach rechts verschoben. Dabei geht die letzte Ziffernstelle verloren, und es wird eine führende Null nachgezogen. Steht der Cursor vor bzw. unter der ersten signifikanten Ziffer, so werden sämtliche Ziffern im Erfassungsfeld durch Nullen überschrieben.

Wird jetzt der Cursor auf die dritte oder vierte Zeichenposition gesetzt und die Taste "." erneut gedrückt, so ergibt sich:

<0104>

und nach der Übertragung in den Arbeitsspeicher folglich:

ZAHL | 0 | 1 ^ 0 | 4 |

Es ist zu beachten, daß beim Einsatz der Tasten Cursor-Hoch und Cursor-Tief innerhalb eines Erfassungsfelds, das einem nicht-ganzzahligen numerischen Feld zugeordnet ist, die Stellung des virtuellen Dezimalpunkts wie ein fiktiver FILLER-Bereich wirkt.

So ergibt sich etwa für das Erfassungsfeld, das mit dem Datenfeld ZAHL – vereinbart durch die Picture-Maske "99V99" – korrespondiert,

```
                      < ␣ 1 4 ␣ >
Cursorpositionen:       a b c d
```

ein Sprung von Position a nach Position c durch das Drücken der Taste Cursor-Tief und ein Sprung von d nach c bzw. von c nach a bei Betätigung der Taste Cursor-Hoch.

Bei einem mit den Picture-Maskenzeichen "+", "–", "9" und "." beschriebenen numerisch-druckaufbereiteten Datenfeld (vgl. 2.3), wird aus den in das Erfassungsfeld eingegebenen Ziffern (0–9), dem Vorzeichen ("+" oder "–") und dem Dezimalpunkt (".") zunächst der numerische Wert intern ermittelt und anschließend im korrespondierenden Datenfeld – nach der Durchführung einer durch die Picture-Maske festgelegten Druckaufbereitung – abgespeichert.

AT-Klausel

Bislang galt als Bezugspunkt für den Bildschirm-Dialog stets die erste Zeichenposition in der ersten Bildschirmzeile.

Mit Hilfe der **AT-*Klausel*** (anzugeben vor der CRT-Klausel innerhalb einer ACCEPT- bzw. DISPLAY-Anweisung) in der Form:

$$\underline{\text{AT}} \left\{ \begin{array}{l} \text{bezeichner} \\ \text{literal} \end{array} \right\}$$

kann man eine beliebige Bildschirmposition als gewünschten Bezugspunkt bei der Ausführung einer ACCEPT- bzw. DISPLAY-Anweisung verabreden.

Bei einer statischen Angabe in Form von "literal" muß man ein vier Ziffern langes numerisches Literal der Form "zzss" aufführen, wobei die ersten beiden Ziffernpositionen die Zeilennummer "zz" (Zahl zwischen 01 und 24) und die beiden letzten Ziffernpositionen die bzgl. dieser Zeile relative Zeichenposition "ss" (Zahl zwischen 01 und 80) enthalten.[51]

---

[51] In der Regel darf in der AT-Klausel der Wert "2480" nicht auftreten, da in Abhängigkeit vom jeweiligen Bildschirmtyp die letzte Zeichenposition in der letzten Zeile für die interne Bildschirmsteuerung (i. a. zum Verschieben des Bildschirminhalts um eine Zeile nach oben) reserviert ist.

Bei der dynamischen Festlegung über den Wert des numerischen Datenfelds "bezeichner" muß dieses Feld durch die PICTURE-Klausel

```
PIC 9(4).
```

vereinbart sein und als aktuellen Inhalt einen Wert der Form "zzss" (s. o.) besitzen.
So wird etwa mit der Anweisung

```
DISPLAY BILDSCHIRM-AUS AT 1001 UPON CRT
```

der Inhalt von BILDSCHIRM-AUS mit Beginn der ersten Zeichenposition in der 10. Bildschirmzeile ausgegeben.
Desgleichen werden die Erfassungsfelder bei der Ausführung von

```
ACCEPT BILDSCHIRM-EIN AT 1001 FROM CRT
```

relativ zur ersten Zeichenposition in der Zeile 10 verabredet, so daß der Cursor zur Daten-Eingabe (des Vertreternachnamens) an der Position "1013" aufleuchtet.
Unter Einbeziehung der AT-Klausel lautet die Syntax der Dialog-Anweisungen DISPLAY und ACCEPT wie folgt:[52]

```
DISPLAY {bezeichner-1}  [AT {bezeichner-2}]  [UPON CRT]
        {literal-1   }      {literal-2   }

ACCEPT bezeichner-3  [AT {bezeichner-4}]  [FROM CRT]
                         {literal-3   }
```

1.3.14 Der Paragraph SPECIAL-NAMES

In der o. a. Syntax-Beschreibung sind die UPON- und FROM-Klauseln durch Optionalklammern eingefaßt. Dies bedeutet, daß man auf die Angabe dieser Klauseln in einer DISPLAY- bzw. ACCEPT-Anweisung verzichten kann. Will man von dieser Möglichkeit, Schreibarbeit einzusparen, Gebrauch machen, so muß man im Programm den *Sondernamen-Paragraphen* **SPECIAL-NAMES** innerhalb des Kapitels CONFIGURATION aufführen und darin die folgende Eintragung vornehmen:

```
ENVIRONMENT DIVISION.
CONFIGURATION SECTION.
SPECIAL-NAMES.
    CONSOLE IS CRT.
```

---

[52] Anstelle der Klausel "UPON CRT" darf man auch die Klausel "UPON CRT-UNDER" angeben. In diesem Fall werden die ausgegebenen Zeichen durch eine Unterstreichung bzw. eine Negativ-Darstellung auf dem Bildschirm gekennzeichnet, sofern der jeweilige Bildschirmtyp diese Funktion unterstützt.

Neben dem Paragraphen SPECIAL-NAMES dürfen in der CONFIGURATION SECTION die beiden Paragraphen SOURCE-COMPUTER und OBJECT-COMPUTER enthalten sein (diese Angaben sind im ANSI-Standard Pflicht).

Im Paragraphen SOURCE-COMPUTER wird stets der Name des Mikrocomputers angegeben, auf dem das Quellprogramm kompiliert wird, und der Mikrocomputer, auf dem das ablauffähige Objektprogramm ausgeführt werden soll, ist im Paragraphen OBJECT-COMPUTER zu benennen.

So können wir etwa beim Einsatz des Mikrocomputers M16 der Firma Fujitsu schreiben:

```
ENVIRONMENT DIVISION.
CONFIGURATION SECTION.
SOURCE-COMPUTER.
    M16.
OBJECT-COMPUTER.
    M16.
SPECIAL-NAMES.
    CONSOLE IS CRT.
```

Cursorpositionierung

Bei der Ausführung einer ACCEPT-Anweisung wird der Cursor standardmäßig auf die erste Zeichenposition des ersten Erfassungsfelds plaziert. Diese Positionierung ist abhängig davon, ob eine AT-Klausel innerhalb der ACCEPT-Anweisung kodiert ist und ob das hinter dem Wort ACCEPT angegebene Datenfeld strukturiert ist und durch einen FILLER-Bereich eingeleitet wird.

Will man von dieser standardmäßigen Positionierung abweichen und bei einer Eingabeanforderung an den Anwender die Bildschirmposition des Cursors autonom bestimmen, so muß man eine CURSOR-*Klausel*

```
CURSOR IS bezeichner
```

innerhalb des Paragraphen SPECIAL-NAMES in der Form

```
SPECIAL-NAMES.
[ CONSOLE IS CRT ]
  CURSOR IS bezeichner.
```

eintragen und darin ein *Cursor-Feld* "bezeichner" angeben, das innerhalb der WORKING-STORAGE SECTION als 4 Zeichen langes numerisches Datenfeld durch die Picture-Maske "9 (4)" zu vereinbaren ist.

Bei der Ausführung einer ACCEPT-Anweisung wird der Inhalt dieses Cursor-Felds für die Cursorpositionierung ausgewertet. Dabei werden die beiden ersten Ziffern als Nummer der Bildschirmzeile und die beiden letzten Ziffern als Zeilenpositionsnummer interpretiert, so daß der Cursor an der Bildschirmposition "zzss" (vgl. AT-Klausel im Abschnitt 1.3.13) positioniert wird.

Enthält das Cursor-Feld Zeichen, die keine Ziffern sind, oder den Wert 0 oder aber einen Positionswert, der außerhalb des Bildschirmbereichs liegt, der durch das Datenfeld hinter dem Wort ACCEPT beschrieben wird, so erscheint der Cursor – wie im Standardfall – auf der ersten Zeichenposition des ersten Erfassungsfelds.

Zeigt der Wert des Cursor-Felds auf eine Zeichenposition in einem FILLER-Bereich, so wird der Cursor auf die erste Zeichenposition des nachfolgenden Erfassungsfelds positioniert. Folgt auf diesen FILLER-Bereich kein Erfassungsfeld mehr, so erscheint der Cursor – wie im Standardfall – an der ersten Zeichenposition des ersten Erfassungsfelds.

Enthält das Cursor-Feld vor der Ausführung einer ACCEPT-Anweisung einen für die Cursorpositionierung zulässigen Wert (der Form "zzss"), so wird die aktuelle Stellung, die der Cursor – nach Beendigung der Eingabe – unmittelbar vor der Betätigung der Return-Taste besitzt, in der Form "zzss" in das Cursor-Feld eingespeichert und kann anschließend für die Dialog-Führung ausgewertet werden.

1.3.15 ACCEPT- und DISPLAY-Anweisungen nach dem ANSI-Standard

Will man die Vorteile des Menü-gesteuerten Bildschirm-Dialogs nicht nutzen, sondern sollen nur kurze Meldungen vom Programm auf dem Bildschirm ausgegeben bzw. über die Tastatur dem Programm übermittelt werden, so sind die DISPLAY- und ACCEPT-Anweisungen gemäß der folgenden Syntax-Diagramme zu kodieren (allein in dieser Form sind sie im ANSI-Standard für DISPLAY- und ACCEPT-Anweisungen verbindlich vorgeschrieben):[53]

```
DISPLAY  { bezeichner-1 }  [ { bezeichner-2 } ] ...  [UPON CONSOLE]
         { literal-1    }  [ { literal-2    } ]

ACCEPT bezeichner-3  [FROM CONSOLE]
```

Bei der Ausführung der DISPLAY-Anweisung werden die Literale bzw. die Inhalte der Datenfelder, die als Operanden hinter dem Wort DISPLAY aufgeführt sind, hintereinander auf dem Bildschirm ausgegeben. Dabei werden bis zu insgesamt 132 Zeichen berücksichtigt. Reicht eine Bildschirmzeile zur Aufnahme der Daten nicht aus, so wird die Ausgabe in der nächsten Bildschirmzeile fortgesetzt. Erreicht man dabei das Ende der letzten Bildschirmzeile, so wird die Ausgabe der überzähligen Zeichen unterdrückt.

Bei der Ausführung einer ACCEPT-Anweisung werden die ab der aktuellen Cursorposition (sie kann *nicht* über eine CURSOR-Klausel bestimmt werden) eingetasteten Zeichen in das Datenfeld "bezeichner-3" übertragen – Zeichen für Zeichen, linksbündig und ohne Konvertierung. Die Eingabe wird abgebrochen, falls das Feld "bezeichner-3" vollständig mit Zeichen gefüllt ist oder bereits 120 Zeichen übertragen wurden.

---

53 Fehlt der Paragraph SPECIAL-NAMES oder ist die Klausel "CONSOLE IS CRT" in diesem Paragraphen nicht eingetragen, so darf man auf die Angabe "UPON CONSOLE" bzw. "FROM CONSOLE" verzichten, da diese Klauseln bei der DISPLAY- bzw. ACCEPT-Anweisung voreingestellt sind.

Die Zeichen "..." hinter der Optionalklammer "]" bedeuten, daß der Inhalt zwischen den Klammern "[" und "]" beliebig oft wiederholt werden darf.

Wird die Eingabe – durch Betätigung der Return-Taste – abgeschlossen, bevor das Feld "bezeichner-3" vollständig mit Zeichen belegt ist, so wird der Rest dieses Felds mit Leerzeichen aufgefüllt.

Falls man sich bei der Daten-Eingabe vertippt hat, kann man durch das Drücken der Backspace-Taste den Cursor zurücksetzen und von einer gewünschten Stelle an die Daten-Eingabe wiederholen.

Werden in einem Programm ACCEPT- und DISPLAY-Anweisungen nach dem ANSI-Standard und ACCEPT- und DISPLAY-Anweisungen für den Menü-gesteuerten Bildschirm-Dialog verwendet, so muß man erstere stets mit der FROM- bzw. UPON-Klausel und dem Eintrag "CONSOLE" aufführen, und bei letzteren darf man, sofern die Klausel

```
CONSOLE IS CRT
```

im Paragraphen SPECIAL-NAMES vereinbart wurde, auf die Angabe der FROM- bzw. UPON-Klauseln (mit dem Eintrag "CRT") verzichten.

1.3.16 Aufgabe

Man übertrage das Erfassungsprogramm für die Daten der Auftrags-Datei (s. Abschnitt 1.2.10) in eine Disketten Datei, kompiliere es und führe anschließend die Erfassung für die folgenden Daten durch:

Artikelnummer	Stückzahl	Stückpreis	Auftragsnummer	Kennzahl
017	040	120.50	001	8413
150	150	20.00	001	5416
959	015	5.25	001	6781
017	020	120.50	002	6781
150	100	20.00	002	8413
840	031	10.50	003	8413
840	005	10.50	004	8413
150	130	20.00	002	5416
700	020	12.20	003	5416
017	008	120.50	003	6781
959	010	5.25	004	5416
150	125	20.00	004	6781

2 Daten-Ausgabe auf Drucker und Bildschirm

2.1 Anlisten einer Disketten-Datei

Um die in die Disketten-Datei STAMM.VER mit dem COBOL-Programm ERFSSNG erfaßten Vertreterdaten zu überprüfen, können wir ein weiteres COBOL-Programm entwickeln oder – einfacher – das *Kommando* TYPE in der Form

A>TYPE B:STAMM.VER <ret>

einsetzen.

Dadurch werden die Datensätze der Datei STAMM.VER fortlaufend auf dem Bildschirm ausgegeben.

Enthält die Datei mehr als 23 Datensätze, so werden die ersten Sätze durch die nachfolgenden überschrieben, so daß nach der Ausführung des TYPE-Kommandos allein die letzten 23 Sätze auf dem Bildschirm angezeigt werden.[1] Es ist aber jederzeit möglich, die fortlaufende Bildschirm-Ausgabe durch die Eingabe von "^S" (Control-S) anzuhalten. Nach einem Stop mit "^S" kann die Bildschirm-Ausgabe durch den Druck auf eine beliebige Taste fortgesetzt und danach wiederum durch das Drücken von "^S" erneut angehalten werden.

Steht ein *Drucker* zur Verfügung, so kann man die Disketten-Datei – parallel zur Bildschirm-Ausgabe – auf dem Druckerpapier ausgeben lassen. Dazu ist zunächst der Drucker durch die Eingabe von "^P" (Control-P) in der Form

A>^P

(ohne abschließenden Druck auf die Return-Taste) als "Protokoll-Einheit" einzuschalten (zuvor muß dieses Ausgabe-Gerät durch die Betätigung seines Netzschalters zugeschaltet worden sein).

Anschließend wird das TYPE-Kommando in der Form

A>TYPE B:STAMM.VER <ret>

eingegeben. Daraufhin wird jede auf dem Bildschirm ausgegebene Zeile auf dem Drucker in einer Druckzeile protokolliert.

Durch die nachfolgende Angabe von "^P" wird die Druck-Ausgabe ausgeschaltet und kann danach durch die erneute Eingabe von "^P" wieder eingeschaltet werden.

Vor allem bei umfangreichen Disketten-Dateien ist es zweckmäßig, den Drucker parallel zur Bildschirm-Ausgabe mitlaufen zu lassen, da man bei der Bildschirm-Ausgabe mit dem TYPE-Kommando nicht "zurückblättern" kann. So empfiehlt es sich insbesondere,

---

[1] In der letzten, d. h. 24. Bildschirmzeile erscheint die Systemanfrage "A>" zur Eingabe des nächsten Kommandos.

das bei der Kompilierung des COBOL-Programms ERFSSNG erzeugte Übersetzungsprotokoll ausdrucken zu lassen.

Falls sich etwaige Fehlermeldungen des Kompilierers nämlich nicht auf direkt angrenzende Programmzeilen beziehen, ist es in diesem Fall einfacher, die Fehleranalyse anhand eines Programmausdrucks vorzunehmen, anstatt sie am Bildschirm durchzuführen.

2.2 Gestaltung der Druck-Ausgabe

Mit dem TYPE-Kommando

A >TYPE B:STAMM.VER <ret>

werden die Datensätze der Disketten-Datei STAMM.VER in der folgenden Form auf dem Bildschirm – bzw. auf dem Drucker, wenn dieser vorher durch die Eingabe von "^P" zugeschaltet wurde – ausgegeben (am Beispiel der ersten drei Datensätze):[2]

```
8413MEYER                       EGON                   007251u
5416NEUSS                       FRIEDRICH AUGUST WIL1050000
6781NEUMEYER-WESTERHAGENHERMANN                        000001p
```

Bei dieser Art der Ausgabe werden die Datensätze so angezeigt, wie sie in der Disketten-Datei abgespeichert wurden. Dabei wirkt störend, daß die einzelnen Informationen nicht durch Zwischenräume voneinander getrennt sind und daß bei der Ausgabe des Kontostands der Dezimalpunkt überhaupt nicht und das Vorzeichen zusammen mit der letzten Ziffer ausgegeben wird. Außerdem werden führende Nullen nicht unterdrückt.

So sind die im obigen Beispiel angenommenen Kontostände wie folgt zu interpretieren (auf der Basis der Picture-Maske "S9(5)V99"):

Druck-Ausgabe	im Feld KONTOSTAND des Programms ERFSSNG abgespeichert als	zu interpretieren als
007251u	0 0 7 2 5 1 $\bar{5}$ (^)	−725.15
1050000	1 0 5 0 0 0 $\overset{+}{0}$ (^)	+10500.00
000001p	0 0 0 0 0 1 $\bar{0}$ (^)	−0.10

2 Bei der Speicherung eines Datensatzes in der Disketten-Datei STAMM.VER (mit dem Programm ERFSSNG) wird der Kontostand (gemäß der Picture-Maske "S9(5)V99") ohne Dezimalpunkt und das Vorzeichen zusammen mit der letzten Ziffer abgelegt. Dabei wird das resultierende Zeichen durch den Internkode des Mikrocomputers festgelegt – in der Regel ist dies der ASCII-Kode. So ergibt sich etwa für die Ablage des Minuszeichens und der Ziffer 5 im letzten Byte ein Kodewert, der das Zeichen "u" kennzeichnet (s. Anhang A.5).

Wir stellen uns die Aufgabe, ein COBOL-Programm zu entwickeln, das die in der Disketten-Datei STAMM.VER abgespeicherten Vertreterdaten in der folgenden Form ausdruckt (am Beispiel der ersten drei Datensätze):

```
8 4 1 3  MEYER                  EGON                        -725.15
5 4 1 6  NEUSS                  FRIEDRICH AUGUST WIL     +10500.00
6 7 8 1  NEUMEYER-WESTERHAGEN   HERMANN                       -0.10
```

2.3 Druckaufbereitung

Damit der Inhalt der Datenfelder KENNZAHL und KONTOSTAND dem angegebenen Druckbild (s. Abschnitt 2.2) entsprechend ausgegeben wird, müssen wir für die Kennzahlen und die Kontostände innerhalb des COBOL-Programms eine *Druckaufbereitung* (editing) durchführen. Dazu ist der Inhalt eines (Sende-)Felds, das druckaufbereitet werden soll, mit der MOVE-Anweisung in ein (Empfangs-)Feld zu übertragen, dessen Picture-Maske – unter Verwendung besonderer Maskenzeichen – der gewünschten Druckaufbereitung entsprechend festzulegen ist.

Schema der Druckaufbereitung:

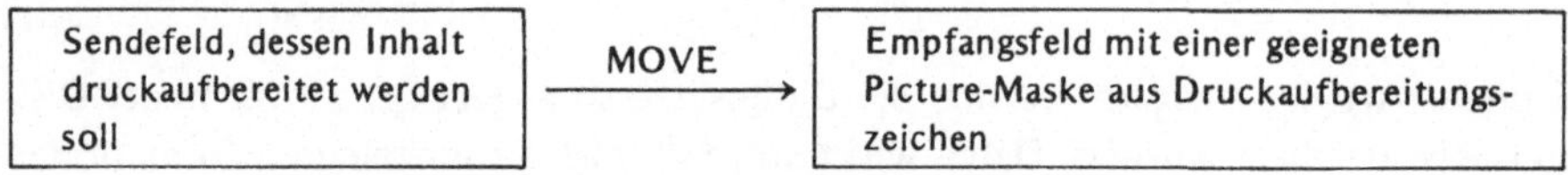

So erhalten wir den gesperrten Druck der Kennzahl durch die Einfügung des *Maskenzeichens* "**B**" (blank) in die Picture-Maske des Empfangsfelds in der Form

und die aufbereitete Darstellung eines mit Vorzeichen und Dezimalpunkt versehenen numerischen Werts durch den Einsatz der *Maskenzeichen* "." und "+" innerhalb der Picture-Maske des Empfangsfelds in der folgenden Weise:

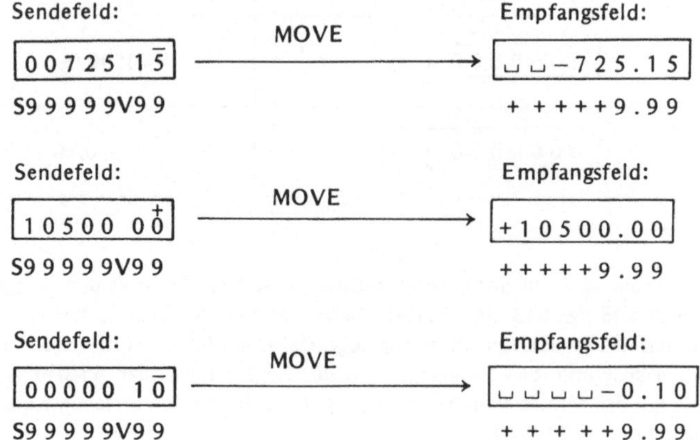

Beim ersten MOVE – zur Aufbereitung der Kennzahl – wird an jede durch das Maskenzeichen "9" gekennzeichnete Stelle des Empfangsfelds diejenige Ziffer des Sendefelds übertragen, deren Position mit der Ziffernposition im Empfangsfeld korrespondiert, und in allen durch das Maskenzeichen "B" markierten Zeichenpositionen wird das Leerzeichen "␣" eingetragen.

Bei der zweiten MOVE-Anweisung – zur Aufbereitung des Inhalts des Felds KONTOSTAND – (wir haben oben drei Beispiele angegeben) gilt:

Im Empfangsfeld legt das Maskenzeichen "." die Position fest, an welcher der Dezimalpunkt als sichtbares Zeichen eingetragen wird.[3] An jede durch das Maskenzeichen "9" gekennzeichnete Stelle wird eine Ziffer übertragen. Das Maskenzeichen "+" wird als *gleitendes Ersetzungszeichen* benutzt, d. h. das Vorzeichen wird genau an der Stelle eingetragen, welche der *ersten* von Null verschiedenen Ziffer des Sendefelds vorausgeht. Alle dem Vorzeichen voranstehenden Zeichenpositionen, die durch das Maskenzeichen "+" markiert sind, werden mit Leerzeichen besetzt (*Nullenunterdrückung*).

Es ist zu beachten, daß die Anzahl der Maskenzeichen "+" ausreicht, damit stets das Vorzeichen vor der ersten signifikanten Ziffer abgespeichert werden kann.

Will man eine Nullenunterdrückung für die Druck-Ausgabe bei einem numerischen Wert vornehmen, der nicht mit einem Vorzeichen versehen ist, so muß man anstelle von "+" das *Maskenzeichen* "Z" einsetzen, z. B.:

2.4 Datei-Beschreibung der Druck-Datei

Das zu entwickelnde COBOL-Programm (s. Abschnitt 2.2), dem wir den Programmnamen **DRUCK** geben, soll aus den Datensätzen der Disketten-Datei STAMM.VER eine Datei erstellen, deren Sätze als Druckzeilen auf einem Drucker ausgegeben werden. Wir nennen die neue Datei daher eine *Druck-Datei* und bezeichnen sie im COBOL-Programm mit dem Dateinamen "LISTE".

Gemäß der o. a. Strukturierung der Druckzeilen geben wir die zugehörige Datensatz-Beschreibung für die Datensätze der Druck-Datei LISTE durch das folgende Schema an:

LISTE-SATZ-ED							
	KENNZAHL-ED 3 9		NACHNAME-ED 12 31		VORNAME-ED 34 53		KONTOSTAND-ED 56 64
XX	9B9B9B9	XX	XXX ... X 20 mal	XX	XXX ... X 20 mal	XX	+++++9.99

---

[3] Soll anstelle des Dezimalpunkts ein Dezimalkomma ausgegeben werden – ein im deutschen Sprachraum übliches Vorgehen –, so muß man anstelle des Maskenzeichens "." das Maskenzeichen "," verwenden und innerhalb des Paragraphen SPECIAL-NAMES (vgl. Abschnitt 1.3.14) die Klausel "DECIMAL-POINT IS COMMA" eintragen. In diesem Fall muß bei der Datenerfassung die Taste "," für die Eingabe eines Dezimalkommas und für die automatische Auffüllung mit führenden Nullen verwendet werden (vgl. Abschnitt 1.3.12).

Diese Strukturierung legen wir im COBOL-Programm DRUCK durch den folgenden FD-Eintrag fest:

```
FD  LISTE.
01  LISTE-SATZ-ED.
    02  FILLER          PIC XX.
    02  KENNZAHL-ED     PIC 9B9B9B9.
    02  FILLER          PIC XX.
    02  NACHNAME-ED     PIC X(20).
    02  FILLER          PIC XX.
    02  VORNAME-ED      PIC X(20).
    02  FILLER          PIC XX.
    02  KONTOSTAND-ED   PIC +(5)9.99.
```

Man erkennt, daß wir die Lückenbereiche zwischen je zwei Datenfeldern durch FILLER-Eintragungen mit entsprechenden Picture-Masken beschrieben haben, und daß wir für die druckaufbereiteten Datenfelder KENNZAHL-ED und KONTOSTAND-ED die o.a. Picture-Masken (s. Abschnitt 2.3) übernommen haben.

2.5 Beschreibung des Programms DRUCK

Wir übernehmen die Datei-Beschreibung der Disketten-Datei STAMM.VER aus dem Programm ERFSSNG (vgl. Abschnitt 1.2.9) und beschreiben den Programmablauf des Programms DRUCK durch das folgende Struktogramm:[4]

RAHMEN

eröffne VERTRETER-DATEI zur Eingabe und LISTE zur Ausgabe
lies den nächsten, d. h. den ersten Datensatz von VERTRETER-DATEI in den Eingabe-Puffer VERTRETER-SATZ, bei Dateiende: 1 → DATEI-ENDE-FELD
bis Dateiende: VERARBEITUNG
schließe VERTRETER-DATEI und LISTE
beende den Programmlauf

VERARBEITUNG

KENNZAHL → KENNZAHL-ED
NACHNAME → NACHNAME-ED
VORNAME → VORNAME-ED
KONTOSTAND → KONTOSTAND-ED
schreibe den Pufferinhalt von LISTE-SATZ-ED als Druckzeile auf das Druckerpapier
lies den nächsten Datensatz von VERTRETER-DATEI in den Eingabe-Puffer VERTRETER-SATZ, bei Dateiende: 1 → DATEI-ENDE-FELD

[4] Wir brauchen den Ausgabe-Puffer LISTE-SATZ-ED nicht zu löschen, da ein Ausgabe-Puffer – bei der Einrichtung durch das Betriebssystem – stets mit Leerzeichen vorbesetzt wird.

Wir benutzen das Feld DATEI-ENDE-FELD, das innerhalb der WORKING-STORAGE SECTION zu vereinbaren ist, als Indikator für den Zustand der Eingabe-Datei VERTRETER-DATEI. Solange das Dateiende noch nicht erreicht ist, d.h. solange auf eine Leseanweisung der nächste Datensatz im Eingabe-Puffer VERTRETER-SATZ bereitgestellt wird, soll DATEI-ENDE-FELD den Wert 0 besitzen. Der Wert 1 soll dann zugewiesen werden, wenn bei der Ausführung einer Leseanweisung das Dateiende (end of file) festgestellt wird (s. Abschnitt 2.8).

Bei Abfragen innerhalb des COBOL-Programms werden wir anstelle der wenig aussagekräftigen Formulierung

```
DATEI-ENDE-FELD = 1
```

den Bedingungsnamen DATEI-ENDE verwenden, den wir innerhalb der WORKING-STORAGE SECTION durch die Eintragung[5]

```
77  DATEI-ENDE-FELD PIC 9 VALUE 0.
    88  DATEI-ENDE VALUE 1.
```

vereinbaren. Dadurch können wir die Bedingung

```
DATEI-ENDE-FELD = 1
```

prägnant durch den Bedingungsnamen

```
DATEI-ENDE
```

abkürzen.

2.6 OPEN-Anweisung

Den Strukturblock

eröffne VERTRETER-DATEI zur Eingabe und LISTE zur Ausgabe

kodieren wir durch die **OPEN**-*Anweisung*

OPEN INPUT VERTRETER-DATEI OUTPUT LISTE

[5] Bei der Initialisierung von numerischen Datenfeldern wird der Anfangswert innerhalb einer VALUE-Klausel in Form eines numerischen Literals, d.h. einer "Zahlen-Konstanten" angegeben. Ein numerisches Literal besteht aus maximal 18 Ziffern. Ein signiertes Literal wird durch ein Vorzeichen eingeleitet, und ein nicht-ganzzahliges Literal enthält einen Dezimalpunkt. Für die Datenfeld-Vereinbarung wählen wir – anstelle der Stufennummer 01 – die Stufennummer 77, um hervorzuheben, daß das vereinbarte Datenfeld nicht weiter strukturiert ist.

da für die OPEN-Anweisung die folgende Syntax gilt:[6]

```
       { INPUT dateiname-1 [dateiname-2] ...  } { OUTPUT dateiname-3 [dateiname-4] ... }
OPEN   {                                      } {                                      }
       { OUTPUT dateiname-5 [dateiname-6] ... } { INPUT dateiname-7 [dateiname-8] ...  }
```

In der **INPUT**-*Klausel* werden die Bezeichner der *Eingabe-Dateien* und in der **OUTPUT**-*Klausel* die Bezeichner der *Ausgabe-Dateien* angegeben.

Bei der Eröffnung einer *Eingabe-Datei* (OPEN INPUT) werden vom Betriebssystem die folgenden Aktionen durchgeführt:

- im Inhaltsverzeichnis der Diskette wird geprüft, ob die Datei auf der Diskette existiert,
- ist dies nicht der Fall, so wird die Programmausführung abgebrochen,
- ist die Datei auf der Diskette vorhanden, so wird auf den ersten Datensatz positioniert, und im Hauptspeicher wird ein Eingabe-Puffer zur Aufnahme jeweils eines von der Datei her einzulesenden Satzes eingerichtet – auf die Daten des nach der Ausführung der Leseanweisung im Eingabe-Puffer bereitgestellten Datensatzes kann über die in der Datensatz-Beschreibung im FD-Eintrag vereinbarten Bezeichner zugegriffen werden.

Bei der Eröffnung einer *Ausgabe-Datei* (OPEN OUTPUT) finden die folgenden Aktionen statt:

- es wird geprüft, ob im Disketten-Inhaltsverzeichnis noch ein weiterer Dateiname eingetragen werden kann und ob auf der Diskette noch freier Speicherplatz zur Verfügung steht,[7]
- ist dies nicht der Fall, so wird die Programmausführung abgebrochen,
- kann jedoch noch eine weitere Datei auf der Diskette abgespeichert werden, so wird im Hauptspeicher ein Ausgabe-Puffer eingerichtet, in den (später) der jeweils in die Datei durch eine Schreibanweisung auszugebende Datensatz bereitgestellt wird – zur Übertragung von Daten in den Ausgabe-Puffer werden die in der Datensatz-Beschreibung im FD-Eintrag vereinbarten Bezeichner verwendet.

2.7 CLOSE-Anweisung

Jede durch eine OPEN-Anweisung eröffnete Datei muß spätestens am Ende der Programmausführung von der Verarbeitung abgemeldet werden.[8]

---

6 Bei der Programmausführung dürfen zu jedem Zeitpunkt maximal 13 Dateien gleichzeitig eröffnet sein. Dabei ist zu beachten, daß bei der Eröffnung einer index-sequentiell organisierten Datei (s. Abschnitt 4.2) jeweils zwei physische Dateien und beim Unterprogramm-Aufruf (s. Abschnitt 5.1) und für das Nachladen eines Programmteils bei der Segmentierung (s. Abschnitt 5.2) jeweils eine Datei zusätzlich durch das System eröffnet wird.

7 Sofern bereits eine Datei gleichen Namens auf der Diskette existiert, gehen die dort abgespeicherten Datensätze verloren, weil dieser Speicherbereich zur Ablage der neuen Datensätze zur Verfügung gestellt wird.

8 Andernfalls ist eine Ausgabe-Datei nach der Programmausführung nicht auf der Diskette vorhanden, weil das Betriebssystem in der Regel keine Datei-Abschlußbehandlung durchführt.

Dazu ist die **CLOSE**-*Anweisung* in der folgenden Form anzugeben:

```
CLOSE dateiname-1 [dateiname-2 ] ...
```

Bei der Ausführung der CLOSE-Anweisung werden die den Dateien zugeordneten Puffer im Hauptspeicher freigegeben und – bei Ausgabe-Dateien – die Einträge im Inhaltsverzeichnis der Diskette vervollständigt.

2.8 READ-Anweisung

Den Strukturblock

lies den nächsten Datensatz von VERTRETER-DATEI in den Eingabe-Puffer VERTRETER-SATZ, bei Dateiende: 1 → DATEI-ENDE-FELD

kodieren wir mit der **READ**-*Anweisung*, welche die folgende Syntax besitzt:

```
READ dateiname RECORD [INTO bezeichner] AT END unb-anw-1 [unb-anw-2] ...
```

Bei der Ausführung der READ-Anweisung wird der nächste Datensatz der Datei "dateiname" in den Eingabe-Puffer übertragen, der durch den Datensatznamen in der Datei-Beschreibung der Datei "dateiname" adressiert wird.

Ist die **INTO**-*Klausel* kodiert, so wird der Datensatz nicht nur im Eingabe-Puffer, sondern auch noch im Datenfeld "bezeichner" zur weiteren Verarbeitung bereitgestellt.

Wurde der letzte Datensatz bereits gelesen und wird durch eine erneute Leseanweisung das Dateiende festgestellt, so werden die in der **AT END**-*Klausel* angegebenen unbedingten Anweisungen ausgeführt.

Dementsprechend kodieren wir den o. a. Strukturblock durch die Anweisung[9]

```
READ VERTRETER-DATEI AT END MOVE 1 TO DATEI-ENDE-FELD.
```

Nach der Ausführung dieser Anweisung enthält entweder der Puffer VERTRETER-SATZ den nächsten Datensatz von VERTRETER-DATEI, oder dem Feld DATEI-ENDE-FELD wird der Wert 1 zugewiesen – wenn nämlich das Dateiende festgestellt wurde.

Ist das Dateiende noch nicht erreicht, so kann man über die Bezeichner, die innerhalb der Datensatz-Beschreibung vereinbart sind, auf die entsprechenden Speicherbereiche des Eingabe-Puffers VERTRETER-SATZ zugreifen.

In unserem Programm ERFSSNG (s. Abschnitt 1.2.9) adressieren wir mit dem Bezeichner KENNZAHL die ersten vier Zeichen des Eingabe-Puffers, mit NACHNAME die nachfolgenden 20 Zeichen, mit VORNAME die darauffolgenden 20 Zeichen und mit KONTOSTAND die letzten 7 Zeichen des Eingabe-Puffers (s. Abschnitt 1.1.7).

---

9 Eine READ-Anweisung muß immer mit einem Punkt "." abgeschlossen werden.

2.9 Das COBOL-Programm DRUCK

Nachdem wir das Struktogramm zur Lösung unserer Aufgabenstellung (s. Abschnitt 2.5) in die PROCEDURE DIVISION des COBOL-Programms DRUCK umgesetzt haben, erfassen wir das Quellprogramm mit Hilfe eines Editierprogramms in der Datei DRUCK.COB (im Laufwerk B). Um die Erfassung zu überprüfen, lassen wir anschließend die Datensätze der Datei DRUCK.COB ausdrucken, indem wir zunächst den Drucker durch die Eingabe von "∧P" aktivieren und danach das Kommando

A > TYPE B:DRUCK.COB <ret>

angeben. Wir erhalten den folgenden Ausdruck:

```
IDENTIFICATION DIVISION.
PROGRAM-ID.
    DRUCK.
ENVIRONMENT DIVISION.
INPUT-OUTPUT SECTION.
FILE-CONTROL.
    SELECT VERTRETER-DATEI ASSIGN TO "B:STAMM.VER"
    ORGANIZATION IS LINE SEQUENTIAL.
    SELECT LISTE ASSIGN TO ":LP:".
DATA DIVISION.
FILE SECTION.
FD  VERTRETER-DATEI.
01  VERTRETER-SATZ.
    02  KENNZAHL   PIC 9(4).
    02  NACHNAME   PIC X(20).
    02  VORNAME    PIC X(20).
    02  KONTOSTAND PIC S9(5)V99.
FD  LISTE.
01  LISTE-SATZ-ED.
    02  FILLER        PIC XX.
    02  KENNZAHL-ED   PIC 9B9B9B9.
    02  FILLER        PIC XX.
    02  NACHNAME-ED   PIC X(20).
    02  FILLER        PIC XX.
    02  VORNAME-ED    PIC X(20).
    02  FILLER        PIC XX.
    02  KONTOSTAND-ED PIC +(5)9.99.
WORKING-STORAGE SECTION.
77  DATEI-ENDE-FELD PIC 9 VALUE 0.
    88  DATEI-ENDE VALUE 1.
PROCEDURE DIVISION.
RAHMEN.
    OPEN INPUT VERTRETER-DATEI OUTPUT LISTE
    READ VERTRETER-DATEI
         AT END MOVE 1 TO DATEI-ENDE-FELD.
    PERFORM VERARBEITUNG UNTIL DATEI-ENDE
    CLOSE VERTRETER-DATEI LISTE
    STOP RUN.
VERARBEITUNG.
    MOVE KENNZAHL TO KENNZAHL-ED
    MOVE NACHNAME TO NACHNAME-ED
    MOVE VORNAME TO VORNAME-ED
    MOVE KONTOSTAND TO KONTOSTAND-ED
    WRITE LISTE-SATZ-ED
    READ VERTRETER-DATEI
         AT END MOVE 1 TO DATEI-ENDE-FELD.
```

Es ist zu beachten, daß wir innerhalb des Paragraphen FILE-CONTROL mit der Eintragung

```
SELECT LISTE ASSIGN TO ":LP:".
```

der Druck-Datei LISTE den symbolischen Gerätenamen ":LP:" zugeordnet haben. Dieser Gerätename ist der vom Betriebssystem für das Ausgabe-Gerät "Drucker" reservierte Gerätename. Anstelle von ":LP:" darf man auch den Namen "LST:" oder auch "LPT:" verwenden.

Wollten wir die Ausgabe der Sätze der Datei LISTE auf den Bildschirm leiten, so würden wir dies durch den Eintrag

```
SELECT LISTE ASSIGN TO ":CO:".
```

erreichen, denn ":CO:" ist der *symbolische Gerätename* für die Ausgabe-Einheit "Bildschirm".[10]

Wir fassen zusammen:

symbolischer Gerätename	Ausgabe-Einheit
{ LST: LPT: :LP: }	Drucker
:CO:	Bildschirm

Die für die jeweilige Geräte-Zuordnung erforderlichen Vorkehrungen werden vom Kompilierer bei der Programmübersetzung getroffen.

Nach der Kompilierung des COBOL-Quellprogramms bringen wir das Objektprogramm zur Ausführung. Daraufhinerzeugt das Objektprogramm die Datei LISTE auf dem Drucker (der Drucker muß nicht durch "^P" aktiviert werden), indem es jeweils einen Satz der Disketten-Datei STAMM.VER in den Eingabe-Puffer von VERTRETER-DATEI einliest (READ-Anweisung), sodann die Informationen vom Eingabe-Puffer in den Ausgabe-Puffer von LISTE entsprechend den im Quellprogramm kodierten MOVE-Anweisungen vornimmt und dabei die Druckaufbereitung durchführt, und anschließend den Inhalt des Ausgabe-Puffers als einen Datensatz in die Datei LISTE ausgibt (WRITE-Anweisung). Als Ergebnis erhalten wir eine Druckliste, deren Zeilen die in der Problemstellung (s. Abschnitt 2.2) beschriebene Struktur besitzen (am Beispiel der ersten drei Datensätze):

```
8 4 1 3  MEYER                   EGON                       -725.15
5 4 1 6  NEUSS                   FRIEDRICH AUGUST WIL     +10500.00
6 7 8 1  NEUMEYER-WESTERHAGEN    HERMANN                      -0.10
```

[10] Soll dabei jeder Ausgabesatz zu Beginn einer neuen Bildschirmzeile angezeigt werden, so muß im Paragraphen FILE-CONTROL angegeben werden:

```
SELECT LISTE ASSIGN TO ":CO:"
ORGANIZATION IS LINE SEQUENTIAL.
```

Außerdem sollte der Puffer LISTE-SATZ-ED auf 80 Zeichenpositionen verlängert werden.

2.10 Logische Druckseiten

Als Mangel der obigen Druck-Ausgabe ist anzuführen, daß in der Druckliste keine Kopfzeilen, etwa zur Kennzeichnung der einzelnen Kolumnen enthalten sind. Ferner sind alle Sätze unmittelbar untereinander in der Liste eingetragen, ohne daß nach jeweils einer bestimmten Anzahl von Druckzeilen (z. B. 15 Zeilen) ein Zwischenraum vor dem nächsten Block von Sätzen eingefügt ist.

Wir wollen daher unser Programm DRUCK so abändern, daß die Druck-Ausgabe wie folgt strukturiert wird:[11]

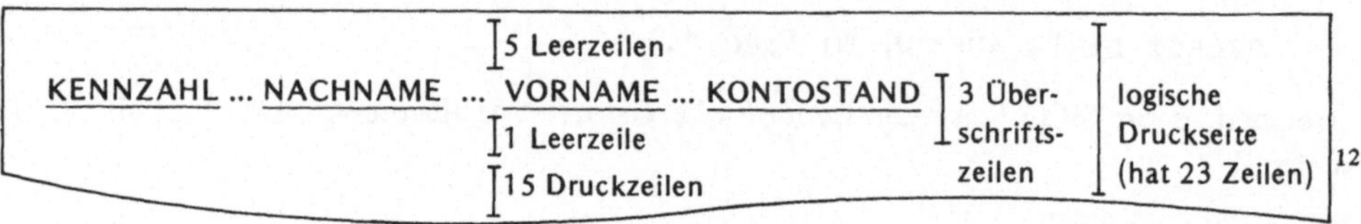

Dazu müssen wir im FD-Eintrag der Druck-Datei LISTE eine *logische Druckseite* beschreiben. Dadurch wird die gesamte Druck-Ausgabe in eine Folge von logischen Druckseiten gegliedert, die **ohne Zwischenraum** aufeinanderfolgen.

Wir leiten den FD-Eintrag durch die Angabe der **LINAGE**-*Klausel* und der **LINES**-*Klausel* in der Form

```
FD   LISTE
     LINAGE IS 18 LINES
     LINES AT TOP 5.
```

ein und legen damit fest:

1. Jede logische Druckseite soll aus 18 + 5 = 23 Druckzeilen bestehen,
2. jede Druckseite soll mit 5 Leerzeilen beginnen, d.h. die Druck-Ausgabe erfolgt ab der 6. Zeile einer Druckseite, und
3. erfolgte eine Druck-Ausgabe in die letzte, d.h. 23. Zeile einer Druckseite durch eine WRITE-Anweisung mit der END-OF-PAGE-Klausel (s. Abschnitt 2.14), so werden die unbedingten Anweisungen der END-OF-PAGE-Klausel ausgeführt, und mit der nächsten WRITE-Anweisung erfolgt eine Druck-Ausgabe auf die 6. Zeile der neuen Druckseite, sofern nicht durch die Vorschubsteuerung eine Ausgabe in eine andere Druckzeile vorgenommen wird.

Durch das Zusammenwirken der LINES-, LINAGE- und END-OF-PAGE-Klauseln ist es während des Programmlaufs möglich, die Anfangsbehandlung für die Ausgabe auf eine neue Druckseite einzuleiten und – vor der nachfolgenden Ausgabe der Vertreterdatensätze – zunächst die 3 Überschriftszeilen zu erzeugen.

---

[11] Zwischen den Überschriften "KENNZAHL" und "NACHNAME" sollen 8 Leerzeichen, zwischen "NACHNAME" und "VORNAME" 15 Leerzeichen und zwischen "VORNAME" und "KONTOSTAND" 7 Leerzeichen an Zwischenraum vorgesehen werden.

[12] Eine logische Druckseite fällt in der Regel nicht mit einer physischen Druckseite, d.h. einem Druckformular, zusammen.

2.11 Vorbereitung der Druck-Ausgabe

Als Datei-Beschreibung für die Druck-Datei LISTE legen wir daher fest:

```
FD  LISTE
    LINAGE IS 18 LINES
    LINES AT TOP 5.
01  LISTE-SATZ PIC X(64).
```

Der Ausgabe-Puffer LISTE-SATZ der Datei LISTE ist jetzt als elementares Datenfeld und nicht mehr – wie im Programm DRUCK – als Datengruppe definiert.

Aus Gründen, die wir weiter unten ansprechen, soll der Puffer LISTE-SATZ entsprechend dem folgenden Schema jetzt nur zum "Durchschleusen" der Druckzeilen zum Drucker benutzt werden, während die Druckzeilen selbst in einem Datenfeld des Arbeitsspeichers (LISTE-SATZ-ED) zusammengestellt werden.

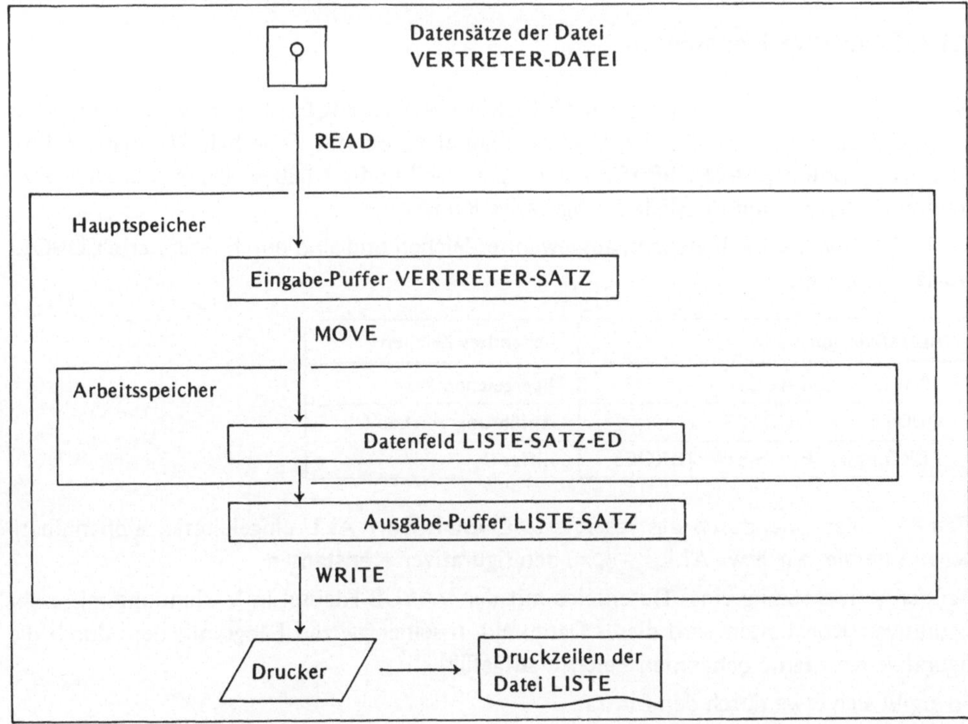

Die Zusammenstellung einer Druckzeile mit den Vertreterdaten soll im Datenfeld LISTE-SATZ-ED erfolgen, das in der WORKING-STORAGE SECTION definiert und genauso strukturiert ist wie der Ausgabe-Puffer LISTE-SATZ-ED im Programm DRUCK (vgl. Abschnitt 2.4).

Die Texte der Überschriftszeilen stellen wir in den Datenfeldern UEBERSCHRIFT-ZEILE-1 und UEBERSCHRIFT-ZEILE-2 innerhalb des Arbeitsspeichers zusammen:

```
01  UEBERSCHRIFT-ZEILE-1.
    02  FILLER PIC X(17) VALUE "␣KENNZAHL".
    02  FILLER PIC X(23) VALUE "NACHNAME".
    02  FILLER PIC X(14) VALUE "VORNAME".
    02  FILLER PIC X(10) VALUE "KONTOSTAND".
01  UEBERSCHRIFT-ZEILE-2.
    02  FILLER PIC X     VALUE SPACE.
    02  FILLER PIC X(8)  VALUE ALL "-".
    02  FILLER PIC X(8)  VALUE SPACES.
    02  FILLER PIC X(8)  VALUE ALL "-".
    02  FILLER PIC X(15) VALUE SPACES.
    02  FILLER PIC X(7)  VALUE ALL "-".
    02  FILLER PIC X(7)  VALUE SPACES.
    02  FILLER PIC X(10) VALUE ALL "-".
```

2.12 Figurative Konstanten

Bei der Datenfeld-Beschreibung von UEBERSCHRIFT-ZEILE-2 haben wir die einzelnen Datenfeldbereiche mit Hilfe der VALUE-Klausel vorbesetzt, innerhalb der wir die Programmkonstanten SPACE, SPACES und ALL "–" kodiert haben. Diese speziellen Programmkonstanten sind Beispiele für figurative Konstanten.

Figurative Konstanten benennen ausgewählte Zeichen und sind durch reservierte COBOL-Wörter festgelegt:

figurative Konstante	benanntes Zeichen
SPACE bzw. SPACES	Leerzeichen "␣"
QUOTE bzw. QUOTES	Anführungszeichen (")
ZERO bzw. ZEROS bzw. ZEROES	Ziffer 0

Ferner zählen alle durch das reservierte COBOL-Wort **ALL** eingeleiteten alphanumerischen Literale, wie etwa ALL "–", zu den figurativen Konstanten.

Bei der Vorbesetzung eines Datenfelds mit der VALUE-Klausel in Verbindung mit einer figurativen Konstanten wird dieses Datenfeld in seiner ganzen Länge mit dem durch die figurative Konstante benannten Zeichen aufgefüllt.

So ergibt sich etwa durch den Eintrag

```
02  FILLER PIC X    VALUE SPACE.
02  FILLER PIC X(8) VALUE ALL "-".
```

für den Anfang des Datenfelds UEBERSCHRIFT-ZEILE-2:

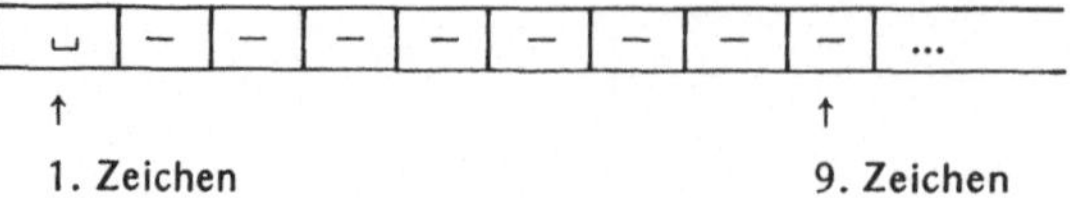

Es ist möglich, ein Datenfeld nicht nur mit einem Zeichen, sondern auch mit einer *Zeichenfolge* vorbesetzen zu lassen. So führt z. B.

```
01  UEBERSCHRIFT-ZEILE-3 PIC X(64) VALUE ALL "*␣".
```

zu dem Ergebnis:

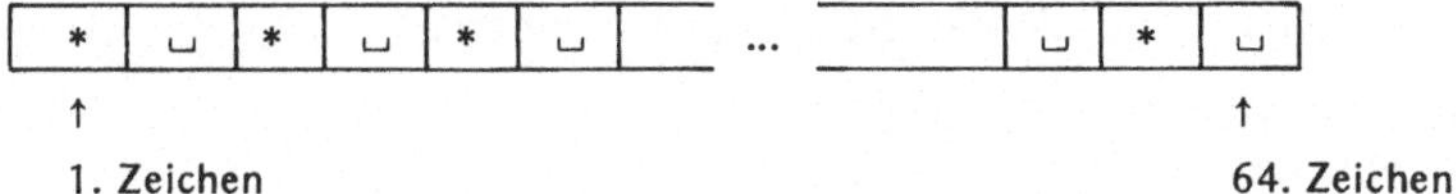

2.13 Struktogramm für das Programm DRUCKNEU

Wir übernehmen den Struktogrammteil RAHMEN aus dem Struktogramm des Programms DRUCK (vgl. Abschnitt 2.5) ohne Änderung und beschreiben den Struktogrammteil VERARBEITUNG für das neue Druckprogramm – wir nennen es **DRUCKNEU** – wie folgt;

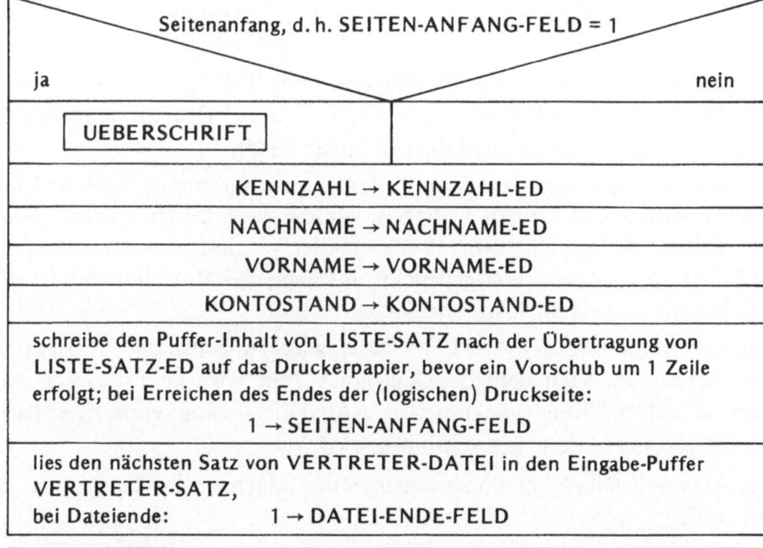

UEBERSCHRIFT

schreibe den Puffer-Inhalt von LISTE-SATZ nach der Übertragung von UEBERSCHRIFT-ZEILE-1 auf das Druckerpapier, bevor ein Zeilenvorschub um 1 Zeile durchgeführt wird
schreibe den Puffer-Inhalt von LISTE-SATZ nach der Übertragung von UEBERSCHRIFT-ZEILE-2 auf das Druckerpapier, bevor ein Zeilenvorschub um 2 Zeilen durchgeführt wird
0 → SEITEN-ANFANG-FELD

Der erste Strukturblock ist ein *Bedingungsblock.* Er beschreibt den weiteren Ablauf in Abhängigkeit von der Bedingung "Seitenanfang", d. h. SEITEN-ANFANG-FELD = 1. Ist sie erfüllt, so gibt der Strukturblock des (links abgebildeten) Ja-Zweigs die auszuführenden Aktionen an. Ist die Bedingung "Seitenanfang" nicht erfüllt, so wird der (rechts abgebildete) Nein-Zweig durchlaufen, d. h. es werden keine Aktionen ausgeführt.

Durch diese Darstellung haben wir verabredet, daß eine erforderliche Ausgabe der Überschriftszeilen durch die Gültigkeit der Bedingung "SEITEN-ANFANG-FELD = 1" angezeigt werden soll (dies wird im Programm mit dem Bedingungsnamen SEITEN-ANFANG abgefragt).

Somit müssen wir in der WORKING-STORAGE SECTION vereinbaren:

```
77  SEITEN-ANFANG-FELD PIC 9 VALUE 1.
    88  SEITEN-ANFANG VALUE 1.
```

Diese Eintragung ist zu ergänzen durch die Definition des Datenfelds DATEI-ENDE-FELD in der Form:

```
77  DATEI-ENDE-FELD PIC 9 VALUE ZERO.
    88  DATEI-ENDE VALUE 1.
```

damit innerhalb der PROCEDURE DIVISION der Bedingungsname DATEI-ENDE zur Abfrage des Dateiendes der Eingabe-Datei eingesetzt werden kann.

2.14 Vorschubsteuerung mit der WRITE-Anweisung

Standardmäßig wird bei der Ausführung einer WRITE-Anweisung vor der Ausgabe einer Druckzeile das Druckerpapier automatisch um 1 Druckzeile vorgeschoben (damit die zuvor ausgegebene Zeile nicht überschrieben wird).[13]

In Abänderung dieses Standardfalls kann man durch eine **ADVANCING**-*Klausel* bei der WRITE-Anweisung explizit festlegen, wie die auszugebende Druckzeile relativ zur aktuellen Zeilenposition auf dem Druckerpapier plaziert werden soll. Bei der Angabe der **BEFORE**-*Klausel* wird erst gedruckt und dann der Vorschub des Druckerpapiers um die angegebene Zeilenzahl ausgeführt.

Bei der Kodierung der **AFTER**-*Klausel* wird zunächst der Vorschub durchgeführt und dann gedruckt. Nach dem Drucken einer Zeile wird kein weiterer Vorschub vorgenommen, so daß bei einer weiteren Druck-Ausgabe – ohne vorherigen Papiervorschub – die zuletzt gedruckte Zeile überschrieben wird.

Die ADVANCING-Klauseln sind gemäß der folgenden Syntax in einer WRITE-Anweisung anzugeben:

```
WRITE datensatzname [ FROM bezeichner-1 ]

    [                              { { bezeichner-2 }  { LINES } } ]
    [  { AFTER  }                  { { ganzzahl     }  { LINE  } } ]
    [  {        }   ADVANCING      {                             } ]
    [  { BEFORE }                  { PAGE                        } ]

    [ AT END-OF-PAGE unb-anw-1  [unb-anw-2 ] ...   ]
```

[13] Wird die Druck-Datei innerhalb des Paragraphen FILE-CONTROL mit der Klausel

```
ORGANIZATION IS LINE SEQUENTIAL
```

vereinbart, so erfolgt der Papiervorschub um 1 Zeile *nach* der Druck-Ausgabe.

Der Vorschub auf eine neue (logische) Druckseite wird durch die Angabe des reservierten COBOL-Worts **PAGE** in der ADVANCING-Klausel abgerufen. Dabei wird der Vorschub durchgeführt auf die mit der LINES AT TOP-Klausel verabredete Zeile bzw. – beim Fehlen dieser Klausel – auf die erste Zeile.

Ist bei der Datei-Beschreibung der Druck-Datei die LINAGE-Klausel und bei der WRITE-Anweisung die **END-OF-PAGE**-*Klausel* kodiert worden, so wird *nach* jeder Druck-Ausgabe überprüft, ob die aktuelle Zeilenposition noch kleiner ist als der in der LINAGE-Klausel spezifizierte Wert. Ist dies nicht der Fall, so werden die in der END-OF-PAGE-Klausel angegebenen unbedingten Anweisungen ausgeführt.

2.15 Das COBOL-Programm DRUCKNEU

Wir geben nun das dem Struktogramm in Abschnitt 2.13 entsprechende Programm DRUCKNEU an:

```
IDENTIFICATION DIVISION.
PROGRAM-ID.
    DRUCKNEU.
ENVIRONMENT DIVISION.
INPUT-OUTPUT SECTION.
FILE-CONTROL.
    SELECT VERTRETER-DATEI ASSIGN TO "B:STAMM.VER"
           ORGANIZATION IS LINE SEQUENTIAL.
    SELECT LISTE ASSIGN TO ":LP:".
DATA DIVISION.
FILE SECTION.
FD  VERTRETER-DATEI.
01  VERTRETER-SATZ.
    02  KENNZAHL    PIC 9(4).
    02  NACHNAME    PIC X(20).
    02  VORNAME     PIC X(20).
    02  KONTOSTAND  PIC S9(5)V99.
FD  LISTE
    LINAGE IS 18 LINES
    LINES AT TOP 5.
01  LISTE-SATZ PIC X(64).
WORKING-STORAGE SECTION.
01  LISTE-SATZ-ED.
    02  FILLER            PIC XX VALUE SPACES.
    02  KENNZAHL-ED       PIC 9B9B9B9.
    02  FILLER            PIC XX VALUE SPACES.
    02  NACHNAME-ED       PIC X(20).
    02  FILLER            PIC XX VALUE SPACES.
    02  VORNAME-ED        PIC X(20).
    02  FILLER            PIC XX VALUE SPACES.
    02  KONTOSTAND-ED     PIC +(5)9.99.
77  SEITEN-ANFANG-FELD PIC 9 VALUE 1.
    88  SEITEN-ANFANG VALUE 1.
77  DATEI-ENDE-FELD PIC 9 VALUE ZERO.
    88  DATEI-ENDE VALUE 1.
01  UEBERSCHRIFT-ZEILE-1.
    02  FILLER PIC X(17) VALUE "␣KENNZAHL".
    02  FILLER PIC X(23) VALUE "NACHNAME".
    02  FILLER PIC X(14) VALUE "VORNAME".
    02  FILLER PIC X(10) VALUE "KONTOSTAND".
```

```
       01  UEBERSCHRIFT-ZEILE-2.
           02  FILLER PIC X       VALUE SPACE.
           02  FILLER PIC X(8)    VALUE ALL "-".
           02  FILLER PIC X(8)    VALUE SPACES.
           02  FILLER PIC X(8)    VALUE ALL "-".
           02  FILLER PIC X(15)   VALUE SPACES.
           02  FILLER PIC X(7)    VALUE ALL "-".
           02  FILLER PIC X(7)    VALUE SPACES.
           02  FILLER PIC X(10)   VALUE ALL "-".
       PROCEDURE DIVISION.
       RAHMEN.
           OPEN INPUT VERTRETER-DATEI OUTPUT LISTE
           READ VERTRETER-DATEI
               AT END MOVE 1 TO DATEI-ENDE-FELD.
           PERFORM VERARBEITUNG UNTIL DATEI-ENDE
           CLOSE VERTRETER-DATEI LISTE
           STOP RUN.
       VERARBEITUNG.
           IF SEITEN-ANFANG                        14
               PERFORM UEBERSCHRIFT.
           MOVE KENNZAHL TO KENNZAHL-ED
           MOVE NACHNAME TO NACHNAME-ED
           MOVE VORNAME TO VORNAME-ED
           MOVE KONTOSTAND TO KONTOSTAND-ED
           WRITE LISTE-SATZ FROM LISTE-SATZ-ED
               BEFORE ADVANCING 1 LINE                              15
               AT END-OF-PAGE MOVE 1 TO SEITEN-ANFANG-FELD.
           READ VERTRETER-DATEI
               AT END MOVE 1 TO DATEI-ENDE-FELD.
       UEBERSCHRIFT.
           WRITE LISTE-SATZ FROM UEBERSCHRIFT-ZEILE-1
               BEFORE ADVANCING 1 LINE
           WRITE LISTE-SATZ FROM UEBERSCHRIFT-ZEILE-2
               BEFORE ADVANCING 2 LINES
           MOVE ZERO TO SEITEN-ANFANG-FELD.
```

In diesem Programm haben wir die Vertreterdaten im Datenfeld LISTE-SATZ-ED – innerhalb des Arbeitsspeicherbereichs – für die Ausgabe in eine Druckzeile zusammengestellt. Durch den Transport in den Ausgabe-Puffer wird dann der gesamte ursprüngliche Inhalt von LISTE-SATZ durch den Inhalt von LISTE-SATZ-ED überschrieben.

Würden wir dagegen – wie im Programm DRUCK geschehen (vgl. Abschnitt 2.9) – die Druckzeilen mit den Vertreterdaten im Ausgabe-Puffer zusammenstellen, so würde dadurch der Ausgabe-Puffer auf den Druckpositionen 1–2, 10–11, 32–33 und 54–55 nicht verändert werden. Folglich würde nach Durchlaufen der Prozedur UEBERSCHRIFT und der anschließenden Füllung des Puffer-Bereichs mit den Vertreterdaten jeweils in Druckposition 2 und in Druckposition 55 das Zeichen "–" nicht überschrieben werden, so daß die ausgegebenen Druckzeilen in der folgenden Weise verfälscht würden (am Beispiel der ersten drei Datensätze):

```
 KENNZAHL         NACHNAME                 VORNAME       KONTOSTAND
 --------         --------                 -------       ----------

 -8 4 1 3   MEYER                   EGON                  -   -725.15
 -5 4 1 6   NEUSS                   FRIEDRICH AUGUST WIL -+10500.00
 -6 7 8 1   NEUMEYER-WESTERHAGEN    HERMANN               -     -0.10
```

[14] Eine IF-Anweisung, die nicht geschachtelt ist, muß stets mit einem Punkt beendet werden.

[15] Eine WRITE-Anweisung mit der END-OF-PAGE-Klausel muß stets mit einem Punkt abgeschlossen werden.

2.16 Steueranweisungen IF und PERFORM

Aus der ersten Anweisung innerhalb der Prozedur VERARBEITUNG des Programms DRUCKNEU erkennen wir im Vergleich mit dem den Ablauf beschreibenden Struktogramm (s. Abschnitt 2.13), daß wir den Bedingungsstrukturblock

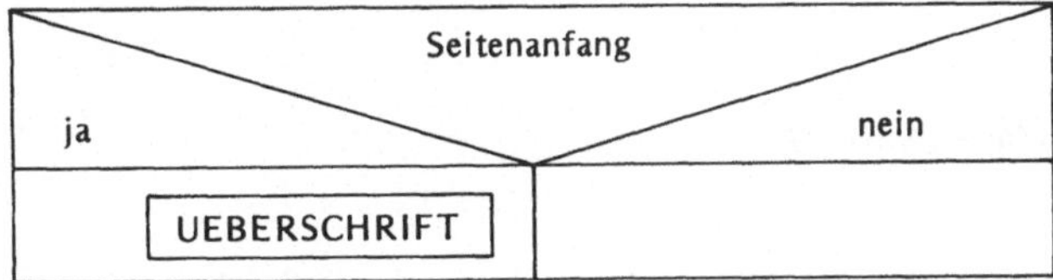

durch die IF-Anweisung in der Form

```
IF SEITEN-ANFANG
    PERFORM UEBERSCHRIFT.
```

umgesetzt haben.

Generell werden die Aktionen des Ja-Zweigs als Anweisungen hinter der (auf das Wort IF folgenden) Bedingung gemäß der folgenden Syntax angegeben:[16]

IF bedingung	{ anw-1 [anw-2] ...	{ ELSE anw-3 [anw-4] ...
	NEXT SENTENCE }	[ELSE NEXT SENTENCE] }

Die Aktionen des Nein-Zweigs werden als Anweisungen hinter dem Wort ELSE kodiert.

Hinter dem Wort IF dürfen nicht nur *einfache Bedingungen* der Form

arithmetischer-ausdruck-1	{ $<$ / $>$ / = / NOT $<$ / NOT $>$ / NOT = }	arithmetischer-ausdruck-2

sondern auch *zusammengesetzte Bedingungen* der Form

[NOT] einfache-bedingung-1	[{ AND / OR }	[NOT] einfache-bedingung-2] ...

angegeben werden.

Beim Vergleich von arithmetischen Ausdrücken werden stets die ermittelten algebraischen Werte miteinander in Beziehung gesetzt.[17]

Beim Vergleich von alphanumerischen Werten wird auf der Basis der Sortierfolgeordnung des ASCII-Kodes (vgl. Anhang A.5) über eine Relation entschieden. Bei verschieden lan-

---

16 Enthält der Ja- oder Nein-Zweig keine ausführbaren Aktionen, so sind die Wörter "NEXT SENTENCE" zu kodieren. Ohne eine Schachtelung von IF-Anweisungen sollte man – bei leerem Nein-Zweig – auf die Angabe von "ELSE NEXT SENTENCE" verzichten.

17 Unter einem arithmetischen Ausdruck versteht man durch Rechenoperationen miteinander verknüpfte numerische Datenfelder und Literale. Als Rechenoperationen sind die Addition (+), die Subtraktion (–), die Multiplikation (*), die Division (/) und das Potenzieren (**) zugelassen.

gen Zeichenketten wird die kürzere stets mit Leerzeichen aufgefüllt, und bei ungleichen alphanumerischen Werten entscheidet der Vergleich der ersten voneinander verschiedenen Zeichen über die Beziehung.

Im Ja-Zweig des o. a. Bedingungsstrukturblocks ist der Prozeduraufrufblock

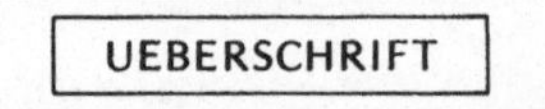

enthalten, der durch die PERFORM-Anweisung

```
PERFORM UEBERSCHRIFT
```

umgesetzt wird. Diese Anweisung wird (s. auch Abschnitt 2.17) durch die Syntax

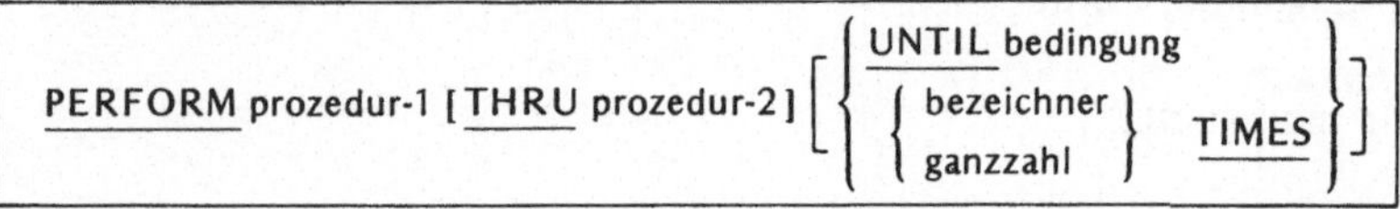

beschrieben.

Ohne die Kodierung der UNTIL- bzw. der TIMES-Klausel wird die Prozedur "prozedur-1" oder – bei Einsatz der THRU-Klausel – der Prozedurbereich von "prozedur-1" bis "prozedur-2" *einmalig* durchlaufen.

Dabei wird zur ersten Anweisung in der Prozedur "prozedur-1" verzweigt und nach der Ausführung der letzten Anweisung des durchlaufenen Bereichs hinter die aufrufende PERFORM-Anweisung zurückgesprungen. Soll der Prozedurbereich wiederholt durchlaufen werden, so ist die UNTIL-Klausel zu kodieren, falls die Bearbeitung bei Gültigkeit der hinter dem Wort UNTIL formulierten Bedingung abgebrochen werden soll, oder aber es ist die Häufigkeit, mit der die Wiederholung stattfinden soll, in einer TIMES-Klausel zu spezifizieren.

2.17 Vereinbarung und Zugriff auf Tabellenelemente

2.17.1 OCCURS-Klausel

Zum Abschluß dieses Kapitels zeigen wir, wie man die zuvor in eine Druck-Datei ausgegebenen Vertreterdaten (vgl. die Abschnitte 2.9 und 2.15) geeignet auf dem Bildschirm darstellen kann. Dazu konzipieren wir den folgenden Bildschirm-Aufbau:

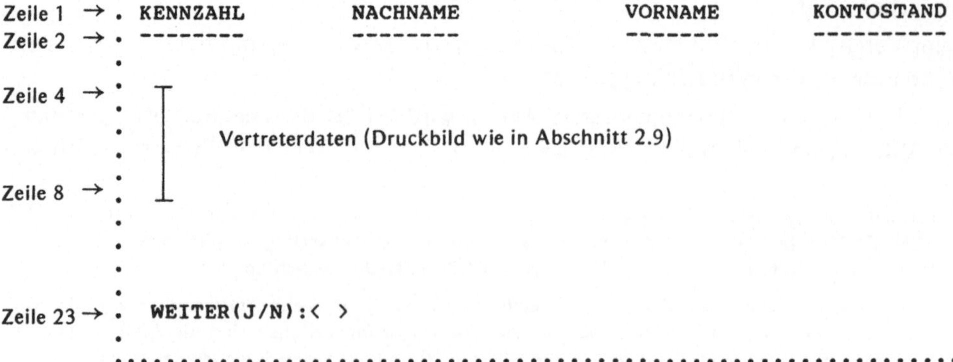

Im Hinblick auf das im Abschnitt 2.15 angegebene COBOL-Programm DRUCKNEU muß die Verarbeitung der Druck-Datei LISTE in geeigneter Weise durch eine Bildschirm-Ausgabe der "Drucksätze" ersetzt werden. Zur Ausgabe dieser "Drucksätze" in die Bildschirmzeilen 4–8 richten wir in der WORKING-STORAGE SECTION den Bildschirm-Ausgabebereich LISTE-SATZ-ED-BEREICH ein. Dieses Datenfeld soll mit 5 gleichartig gegliederten Bildschirmzeilen (Zeile 4 – Zeile 8) korrespondieren. Somit muß es aus 5 gleichartigen Datenfeldern aufgebaut sein, die jeweils einer Bildschirm-Zeile zugeordnet sind.

Ein Datenfeld, das aus gleichartig strukturierten Datenfeldern zusammengesetzt ist, nennt man einen *Tabellenbereich*, und die einzelnen Komponenten heißen *Tabellenelemente.* Die Anzahl der Tabellenelemente wird durch eine **OCCURS**-*Klausel* der Form

<u>OCCURS</u> ganzzahl TIMES

festgelegt. Diese Klausel wird im Anschluß an den *Tabellennamen* angegeben, mit dem die einzelnen Tabellenelemente adressiert werden.

In unserem Fall vereinbaren wir den Tabellenbereichsnamen LISTE-SATZ-ED-BEREICH und den Tabellennamen LISTE-SATZ-ED durch die Angabe:

```
01  LISTE-SATZ-ED-BEREICH.
    02  LISTE-SATZ-ED  OCCURS 5 TIMES.
        03  FILLER          PIC XX.
        03  KENNZAHL-ED     PIC 9B9B9B9.
        03  FILLER          PIC XX.
        03  NACHNAME-ED     PIC X(20).
        03  FILLER          PIC XX.
        03  VORNAME-ED      PIC X(20).
        03  FILLER          PIC XX.
        03  KONTOSTAND-ED   PIC +(5)9.99.
        03  FILLER          PIC X(16).
```

Dadurch haben wir den Tabellenbereich LISTE-SATZ-ED-BEREICH folgendermaßen strukturiert:

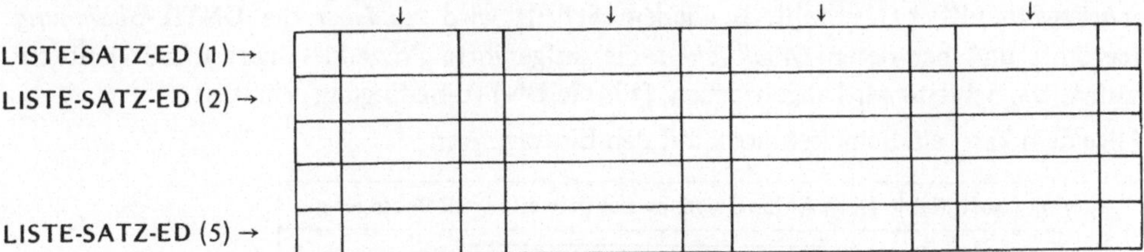

Auf die einzelnen Felder innerhalb dieses Tabellenbereichs wird mit Hilfe einer *Positionsnummer* zugegriffen.

So adressieren wir etwa durch "LISTE-SATZ-ED (2)" die gesamte 2. Tabellenzeile (d. h. den Zeichenbereich 81–160 von LISTE-SATZ-ED-BEREICH) und durch "NACHNAME-ED (2)" dasjenige Datenfeld, welches in der 2. Tabellenzeile den Nachnamen enthält (d. h. den Zeichenbereich 92–111).

Generell wird der gesamte Tabellenbereich durch den (mit der Stufennummer 01 vereinbarten) Tabellenbereichsnamen und ein Tabellenelement durch die Angabe des Tabellennamens bzw. eines untergeordneten Datenfelds mit nachfolgender Positonsnummer in der Form

datenfeldname (position)

adressiert. Dabei steht der Platzhalter "position" für eine positive ganze Zahl oder ein ganzzahlig vereinbartes, nicht signiertes numerisches Datenfeld.

2.17.2 PERFORM-Anweisung mit der VARYING-Klausel

Eine besondere Form der PERFORM-Anweisung ermöglicht eine komprimierte Beschreibung der Verarbeitung von Tabellenelementen.

So beschreibt etwa die Anweisung

```
PERFORM LESEN VARYING POS FROM 1 BY 1 UNTIL POS > 5 OR DATEI-ENDE
```

die folgende Programmausführung:[18]

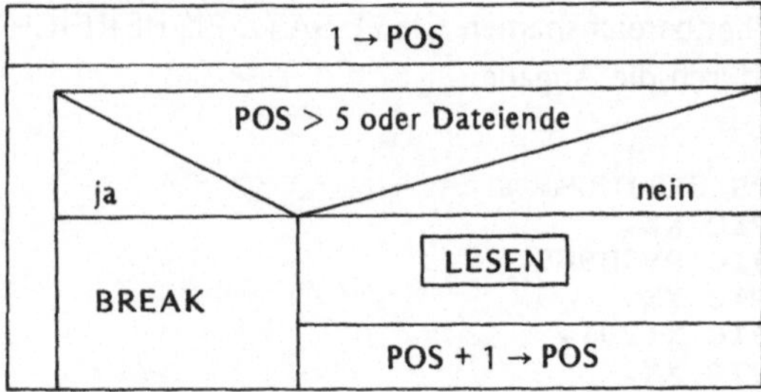

Diesen Struktogrammteil symbolisieren wir in Zukunft durch den folgenden Block:

varying POS from 1 by 1 until POS > 5 oder Dateiende
LESEN

Ausgehend von dem *Anfangswert* 1 wird die *Laufvariable* POS schrittweise um den *Schrittweiten-Wert* 1 erhöht. Bei jedem Schritt wird *zunächst* die **UNTIL**-*Bedingung* überprüft und bei deren *Ungültigkeit* die aufgeführte Prozedur (hier: LESEN) durchlaufen. Die Schleife wird abgebrochen, falls die UNTIL-Bedingung erfüllt ist.

Allgemein kann ein Schleifenblock mit den Eintragungen

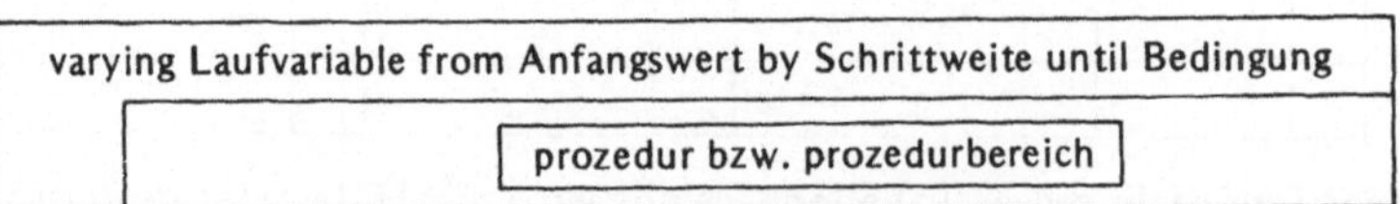

durch eine PERFORM-Anweisung der folgenden Form umgesetzt werden:

```
PERFORM  prozedurname-1 [ THRU prozedurname-2 ]
         VARYING bezeichner-1 FROM { bezeichner-2 }  BY  { bezeichner-3 }
                                   { ganzzahl-1   }      { ganzzahl-2   }
         UNTIL bedingung
```

[18] Mit der Ausführung des BREAK-Blocks, der durch das Wort "BREAK" gekennzeichnet ist, wird die Ausführung des Schleifenblocks beendet.

2.18 Das COBOL-Programm DRUCKBLD

Zur Lösung unserer Aufgabenstellung können wir unter Einbeziehung der o.a. Vereinbarung der Tabelle LISTE-SATZ-ED die folgende Beschreibung geben:

RAHMEN

- eröffne VERTRETER-DATEI zur Eingabe
- lösche den Bildschirm
- gib die Überschriftszeile (ursprünglich der Inhalt des Felds UEBERSCHRIFT-ZEILE-1 im Programm DRUCKNEU) in der ersten Bildschirmzeile ab Zeichenposition 1 aus
- gib die Unterstreichungszeile (ursprünglich der Inhalt des Felds UEBERSCHRIFT-ZEILE-2 im Programm DRUCKNEU) in der zweiten Bildschirmzeile ab Zeichenposition 1 aus
- bis Dateiende oder bis zum Abbruch der Druck-Ausgabe
  - VERARBEITUNG
- schließe VERTRETER-DATEI
- gibt den Text "ENDE DER DRUCKAUSGABE" ab Zeichenposition 1 in Bildschirmzeile 23 aus
- beende den Programmlauf

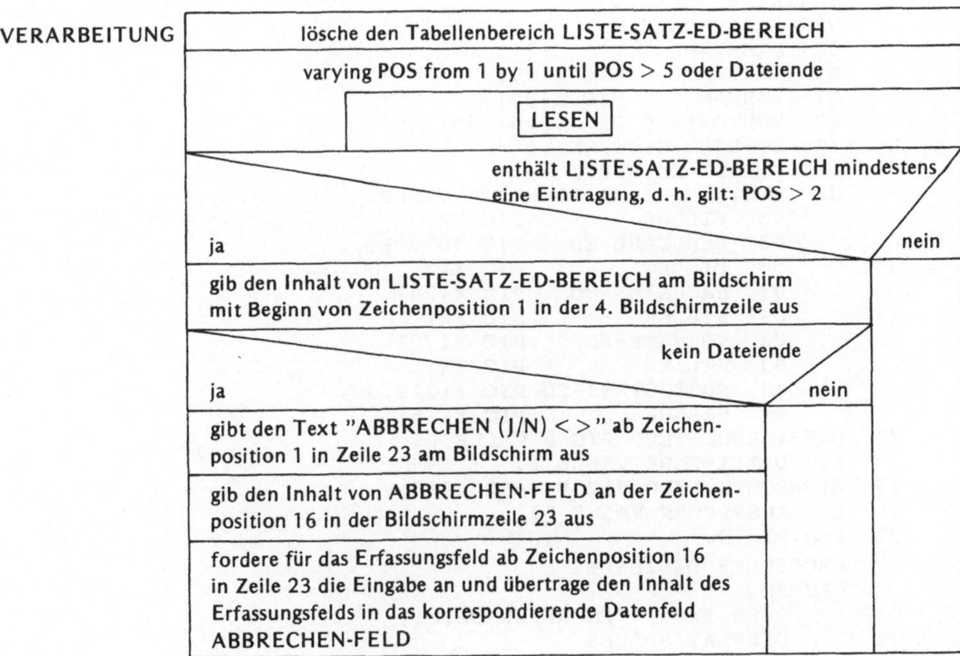

LESEN

lies den nächsten Datensatz von VERTRETER-DATEI, bei Dateiende: 1 → DATEI-ENDE-FELD	
kein Dateiende / ja	nein
KENNZAHL → KENNZAHL-ED (POS)	
NACHNAME → NACHNAME-ED (POS)	
VORNAME → VORNAME-ED (POS)	
KONTOSTAND → KONTOSTAND-ED (POS)	

Bei der Umsetzung dieses Struktogramms erhalten wir das folgende COBOL-Programm, dem wir den Programmnamen **DRUCKBLD** geben:

```
IDENTIFICATION DIVISION.
PROGRAM-ID.
    DRUCKBLD.
ENVIRONMENT DIVISION.
CONFIGURATION SECTION.
SPECIAL-NAMES.
    CONSOLE IS CRT.
INPUT-OUTPUT SECTION.
FILE-CONTROL.
    SELECT VERTRETER-DATEI ASSIGN TO "B:STAMM.VER"
    ORGANIZATION IS LINE SEQUENTIAL.
DATA DIVISION.
FILE SECTION.
FD  VERTRETER-DATEI.
01  VERTRETER-SATZ.
    02  KENNZAHL   PIC 9(4).
    02  NACHNAME   PIC X(20).
    02  VORNAME    PIC X(20).
    02  KONTOSTAND PIC S9(5)V99.
WORKING-STORAGE SECTION.
01  LISTE-SATZ-ED-BEREICH.
    02  LISTE-SATZ-ED OCCURS 5 TIMES.
        03  FILLER         PIC XX.
        03  KENNZAHL-ED    PIC 9B9B9B9.
        03  FILLER         PIC XX.
        03  NACHNAME-ED    PIC X(20).
        03  FILLER         PIC XX.
        03  VORNAME-ED     PIC X(20).
        03  FILLER         PIC XX.
        03  KONTOSTAND-ED  PIC +(5)9.99.
        03  FILLER         PIC X(16).
77  DATEI-ENDE-FELD PIC 9 VALUE 0.
    88  DATEI-ENDE VALUE 1.
77  ABBRECHEN-FELD PIC X VALUE "N".   [19]
    88  ABBRECHEN VALUE "J".
77  POS PIC 9.
    PROCEDURE DIVISION.
    RAHMEN.
        OPEN INPUT VERTRETER-DATEI
        DISPLAY SPACES
```

[19] Über den Bedingungsnamen ABBRECHEN soll im Programmablauf gesteuert werden, ob der Anwender den Abbruch der Druck-Ausgabe mit anschließendem Programmende wünscht.

```
           DISPLAY " KENNZAHL          NACHNAME                 VORNAME  [20]
    -         "   KONTOSTAND" AT 0101
           DISPLAY " --------          --------                 -------
    -         "   ----------" AT 0201
           PERFORM VERARBEITUNG UNTIL DATEI-ENDE OR ABBRECHEN
           CLOSE VERTRETER-DATEI
           DISPLAY "ENDE DER DRUCKAUSGABE" AT 2301
           STOP RUN.
       VERARBEITUNG.
           MOVE SPACES TO LISTE-SATZ-ED-BEREICH
           PERFORM LESEN VARYING POS FROM 1 BY 1 UNTIL POS > 5
                                                        OR DATEI-ENDE
           IF POS > 2
               DISPLAY LISTE-SATZ-ED-BEREICH AT 0401
               IF NOT DATEI-ENDE
                   DISPLAY "ABBRECHEN(J/N)< >" AT 2301
                   DISPLAY ABBRECHEN-FELD AT 2316          [21]
                   ACCEPT ABBRECHEN-FELD AT 2316.
       LESEN.
           READ VERTRETER-DATEI AT END MOVE 1 TO DATEI-ENDE-FELD.
           IF NOT DATEI-ENDE
               MOVE KENNZAHL TO KENNZAHL-ED (POS)
               MOVE NACHNAME TO NACHNAME-ED (POS)
               MOVE VORNAME TO VORNAME-ED (POS)
               MOVE KONTOSTAND TO KONTOSTAND-ED (POS).
```

2.19 Aufgabe

Man schreibe ein Programm zum Auflisten der Auftragsdatensätze (s. Aufgabe 1.2.10), wobei der Bildschirm folgendermaßen strukturiert ist:

```
    I 3 Leerzeilen
ARTIKEL-NUMMER  STUECKZAHL  STUECKPREIS  KENNZAHL  AUFTRAGS-NUMMER
    I 2 Leerzeilen
    I 7 Aufträgssätze, jeweils durch
    I 1 Leerzeile voneinander getrennt
```

[20] Der Bindestrich "-" in Spalte 7 wird zur Trennung von Literalen benutzt. Er zeigt an, daß der in der vorausgehenden Zeile eingetragene Text der Literalanfang und der Text, der im Bereich B hinter dem Bindestrich "-" aufgeführt ist, das Ende des Literals bildet. Dabei wird die Literalfortsetzung mit dem Anführungszeichen (") eingeleitet.

[21] Durch diese DISPLAY-Anweisung wird – aus optischen Gründen – in das Erfassungsfeld, in das die Abbruchanforderung durch die Eingabe des Zeichens "J" einzutasten ist, das Zeichen "N" ausgegeben.

3 Sortierung und ein Beispiel für die Verarbeitung sortierter Daten

3.1 Sortierung der Stammdatei mit den Vertreterdaten

Wir wollen im folgenden ein Programm – wir nennen es SORTSTMM – entwickeln, mit dem die Datensätze der Disketten-Datei STAMM.VER, welche die Stammdaten der Vertreter enthalten, sortiert werden können.

Dabei wählen wir als *Sortierfeld* das Datenfeld, das die Kennzahl der Vertreter enthält, d.h. die Kennzahl ist der *Sortier-Schlüssel.* Die Sätze der Vertreterdaten sollen *aufsteigend* sortiert werden, d.h. nach der Sortierung soll der erste Datensatz die kleinste Kennzahl, der zweite Datensatz die nächst größere Kennzahl und der letzte Datensatz die größte Kennzahl enthalten.

Der Sortiervorgang wird in einer *Sortier-Datei* – wir wählen den Dateinamen SORT.VER – auf der Diskette durchgeführt, die im COBOL-Programm durch einen SD-*Eintrag* (sortfile description) vereinbart werden muß. Wir legen daher fest:

```
SD  SORT-DATEI.
01  SORT-SATZ.
    02  KENNZAHL   PIC 9(4).
    02  FILLER     PIC X(47).
```

und ordnen der Sortier-Datei mit dem COBOL-Dateinamen SORT-DATEI durch die Eintragung

```
SELECT SORT-DATEI ASSIGN TO "B:SORT.VER"
```

im Paragraphen FILE-CONTROL die Disketten-Datei SORT.VER auf dem Laufwerk B zu.[1]

Die sortierten Datensätze sollen in die Disketten-Datei STAMMS.VER (auf dem Laufwerk B) eingetragen werden:

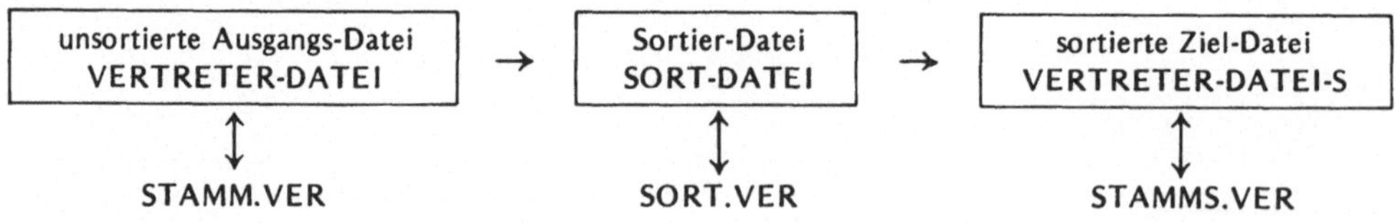

[1] Bei der Programmausführung werden in der Regel die Disketten-Dateien SORT.SX1, SORT.SX2 und SORT.SOR auf dem Laufwerk B eingerichtet und am Programmende – dies ist systemabhängig – nicht automatisch gelöscht.

Als Lösung unserer Problemstellung geben wir das folgende COBOL-Programm an:

```
IDENTIFICATION DIVISION.
PROGRAM-ID.
    SORTSTMM.
ENVIRONMENT DIVISION.
INPUT-OUTPUT SECTION.
FILE-CONTROL.
    SELECT VERTRETER-DATEI ASSIGN TO "B:STAMM.VER"
           ORGANIZATION IS LINE SEQUENTIAL.
    SELECT VERTRETER-DATEI-S ASSIGN TO "B:STAMMS.VER"
           ORGANIZATION IS LINE SEQUENTIAL.
    SELECT SORT-DATEI ASSIGN TO "B:SORT.VER".
DATA DIVISION.
FILE SECTION.
FD  VERTRETER-DATEI.
01  VERTRETER-SATZ PIC X(51).
FD  VERTRETER-DATEI-S.
01  VERTRETER-SATZ-S PIC X(51).
SD  SORT-DATEI.
01  SORT-SATZ.
    02  KENNZAHL  PIC 9(4).
    02  FILLER    PIC X(47).
PROCEDURE DIVISION.
RAHMEN.
    SORT SORT-DATEI
         ASCENDING KEY KENNZAHL
         USING VERTRETER-DATEI
         GIVING VERTRETER-DATEI-S
    STOP RUN.
```

Generell kann man mit der **SORT**-*Anweisung* die Datensätze der Sortier-Datei nach einem oder mehreren Sortier-Schlüsseln aufsteigend (ascending) bzw. absteigend (descending) sortieren. Bei mehreren Sortier-Schlüsseln muß die Sortier-Reihenfolge und die Hierarchie der Sortier-Schlüssel festgelegt werden. Dies geschieht durch die Anordnung der Sortierfelder in den **KEY**-*Klauseln* der SORT-Anweisung gemäß der folgenden Syntax:

```
SORT sortier-datei

     ON { ASCENDING  }  KEY sortierfeld-1 [sortierfeld-2] ...
        { DESCENDING }

   [ ON { ASCENDING  }  KEY sortierfeld-3 [sortierfeld-4] ... ] ...
        { DESCENDING }

     USING ausgangs-datei
     GIVING ziel-datei
```

Alle Sortierfelder müssen in der Datensatz-Beschreibung der Sortier-Datei angegeben sein. In einer **ASCENDING**-*Klausel* werden die Sortierfelder benannt, nach denen *aufsteigend* sortiert werden soll, und in einer **DESCENDING**-*Klausel* werden die Sortierfelder angegeben, nach denen *absteigend* zu sortieren ist.

Die Reihenfolge, in der die Sortierfelder in der SORT-Anweisung aufgeführt sind, legt die Hierarchie der Sortier-Schlüssel fest. Der oberste Sortier-Schlüssel muß zuerst angegeben werden. Falls in einigen nach dem obersten Sortier-Schlüssel sortierten Datensätzen gleiche Sortierfeldinhalte vorkommen, werden diese Sätze nach dem nächsten, d.h. dem obersten Sortier-Schlüssel untergeordneten Sortier-Schlüssel sortiert usw.

3.2 Aufgabe

Man schreibe ein Programm zur Sortierung der Sätze von AUFTRAG.VER (s. Aufgabe 1.2.10). Es soll eine aufsteigende Sortierung nach der Vertreterkennzahl vorgenommen werden, und die sortierten Datensätze sind in die Disketten-Datei AUFTRAGS.VER einzutragen (die sortierten Sätze von AUFTRAGS.VER werden durch das Programm SORTVER im Abschnitt 3.3 verarbeitet).

3.3 Organisation der Einzelverarbeitung von Stamm- und Bewegungssätzen

Nach der Sortierung der Vertreterdatensätze – dies sind unsere *Stammdaten* – und der Auftragssätze (s. Aufgabe 3.2) – dies sind die *Bewegungsdaten* – bzgl. des Sortier-Schlüssels Vertreterkennzahl sind die sortierten Sätze in den beiden Disketten-Dateien STAMMS.VER und AUFTRAGS.VER abgespeichert. Wir wollen ein Druck-Programm – mit dem Programmnamen SORTVER – zur Ausgabe einer Druckliste erstellen, in der die Stammdaten aus der Datei STAMMS.VER und die Bewegungsdaten aus der Datei AUFTRAGS.VER gemäß dem folgenden Druckbild eingetragen sind:[2]

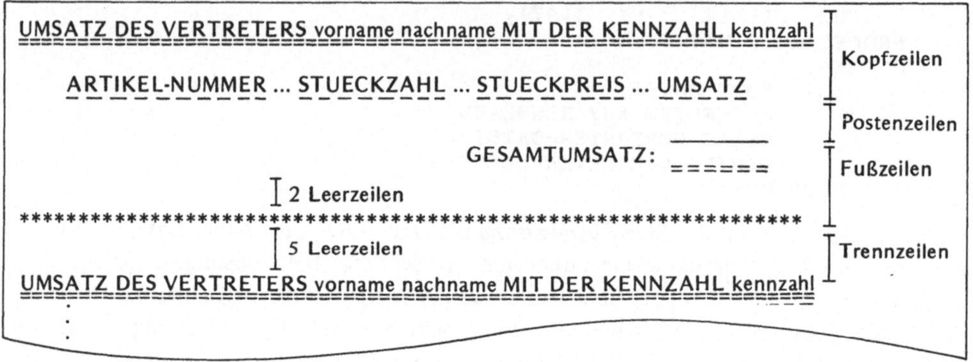

Wir speichern – wie im Programm DRUCKNEU (s. Abschnitt 2.15) – die Texte für die Kopf- und Fußzeilen mit Hilfe der VALUE-Klausel in Datenfeldern ab, die wie folgt in der WORKING-STORAGE SECTION definiert sind:

```
01  KOPF-ZEILE-1.
    02  FILLER       PIC X(22)  VALUE "UMSATZ DES VERTRETERS ".
    02  VORNAME-ED   PIC X(20).
    02  FILLER       PIC X      VALUE SPACE.
    02  NACHNAME-ED  PIC X(20).
    02  FILLER       PIC X(19)  VALUE " MIT DER KENNZAHL: ".
    02  KENNZAHL-ED  PIC 9(4).
    02  FILLER       PIC X(46)  VALUE SPACES.
01  KOPF-ZEILE-2.
    02  FILLER PIC X(86) VALUE ALL "=".
    02  FILLER PIC X(46) VALUE SPACES.
01  KOPF-ZEILE-3.
    02  FILLER PIC X(4)  VALUE SPACES.
    02  FILLER PIC X(14) VALUE "ARTIKEL-NUMMER".
    02  FILLER PIC X(7)  VALUE SPACES.
```

[2] Zwischen den Texten "ARTIKEL-NUMMER" und "STUECKZAHL" bzw. "STUECKZAHL" und "STUECKPREIS" sollen 7 Leerzeichen und zwischen den Texten "STUECKPREIS" und "UMSATZ" sollen 20 Leerzeichen als Zwischenraum eingetragen werden. Der Text "GESAMTUMSATZ" soll ab der Zeichenposition 56 ausgegeben werden.

```
        02  FILLER PIC X(10) VALUE "STUECKZAHL".
        02  FILLER PIC X(7)  VALUE SPACES.
        02  FILLER PIC X(11) VALUE "STUECKPREIS".
        02  FILLER PIC X(20) VALUE SPACES.
        02  FILLER PIC X(59) VALUE "UMSATZ".
    01  KOPF-ZEILE-4.
        02  FILLER PIC X(4)  VALUE SPACES.
        02  FILLER PIC X(14) VALUE ALL "-".
        02  FILLER PIC X(7)  VALUE SPACES.
        02  FILLER PIC X(10) VALUE ALL "-".
        02  FILLER PIC X(7)  VALUE SPACES.
        02  FILLER PIC X(11) VALUE ALL "-".
        02  FILLER PIC X(20) VALUE SPACES.
        02  FILLER PIC X(59) VALUE "------".
    01  POSTEN-ZEILE.
        02  FILLER             PIC X(10) VALUE SPACES.
        02  ARTIKEL-NUMMER-ED  PIC ZZ9.
        02  FILLER             PIC X(15) VALUE SPACES.
        02  STUECKZAHL-ED      PIC ZZ9.
        02  FILLER             PIC X(13) VALUE SPACES.
        02  STUECKPREIS-ED     PIC ZZ9.99.
        02  FILLER             PIC X(21) VALUE SPACES.
        02  UMSATZ-ED          PIC Z(6)9.99.
        02  FILLER             PIC X(51) VALUE SPACES.
    01  GESAMT-UMSATZ-ZEILE-1.
        02  FILLER             PIC X(71) VALUE SPACES.
        02  FILLER             PIC X(61) VALUE "----------".
    01  GESAMT-UMSATZ-ZEILE-2.
        02  FILLER           PIC X(55) VALUE SPACES.
        02  FILLER           PIC X(16) VALUE "GESAMT-UMSATZ : ".
        02  GESAMT-UMSATZ-ED PIC Z(6)9.99.
        02  FILLER           PIC X(51) VALUE SPACES.
    01  GESAMT-UMSATZ-ZEILE-3.
        02  FILLER           PIC X(71) VALUE SPACES.
        02  FILLER           PIC X(61) VALUE "==========".
    01  STERN-ZEILE PIC X(132) VALUE ALL"*".
```

Durch die Verabredung des Datenfeldes POSTEN-ZEILE haben wir die Struktur für die Druck-Ausgabe einer *Postenzeile* mit den Daten eines Auftragssatzes festgelegt. Die geforderten Leerzeilen der Druckliste werden wir über die Vorschubsteuerung bei der Ausführung einer WRITE-Anweisung erzeugen.

Zum "Durchschleusen" der Druckzeilen aus den Datenfeldern der WORKING-STORAGE SECTION verwenden wir den Druck-Ausgabe-Puffer LISTE-SATZ, den wir als elementares Datenfeld innerhalb der Datei-Beschreibung

```
FD  LISTE.
01  LISTE-SATZ  PIC X(132).
```

verabreden. Durch diese Definition haben wir die Druckzeilen auf 132 Druckpositionen festgelegt.

Die FILE SECTION, in der diese Datei-Beschreibung einzutragen ist, leiten wir durch die beiden Datei-Beschreibungen der Stammdatei und der Bewegungsdaten-Datei in der folgenden Form ein:

```
FILE SECTION.
FD  VERTRETER-DATEI.
01  VERTRETER-SATZ.
    02  KENNZAHL-V PIC 9(4).
    02  NACHNAME   PIC X(20).
    02  VORNAME    PIC X(20).
    02  FILLER     PIC X(7).
```

```
FD  AUFTRAGS-DATEI.
01  AUFTRAGS-SATZ.
    02  ARTIKEL-NUMMER PIC 9(3).
    02  STUECKZAHL     PIC 9(3).
    02  STUECKPREIS    PIC 9(3)V99.
    02  FILLER         PIC X(3).
    02  KENNZAHL-A     PIC 9(4).
```

Dabei haben wir auf die von uns zuvor entwickelten Datei-Beschreibungen aus den Abschnitten 1.1.11 und 1.2.10 zurückgegriffen, wobei wir das Datenfeld für die Kennzahl – je nach Zugehörigkeit – mit KENNZAHL-V bzw. KENNZAHL-A bezeichnen.

Der Einfachheit halber gehen wir bei der nachfolgend dargestellten Problemlösungsbeschreibung davon aus, daß die Stammdatei nicht leer ist und daß zu jedem Stammdatensatz mindestens ein Bewegungsdatensatz vorliegt, d.h. jeder Vertreter hat mindestens einen Auftrag eingeholt.

Wir leiten die Beschreibung der Problemlösung durch die beiden folgenden Struktogramme ein:

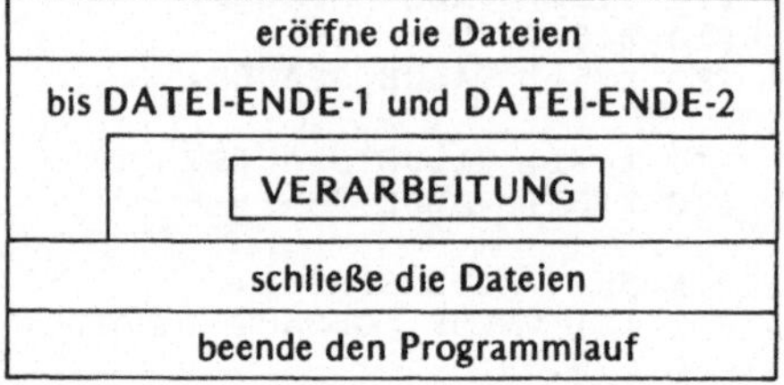

VERARBEITUNG

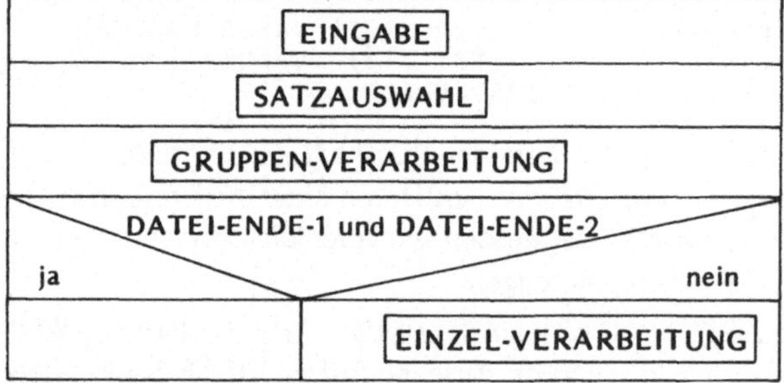

In der Prozedur EINGABE werden die angeforderten Datensätze aus den beiden Eingabe-Dateien in die zugehörigen Eingabe-Puffer VERTRETER-SATZ bzw. AUFTRAGS-SATZ übertragen.

In der Prozedur SATZAUSWAHL wird festgelegt, ob die Datenfeldinhalte eines Stamm- oder eines Bewegungsdatensatzes in die Druckliste auszugeben sind.

In der Prozedur GRUPPEN-VERARBEITUNG wird überprüft, ob bei den Bewegungsdatensätzen ein *Gruppenwechsel* vorliegt, d.h. ob sich der Ordnungsbegriff bzgl. der vorliegenden Sortierfolge (dies ist in unserem Fall die Vertreterkennzahl) geändert hat. Diese Situation liegt dann vor, wenn die Vertreterkennzahl des zuletzt eingelesenen Auftragssatzes bzgl. der Sortierfolge größer als die Kennzahl des unmittelbar zuvor eingelesenen Auftragssatzes ist, d.h. der neue Satz gehört zu einem anderen Vertreter.

Bei einem Gruppenwechsel müssen die Kopfzeilen mit den Datenfeldinhalten eines Stammsatzes in die Druckliste übertragen werden. Liegt dagegen kein Gruppenwechsel vor, so ist eine Postenzeile mit den Datenfeldinhalten eines Auftragssatzes auszugeben. Die Druck-Aufbereitung und die Durchführung der Druck-Ausgabe wird in der Prozedur EINZEL-VERARBEITUNG vorgenommen (s.u.).

Zur Steuerung der in den Prozeduren EINGABE, SATZAUSWAHL, GRUPPEN-VERARBEITUNG und EINZEL-VERARBEITUNG auszuführenden Aktionen verabreden wir in der WORKING-STORAGE SECTION sog. *Gruppierwörter*, die wie folgt strukturiert sind:

Status	Ordnungsbegriff	Rang

Der Stammdatei VERTRETER-DATEI ordnen wir das Datenfeld GRUPPIERWORT-1 und der Bewegungsdaten-Datei AUFTRAGS-DATEI das Feld GRUPPIERWORT-2 als Gruppierwort zu:

```
01  GRUPPIERWORT-1.
    02  STATUS-1               PIC 9 VALUE ZERO.
        88  SATZ-ZU-LESEN-1     VALUE ZERO.
        88  DATEI-ENDE-1        VALUE 2.
    02  ORDNUNGS-BEGRIFF-1     PIC 9(4).
    02  RANG-1                 PIC 9  VALUE 1.
01  GRUPPIERWORT-2.
    02  STATUS-2               PIC 9 VALUE ZERO.
        88  SATZ-ZU-LESEN-2     VALUE ZERO.
        88  DATEI-ENDE-2        VALUE 2.
    02  ORDNUNGS-BEGRIFF-2     PIC 9(4).
    02  RANG-2                 PIC 9  VALUE 2.
```

Für einen Vergleich, der nachfolgend innerhalb der Prozedur EINZEL-VERARBEITUNG durchzuführen ist, enthält das Feld RANG-1 die Kennung "1" und das Feld RANG-2 die Kennung "2". Durch den Wert 0 innerhalb eines Statusfeldes (beide Felder STATUS-1 und STATUS-2 sind mit dem Wert 0 vorbesetzt) wird angezeigt, daß beim Durchlaufen der Prozedur **EINGABE**, die durch das Struktogramm

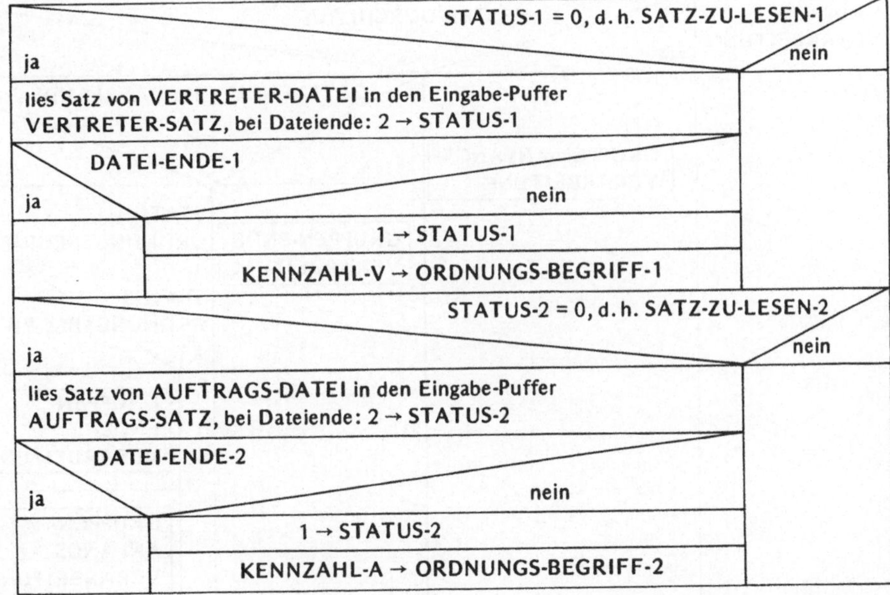

beschrieben ist, ein Datensatz aus der jeweiligen Eingabe-Datei eingelesen werden soll. Nach einem Dateizugriff wird in dem mit der Eingabe-Datei korrespondierenden Statusfeld festgehalten, ob der Zugriff erfolgreich war (Eintrag des Wertes 1) oder aber ob das Dateiende bereits erreicht war (Eintrag des Wertes 2). Bei erfolgreichem Zugriff wird in das Feld mit dem Ordnungsbegriff (ORDNUNGS-BEGRIFF-1 bzw. ORDNUNGS-BEGRIFF-2) der jeweils eingelesene Ordnungsbegriff, d.h. die Vertreterkennzahl aus einem Vertreter- bzw. einem Auftragssatz, eingetragen.

Nach Durchlaufen der Prozedur EINGABE muß für die (später auszuführende) Prozedur EINZEL-VERARBEITUNG festgelegt werden, ob Kopfzeilen oder eine Postenzeile auszudrucken ist. Dazu wird in der Prozedur **SATZAUSWAHL**, die durch das Struktorgramm

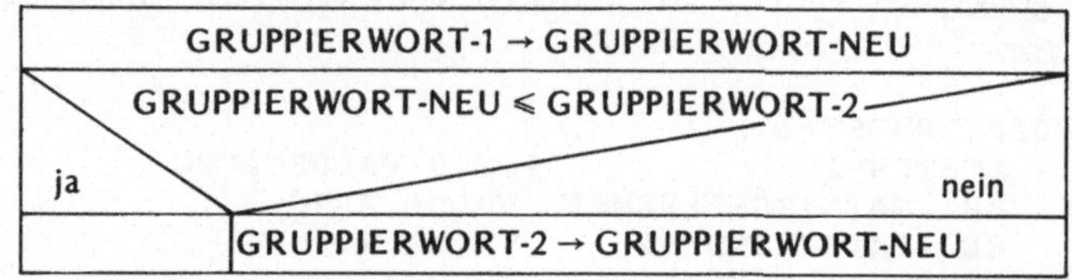

beschrieben ist, der in der Sortierordnung kleinere Inhalt von GRUPPIERWORT-1 und GRUPPIERWORT-2 ermittelt. Dieser Wert wird im Datenfeld GRUPPIERWORT-NEU abgespeichert, das durch den Eintrag

```
01  GRUPPIERWORT-NEU.
    02 STATUS-ORDNUNGSBEGRIFF-NEU.
       03  STATUS-NEU              PIC 9.
       03  ORDNUNGSBEGRIFF-NEU PIC 9(4).
    02  RANG-NEU                   PIC 9.
```

in der WORKING-STORAGE SECTION verabredet ist und dessen Inhalt in den Prozeduren GRUPPEN-VERARBEITUNG und EINZEL-VERARBEITUNG ausgewertet wird.

Ob ein Gruppenwechsel vorliegt, wird in der Prozedur **GRUPPEN-VERARBEITUNG**

GRUPPEN-VERARBEITUNG

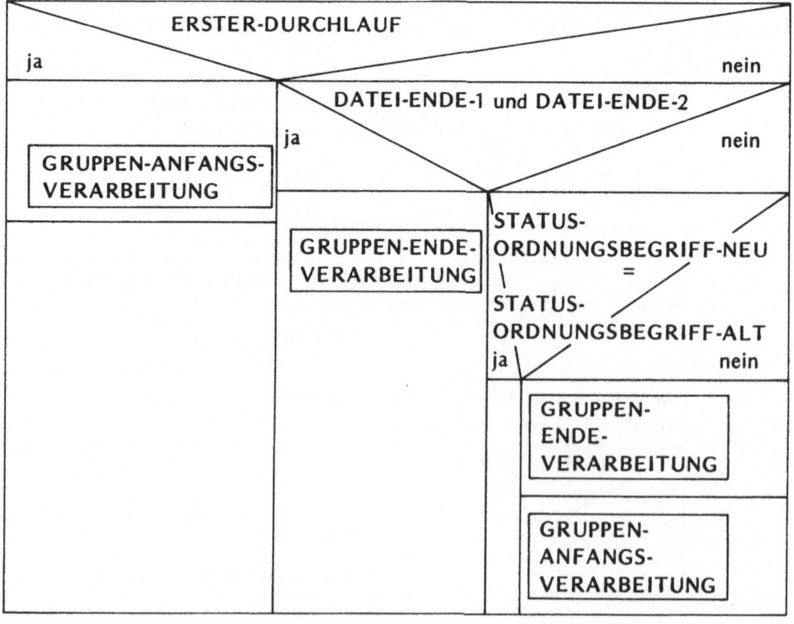

durch die Überprüfung der Bedingung

STATUS-ORDNUNGSBEGRIFF-NEU = STATUS-ORDNUNGSBEGRIFF-ALT

festgestellt.

Das Feld STATUS-ORDNUNGSBEGRIFF-ALT ist Bestandteil des durch die Definition

```
01  GRUPPIERWORT-ALT.
    02 STATUS-ORDNUNGSBEGRIFF-ALT.
        03  STATUS-ALT           PIC 9.
        03  ORDNUNGSBEGRIFF-ALT  PIC 9(4).
    02  RANG-ALT                 PIC 9.
```

verabredeten Datenfeldes GRUPPIERWORT-ALT. In diesem Feld wurde beim letzten Aufruf der Prozedur EINZEL-VERARBEITUNG (s. u.) der zu diesem Zeitpunkt aktuelle Inhalt von GRUPPIERWORT-NEU gesichert.

Bei einem Gruppenwechsel muß für den Vertreter, dessen Daten zuletzt verarbeitet wurden, der Gesamtumsatz und daran anschließend – zur Abgrenzung der aktuellen Tabelle von der Tabelle mit den Umsatzdaten des nächsten Vertreters – die Druckzeile mit dem Sternzeichen "*" ausgegeben werden (dies geschieht in der Prozedur GRUPPEN-ENDE-VERARBEITUNG). Anschließend ist für die Bearbeitung der Daten des nächsten Vertreters das Datenfeld, in dem die Umsätze aufaddiert werden, vereinbart durch

```
77  GESAMT-UMSATZ PIC 9(7)V99.
```

auf Null zu setzen (dies geschieht in der Prozedur GRUPPEN-ANFANGS-VERARBEITUNG).

Innerhalb der Prozedur GRUPPEN-VERARBEITUNG ist ferner zu berücksichtigen, daß beim Programmstart – die Bedingung "ERSTER-DURCHLAUF", deren Gültigkeit durch den Inhalt des durch

```
77  ERSTER-DURCHLAUF-FELD PIC 9 VALUE 1.
    88  ERSTER-DURCHLAUF VALUE 1.
```

definierten Feldes ERSTER-DURCHLAUF-FELD bestimmt wird, ist erfüllt – die Normierung des Umsatz-Datenfeldes auf Null erfolgt und daß beim Dateiende der Datei mit den Bewegungsdaten der Umsatz des zuletzt bearbeiteten Vertreters ausgedruckt wird.

Die innerhalb von GRUPPEN-VERARBEITUNG aufzurufenden Prozeduren geben wir daher durch die folgenden Struktogramme an:

GRUPPEN-ANFANGS-VERARBEITUNG

0 → GESAMT-UMSATZ

GRUPPEN-ENDE-VERARBEITUNG

AUSGABE-GESAMT-UMSATZ
schreibe den Inhalt von LISTE-SATZ von STERN-ZEILE nach einem Vorschub um 3 Zeilen

AUSGABE-GESAMT-UMSATZ

GESAMT-UMSATZ → GESAMT-UMSATZ-ED
schreibe den Inhalt von LISTE-SATZ von GESAMT-UMSATZ-ZEILE-1 aus nach einem Vorschub um 2 Zeilen
schreibe den Inhalt von LISTE-SATZ von GESAMT-UMSATZ-ZEILE-2 aus nach einem Vorschub um 1 Zeile
schreibe den Inhalt von LISTE-SATZ von GESAMT-UMSATZ-ZEILE-3 aus nach einem Vorschub um 1 Zeile

Die Druck-Ausgabe der Kopfzeilen mit den Vertreterdaten und der Postenzeilen mit den Auftragsdaten erfolgt in der Prozedur EINZEL-VERARBEITUNG:

EINZEL-VERARBEITUNG

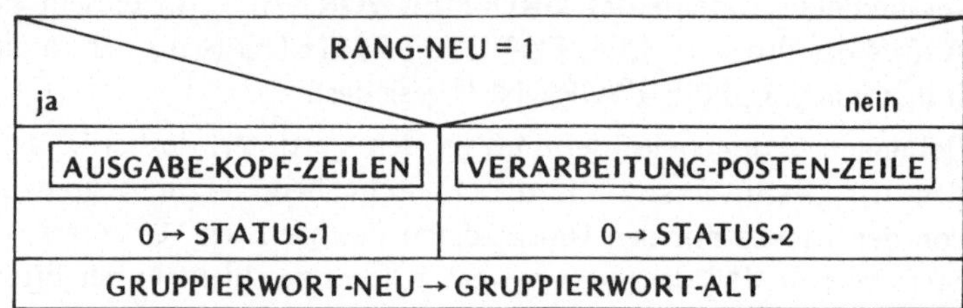

Welche Art von Druck-Ausgabe vorzunehmen ist, d.h. welche Satzart zu bearbeiten ist, wird durch den Rang des Datenfeldes GRUPPIERWORT-NEU bestimmt. Enthält das Rangfeld RANG-NEU den Wert 1, so sind die Kopfzeilen auszudrucken, und beim Wert 2 ist eine Postenzeile auszugeben. Bei der Ausgabe der Kopfzeilen sind – außer beim erstmaligen Durchlauf – vor der Zeile mit den Vertreterdaten 5 Leerzeilen zu erzeugen und vor der Ausgabe einer Postenzeile muß der Umsatz mit Hilfe des durch

```
77  UMSATZ PIC 9(6)V99.
```

vereinbarten Datenfeldes errechnet und zum bisherigen Umsatz hinzuaddiert werden. Somit stellen wir die auszuführenden Prozeduren AUSGABE-KOPF-ZEILEN und VERARBEITUNG-POSTEN-ZEILE durch die folgenden Struktogramme dar:

AUSGABE-KOPF-ZEILEN

VORNAME → VORNAME-ED	
NACHNAME → NACHNAME-ED	
KENNZAHL-V → KENNZAHL-ED	
ERSTER-DURCHLAUF	
ja	nein
0 → ERSTER-DURCHLAUF-FELD	schreibe den Inhalt von LISTE-SATZ von KOPF-ZEILE-1 aus nach einem Vorschub um 6 Zeilen
schreibe den Inhalt von LISTE-SATZ von KOPF-ZEILE-1 aus ohne einen Vorschub	
schreibe den Inhalt von LISTE-SATZ von KOPF-ZEILE-2 aus nach einem Vorschub um 1 Zeile	
schreibe den Inhalt von LISTE-SATZ von KOPF-ZEILE-3 aus nach einem Vorschub um 2 Zeilen	
schreibe den Inhalt von LISTE-SATZ von KOPF-ZEILE-4 aus nach einem Vorschub um 1 Zeile	

VERARBEITUNG-POSTEN-ZEILE

ARTIKEL-NUMMER → ARTIKEL-NUMMER-ED
STUECKZAHL → STUECKZAHL-ED
STUECKPREIS → STUECKPREIS-ED
STUECKZAHL * STUECKPREIS → UMSATZ
GESAMT-UMSATZ + UMSATZ → GESAMT-UMSATZ
UMSATZ → UMSATZ-ED
schreibe den Inhalt von LISTE-SATZ von POSTEN-ZEILE aus nach einem Vorschub um 1 Zeile

3.4 Das COBOL-Programm SORTVER

Auf der Basis der im Abschnitt 3.3 dargestellten Struktogramme entwickeln wir nachfolgend das zugehörige Programm **SORTVER**.

Aus technischen Gründen müssen wir dabei die Prozedur EINGABE weiter zergliedern. Da im Ja-Zweig der zum Bedingungsstrukturblock korrespondierenden IF-Anweisung kein Punkt "." zur Kennzeichnung des Anweisungsendes eingetragen werden darf, die READ-Anweisung (mit der AT END-Klausel) dagegen mit einem Punkt abgeschlossen werden muß, sind die beiden Strukturblöcke

lies Satz von VERTRETER-DATEI in den Eingabe-Puffer VERTRETER-SATZ, bei Dateiende: 2 → STATUS-1

und

lies Satz von AUFTRAGS-DATEI in den Eingabe-Puffer AUFTRAGS-SATZ, bei Dateiende: 2 → STATUS-2

in der Prozedur EINGABE durch die Strukturblöcke

LESEN-1

und

LESEN-2

zu ersetzen, wobei die beiden Prozeduren LESEN-1 und LESEN-2 folgendermaßen zu vereinbaren sind:

```
LESEN-1.
    READ VERTRETER-DATEI AT END MOVE 2 TO STATUS-1.
```

und

```
LESEN-2.
    READ AUFTRAGS-DATEI AT END MOVE 2 TO STATUS-2.
```

Die beiden Strukturblöcke

STUECKZAHL * STUECKPREIS → UMSATZ
GESAMT-UMSATZ + UMSATZ → GESAMT-UMSATZ

werden wir innerhalb der Prozedur VERARBEITUNG-POSTEN-ZEILE wie folgt umsetzen:

```
MULTIPLY STUECKZAHL BY STUECKPREIS GIVING UMSATZ
ADD UMSATZ TO GESAMT-UMSATZ
```

Zur Lösung unserer Aufgabenstellung (s. Abschnitt 3.3) geben wir das Programm SORTVER an:

```
IDENTIFICATION DIVISION.
PROGRAM-ID.
    SORTVER.
ENVIRONMENT DIVISION.
INPUT-OUTPUT SECTION.
FILE-CONTROL.
    SELECT VERTRETER-DATEI ASSIGN TO "B:STAMMS.VER"
           ORGANIZATION IS LINE SEQUENTIAL.
    SELECT AUFTRAGS-DATEI ASSIGN TO "B:AUFTRAGS.VER"
           ORGANIZATION IS LINE SEQUENTIAL.
    SELECT LISTE ASSIGN TO ":LP:".
DATA DIVISION.
FILE SECTION.
FD  VERTRETER-DATEI.
01  VERTRETER-SATZ.
    02  KENNZAHL-V PIC 9(4).
    02  NACHNAME   PIC X(20).
    02  VORNAME    PIC X(20).
    02  FILLER     PIC X(7).
FD  AUFTRAGS-DATEI.
01  AUFTRAGS-SATZ.
    02  ARTIKEL-NUMMER PIC 9(3).
    02  STUECKZAHL     PIC 9(3).
    02  STUECKPREIS    PIC 9(3)V99.
    02  FILLER         PIC X(3).
    02  KENNZAHL-A     PIC 9(4).
FD  LISTE.
01  LISTE-SATZ PIC X(132).
WORKING-STORAGE SECTION.
77  GESAMT-UMSATZ PIC 9(7)V99.
77  UMSATZ        PIC 9(6)V99.
01  KOPF-ZEILE-1.
    02  FILLER        PIC X(22)  VALUE "UMSATZ DES VERTRETERS ".
    02  VORNAME-ED    PIC X(20).
    02  FILLER        PIC X      VALUE SPACE.
    02  NACHNAME-ED   PIC X(20).
    02  FILLER        PIC X(19)  VALUE " MIT DER KENNZAHL: ".
    02  KENNZAHL-ED   PIC 9(4).
    02  FILLER        PIC X(46)  VALUE SPACES.
01  KOPF-ZEILE-2.
    02  FILLER PIC X(86) VALUE ALL "=".
    02  FILLER PIC X(46) VALUE SPACE.
01  KOPF-ZEILE-3.
    02  FILLER PIC X(4)  VALUE SPACES.
    02  FILLER PIC X(14) VALUE "ARTIKEL-NUMMER".
```

```
       02  FILLER PIC X(7)  VALUE SPACES.
       02  FILLER PIC X(10) VALUE "STUECKZAHL".
       02  FILLER PIC X(7)  VALUE SPACES.
       02  FILLER PIC X(11) VALUE "STUECKPREIS".
       02  FILLER PIC X(20) VALUE SPACES.
       02  FILLER PIC X(59) VALUE "UMSATZ".
   01  KOPF-ZEILE-4.
       02  FILLER PIC X(4)  VALUE SPACES.
       02  FILLER PIC X(14) VALUE ALL "-".
       02  FILLER PIC X(7)  VALUE SPACES.
       02  FILLER PIC X(10) VALUE ALL "-".
       02  FILLER PIC X(7)  VALUE SPACES.
       02  FILLER PIC X(11) VALUE ALL "-".
       02  FILLER PIC X(20) VALUE SPACES.
       02  FILLER PIC X(59) VALUE "------".
   01  POSTEN-ZEILE.
       02  FILLER            PIC X(10) VALUE SPACES.
       02  ARTIKEL-NUMMER-ED PIC ZZ9.
       02  FILLER            PIC X(15) VALUE SPACES.
       02  STUECKZAHL-ED     PIC ZZ9.
       02  FILLER            PIC X(13) VALUE SPACES.
       02  STUECKPREIS-ED    PIC ZZ9.99.
       02  FILLER            PIC X(21) VALUE SPACES.
       02  UMSATZ-ED         PIC Z(6)9.99.
       02  FILLER            PIC X(51) VALUE SPACES.
   01  GESAMT-UMSATZ-ZEILE-1.
       02  FILLER            PIC X(71) VALUE SPACES.
       02  FILLER            PIC X(61) VALUE "----------".
   01  GESAMT-UMSATZ-ZEILE-2.
       02  FILLER           PIC X(55) VALUE SPACES.
       02  FILLER           PIC X(16) VALUE "GESAMT-UMSATZ : ".
       02  GESAMT-UMSATZ-ED PIC Z(6)9.99.
       02  FILLER           PIC X(51) VALUE SPACES.
   01  GESAMT-UMSATZ-ZEILE-3.
       02  FILLER           PIC X(71) VALUE SPACES.
       02  FILLER           PIC X(61) VALUE "==========".
   01  STERN-ZEILE PIC X(132) VALUE ALL"*".
   01  GRUPPIERWORT-1.
       02  STATUS-1            PIC 9 VALUE ZERO.
           88  SATZ-ZU-LESEN-1  VALUE ZERO.
           88  DATEI-ENDE-1     VALUE 2.
       02  ORDNUNGSBEGRIFF-1   PIC 9(4).
       02  RANG-1              PIC 9 VALUE 1.
    01 GRUPPIERWORT-2.
       02  STATUS-2            PIC 9 VALUE ZERO.
           88  SATZ-ZU-LESEN-2  VALUE ZERO.
           88  DATEI-ENDE-2     VALUE 2.
       02  ORDNUNGSBEGRIFF-2   PIC 9(4).
       02  RANG-2              PIC 9 VALUE 2.
   01  GRUPPIERWORT-NEU.
       02  STATUS-ORDNUNGSBEGRIFF-NEU.
           03  STATUS-NEU             PIC 9.
           03  ORDNUNGSBEGRIFF-NEU    PIC 9(4).
       02  RANG-NEU                   PIC 9.
   01  GRUPPIERWORT-ALT.
       02  STATUS-ORDNUNGSBEGRIFF-ALT.
           03  STATUS-ALT             PIC 9.
           03  ORDNUNGSBEGRIFF-ALT    PIC 9(4).
       02  RANG-ALT                   PIC 9.
   77  ERSTER-DURCHLAUF-FELD PIC 9 VALUE 1.
       88  ERSTER-DURCHLAUF VALUE 1.
```

```
 PROCEDURE DIVISION.
 RAHMEN.
     OPEN INPUT VERTRETER-DATEI AUFTRAGS-DATEI OUTPUT LISTE
     PERFORM VERARBEITUNG UNTIL DATEI-ENDE-1 AND DATEI-ENDE-2
     CLOSE VERTRETER-DATEI AUFTRAGS-DATEI LISTE
     STOP RUN.
****************************************************************
 VERARBEITUNG.
     PERFORM EINGABE
     PERFORM SATZAUSWAHL
     PERFORM GRUPPEN-VERARBEITUNG
     IF DATEI-ENDE-1 AND DATEI-ENDE-2
         NEXT SENTENCE
     ELSE
         PERFORM EINZEL-VERARBEITUNG.
****************************************************************
 EINGABE.
     IF SATZ-ZU-LESEN-1
         PERFORM LESEN-1
         IF DATEI-ENDE-1
             NEXT SENTENCE
         ELSE
             MOVE 1 TO STATUS-1
             MOVE KENNZAHL-V TO ORDNUNGSBEGRIFF-1.
     IF SATZ-ZU-LESEN-2
         PERFORM LESEN-2
         IF DATEI-ENDE-2
             NEXT SENTENCE
         ELSE
             MOVE 1 TO STATUS-2
             MOVE KENNZAHL-A TO ORDNUNGSBEGRIFF-2.
 LESEN-1.
     READ VERTRETER-DATEI AT END MOVE 2 TO STATUS-1.
 LESEN-2.
     READ AUFTRAGS-DATEI AT END MOVE 2 TO STATUS-2.
****************************************************************
 SATZAUSWAHL.
     MOVE GRUPPIERWORT-1 TO GRUPPIERWORT-NEU
     IF GRUPPIERWORT-NEU NOT GREATER GRUPPIERWORT-2
         NEXT SENTENCE
     ELSE
         MOVE GRUPPIERWORT-2 TO GRUPPIERWORT-NEU.
****************************************************************
 GRUPPEN-VERARBEITUNG.
     IF ERSTER-DURCHLAUF
         PERFORM GRUPPEN-ANFANGS-VERARBEITUNG
     ELSE
         IF DATEI-ENDE-1 AND DATEI-ENDE-2
             PERFORM GRUPPEN-ENDE-VERARBEITUNG
         ELSE
             IF STATUS-ORDNUNGSBEGRIFF-NEU =
                                     STATUS-ORDNUNGSBEGRIFF-ALT
                 NEXT SENTENCE
             ELSE
                 PERFORM GRUPPEN-ENDE-VERARBEITUNG
                 PERFORM GRUPPEN-ANFANGS-VERARBEITUNG.
 GRUPPEN-ANFANGS-VERARBEITUNG.
     MOVE ZERO TO GESAMT-UMSATZ.
 GRUPPEN-ENDE-VERARBEITUNG.
     PERFORM AUSGABE-GESAMT-UMSATZ
     WRITE LISTE-SATZ FROM STERN-ZEILE AFTER ADVANCING 3 LINES.
****************************************************************
```

```
EINZEL-VERARBEITUNG.
    IF RANG-NEU = 1
        PERFORM AUSGABE-KOPF-ZEILEN
        MOVE ZERO TO STATUS-1
    ELSE
        PERFORM VERARBEITUNG-POSTEN-ZEILE
        MOVE ZERO TO STATUS-2.
    MOVE GRUPPIERWORT-NEU TO GRUPPIERWORT-ALT.
AUSGABE-GESAMT-UMSATZ.
    MOVE GESAMT-UMSATZ TO GESAMT-UMSATZ-ED
    WRITE LISTE-SATZ FROM GESAMT-UMSATZ-ZEILE-1
          AFTER ADVANCING 2 LINES
    WRITE LISTE-SATZ FROM GESAMT-UMSATZ-ZEILE-2
          AFTER ADVANCING 1 LINE
    WRITE LISTE-SATZ FROM GESAMT-UMSATZ-ZEILE-3
          AFTER ADVANCING 1 LINE.
VERARBEITUNG-POSTEN-ZEILE.
    MOVE ARTIKEL-NUMMER TO ARTIKEL-NUMMER-ED
    MOVE STUECKZAHL TO STUECKZAHL-ED
    MOVE STUECKPREIS TO STUECKPREIS-ED
    MULTIPLY STUECKZAHL BY STUECKPREIS GIVING UMSATZ
    ADD UMSATZ TO GESAMT-UMSATZ
    MOVE UMSATZ TO UMSATZ-ED
    WRITE LISTE-SATZ FROM POSTEN-ZEILE AFTER ADVANCING 1 LINE.
AUSGABE-KOPF-ZEILEN.
    MOVE VORNAME TO VORNAME-ED
    MOVE NACHNAME TO NACHNAME-ED
    MOVE KENNZAHL-V TO KENNZAHL-ED
    IF ERSTER-DURCHLAUF
        MOVE ZERO TO ERSTER-DURCHLAUF-FELD
        WRITE LISTE-SATZ FROM KOPF-ZEILE-1
              AFTER ADVANCING 0 LINES
     ELSE
        WRITE LISTE-SATZ FROM KOPF-ZEILE-1
              AFTER ADVANCING 6 LINES.
     WRITE LISTE-SATZ FROM KOPF-ZEILE-2 AFTER ADVANCING 1 LINE
     WRITE LISTE-SATZ FROM KOPF-ZEILE-3 AFTER ADVANCING 2 LINES
     WRITE LISTE-SATZ FROM KOPF-ZEILE-4 AFTER ADVANCING 1 LINE.
```

4 Datei-Verarbeitung

4.1 Sequentielle Datei-Organisation

4.1.1 Datei-Organisation und Zugriffs-Methode

In welcher Abfolge die Datensätze einer Disketten-Datei verarbeitet werden können, ist bestimmt einerseits durch

– die *Datei-Organisation,* d. h. die Beziehung zwischen der logischen Reihenfolge der Datensätze und der physischen Speicherung der Sätze auf der Diskette, und andererseits durch
– die *Zugriffs-Methode,* d. h. dem Verfahren, nach dem der Zugriff auf einen bestimmten Satz erfolgen kann.

Wird die physische Ablage der Datensätze gemäß der Abfolge der Records bei der Erstellung *hintereinander* vorgenommen – ohne daß zusätzliche Informationen über die Ablage der Records festgehalten werden (s. index-sequentielle Datei-Organisation im Abschnitt 4.2) – so spricht man von der *sequentiellen Datei-Organisation.*

Ist der Zugriff auf einen speziellen Record nur dann möglich, nachdem alle – bezogen auf die Reihenfolge bei der Datei-Erstellung – vor ihm liegenden Records eingelesen worden sind, so nennt man dies den *sequentiellen Zugriff.*

Die Angaben über Organisationsform und Zugriffs-Methode werden für jede Datei im Paragraphen FILE-CONTROL durch die **ORGANIZATION**- und die **ACCESS**-*Klausel* festgelegt, die hinter der SELECT- und der ASSIGN-Klausel in der folgenden Form eingetragen werden müssen:

```
SELECT dateiname ASSIGN TO gerätebezeichnung
ORGANIZATION IS SEQUENTIAL
ACCESS MODE IS SEQUENTIAL
```

Da für eine sequentiell organisierte Datei *nur* die sequentielle Zugriffs-Methode erlaubt ist, darf auf die Angabe der ACCESS-Klausel verzichtet werden. Auch die ORGANIZATION-Klausel braucht nicht aufgeführt zu werden, da der Kompilierer beim Fehlen dieser Klausel standardmäßig die sequentielle Datei-Organisation unterstellt.

Somit ist etwa die ausführliche Vereinbarung im Paragraphen FILE-CONTROL

```
SELECT VERTRETER-DATEI-SEQ ASSIGN TO "B:STAMM.SEQ"
ORGANIZATION IS SEQUENTIAL
ACCESS MODE IS SEQUENTIAL.
```

mit der folgenden Kurzform äquivalent:

```
SELECT VERTRETER-DATEI-SEQ ASSIGN TO "B:STAMM.SEQ".
```

Bei den von uns vorgenommenen Eintragungen im Paragraphen FILE-CONTROL haben wir auf eine derartige Kurzform nicht zurückgreifen können – vielmehr haben wir die SELECT- und ASSIGN-Klauseln um die Eintragung

```
ORGANIZATION IS LINE SEQUENTIAL
```

ergänzt (s. Abschnitt 1.1.12).

4.1.2 Zeilen-sequentielle Dateien

Bei der Einrichtung von Disketten-Dateien haben wir nämlich eine Sonderform der sequentiellen Datei-Organisation verwendet, damit die Disketten-Dateien auch von Dienstprogrammen des Betriebssystems – etwa dem Editierprogramm oder dem durch das Kommando TYPE abgerufenen Programm zur Ausgabe des Inhalts einer Disketten-Datei – verarbeitet werden können. Bei dieser Organisationsform handelt es sich um die *zeilen-sequentielle Organisation,* bei der je zwei Records bei der physischen Ablage auf der Diskette durch die Sonderzeichen "CR" und "LF" (als Symbole für "Wagenrücklauf" und "Zeilenvorschub", vgl. Abschnitt 1.3.5) voneinander getrennt werden.[1]

Im Gegensatz zur sequentiellen Organisation, bei der nur Sätze *gleicher* Länge verarbeitet werden können, darf man bei der zeilen-sequentiellen Organisation auch Sätze *verschiedener* Länge verarbeiten.

Dazu kann man – etwa bei der Datei-Erstellung – einerseits mehrere Datensatz-Beschreibungen im FD-Eintrag festlegen, z. B.

```
FD  TEST-DATEI-AUSGABE.
01  TEST-SATZ-1 PIC X(20).
01  TEST-SATZ-2 PIC X(11).
```

und dann in der PROCEDURE DIVISION die Anweisungen

```
MOVE "LANGER-SATZ:XXXXXXXX" TO TEST-SATZ-1
WRITE TEST-SATZ-1
MOVE "KURZER-SATZ" TO TEST-SATZ-2
WRITE TEST-SATZ-2
```

[1] Bei zeilen-sequentiell organisierten Disketten-Dateien werden bei der Ausgabe auf die Diskette sämtliche Leerzeichen am Satzende entfernt. Bei der Eingabe in den Hauptspeicher wird jeder Satz, dessen Satzlänge kleiner als der vereinbarte Eingabe-Puffer ist, am Satzende mit Leerzeichen aufgefüllt.

Die Trennzeichen "CR" und "LF" werden vom Betriebssystem verwaltet und treten gegenüber dem Anwender nicht in Erscheinung. Pro Satz dürfen in einer zeilen-sequentiell organisierten Datei bis zu 1024 Zeichen abgespeichert werden.

ausführen lassen, oder aber den Ausgabe-Puffer als Tabelle – mit einer variablen Anzahl von Tabellenelementen – einrichten, etwa durch

```
FD  TEST-DATEI-AUSGABE.
01  TEST-SATZ.
    02  T PIC X OCCURS 11 TO 20 TIMES DEPENDING ON T-LAENGE.
```

und dann in der PROCEDURE DIVISION folgende Anweisungen kodieren:

```
MOVE 20 TO T-LAENGE
MOVE "LANGER-SATZ:XXXXXXXX" TO TEST-SATZ
WRITE TEST-SATZ
MOVE 11 TO T-LAENGE
MOVE "KURZER-SATZ" TO TEST-SATZ
WRITE TEST-SATZ
```

wobei das Datenfeld T-LAENGE, das die aktuelle (logische) Länge des Felds TEST-SATZ festlegt, etwa durch

```
77  T-LAENGE PIC 99.
```

in der WORKING-STORAGE SECTION vereinbart ist.

Jede zeilen-sequentiell organisierte Datei *muß* im COBOL-Programm durch die ORGANIZATION-*Klausel*

ORGANIZATION IS LINE SEQUENTIAL

vereinbart werden. Diese Angabe erübrigt ebenfalls die explizite Aufführung einer ACCESS-Klausel.

So haben wir z. B. in den Programmen DRUCK und DRUCKNEU den Eintrag

```
FILE-CONTROL.
    SELECT VERTRETER-DATEI ASSIGN TO "B:STAMM.VER"
    ORGANIZATION IS LINE SEQUENTIAL.
```

in der INPUT-OUTPUT SECTION vorgenommen (vgl. Abschnitt 1.1.12).

4.1.3 Bearbeitung sequentieller Dateien

Eine sequentiell bzw. zeilen-sequentiell organisierte Disketten-Datei kann bearbeitet werden als

– *Ausgabe-Datei,* d. h. sie muß zum Schreiben eröffnet werden, und als
– *Eingabe-Datei,* d. h. sie muß zum Lesen eröffnet werden.

Im folgenden stellen wir die für die jeweilige Bearbeitungsform möglichen COBOL-Anweisungen zusammen:

Bearbeitung als Eingabe-Datei:

COBOL-Anweisung	Bedeutung
OPEN INPUT dateiname ...	Eröffnen zur Eingabe
READ dateiname RECORD [INTO bezeichner] AT END unb-anw-1 [unb-anw-2] ...	Einlesen des nächsten Records – beim Erreichen des Dateiendes werden die Anweisungen der AT END-Klausel ausgeführt
CLOSE dateiname ...[2]	Abschließen der Verarbeitung

Bearbeitung als Ausgabe-Datei:

COBOL-Anweisung	Bedeutung
OPEN OUTPUT dateiname ... [3]	Eröffnen zur Ausgabe
OPEN EXTEND dateiname ...	Eröffnen zur Verlängerung
WRITE datensatzname [FROM bezeichner]	Schreiben (Hinzufügen) des Records "datensatzname"
CLOSE dateiname ... [2]	Abschließen der Verarbeitung

Bei zeilen-sequentiell organisierten Disketten-Dateien kann man alte Datensätze *nicht* durch neue Sätze überschreiben.

Dagegen ist es für eine sequentiell organisierte Disketten-Datei zulässig, alte Records durch neue Records mit *gleicher* Satzlänge zu ersetzen. Dazu muß man die Datei als *Update-Datei* verarbeiten und sie durch eine OPEN-Anweisung der Form

```
OPEN I-O dateiname
```

zur Ein-/Ausgabe eröffnen. Um einen alten durch einen neuen Satz zu ersetzen, muß zunächst der alte Satz durch eine READ-Anweisung eingelesen, innerhalb des Ein-/Ausgabe-Puffers verändert und dann durch eine **REWRITE**-*Anweisung* der Form

```
REWRITE datensatzname [FROM bezeichner]
```

zurückgeschrieben werden. Danach nimmt der Record "datensatzname" auf der Diskette die Position des alten Datensatzes ein.

---

2 Durch die Klausel "WITH LOCK", die hinter dem Dateinamen anzugeben ist, kann man festlegen, daß die Datei nach der Ausführung der CLOSE-Anweisung nicht mehr eröffnet werden kann.

3 Beim Eröffnen zur Ausgabe wird eine auf der Diskette vorhandene Datei gleichen Namens gelöscht.

Wir fassen zusammen:

Bearbeitung einer sequentiellen Datei als Update-Datei:	
COBOL-Anweisung	Bedeutung
OPEN I-O dateiname ...	Eröffnen als Update-Datei
READ dateiname RECORD [INTO bezeichner] AT END unb-anw-1 [unb-anw-2] ...	Einlesen des nächsen Records – beim Erreichen des Dateiendes werden die Anweisungen der AT END-Klausel ausgeführt
REWRITE datensatzname [FROM bezeichner]	Ersetzen des alten Records, der durch die vorausgehende READ-Anweisung eingelesen wurde
CLOSE dateiname ...[4]	Abschließen der Verarbeitung

4.1.4 FILE STATUS-Klausel

Da bei der Verarbeitung von Dateien im Hinblick auf die Logik des Programmablaufs und auch bei den Disketten-Zugriffen Fehler auftreten können, ist es wünschenswert, sich nach einem Datei-Zugriff darüber informieren zu können, ob die Anweisung erfolgreich ausgeführt oder ob die Ausführung mit einem Fehler beendet wurde.

In dieser Hinsicht haben wir bei der READ-Anweisung bislang die AT END-Klausel in der Form

```
READ dateiname RECORD [FROM bezeichner] AT END unb-anw-1 [unb-anw-2] ...
```

eingesetzt. Die in dieser Klausel eingetragenen unbedingten Anweisungen werden dann ausgeführt, wenn das Ende der Eingabe- bzw. der Update-Datei "dateiname" erreicht worden ist.

Für Fehler, die etwa bei der Datei-Eröffnung oder beim Schreiben eines Satzes auf die Diskette auftreten können, gibt es keine eigenen Klauseln in den Anweisungen OPEN und WRITE. Man kann sich aber auf eine andere Weise über den Erfolg bzw. Mißerfolg nach der Ausführung einer solchen Operation informieren.

In COBOL gibt es die Möglichkeit, einer Datei ein *Status-Feld* zuzuordnen. Dieses Feld muß im Paragraphen FILE-CONTROL am Ende eines durch die SELECT-Klausel eingeleiteten Eintrags in einer **FILE STATUS-*Klausel*** der Form

```
FILE STATUS IS bezeichner
```

aufgeführt werden. Das Status-Feld "bezeichner" ist als ein zwei Zeichen langes alphanumerisches Datenfeld innerhalb der WORKING-STORAGE SECTION zu vereinbaren.

---

4 Durch die Klausel "WITH LOCK", die hinter dem Dateinamen anzugeben ist, kann man festlegen, daß die Datei nach der Ausführung der CLOSE-Anweisung nicht mehr eröffnet werden kann.

Nach der Eröffnung einer Datei bzw. einem Datei-Zugriff wird dieses Feld vom Betriebssystem in der folgenden Weise mit Status-Informationen gefüllt:

linkes Byte	rechtes Byte	Kennzeichnung
0	0	erfolgreiche Ausführung
1	0	Dateiende ist erreicht (AT END-Bedingung)
3	0	Fehler bei der Datenübertragung, z. B. Speicherplatz auf der Diskette ist erschöpft
9	Fehlerkode[5]	sonstiger Fehler, z. B. zu eröffnende Eingabe- bzw. Update-Datei existiert nicht

Der Inhalt des Status-Felds sollte nach jedem Datei-Zugriff abgeprüft werden, damit im Fehlerfall unmittelbar und gezielt innerhalb des Programms reagiert werden kann.

4.2 Index-sequentielle Datei-Organisation

4.2.1 Zugriffs-Methoden

Ein entscheidender Nachteil der sequentiellen Datei-Organisation besteht darin, daß der Zugriff auf einen speziellen Satz nur über das zusätzliche Einlesen aller vor ihm abgespeicherten Records möglich ist. Will man bei speziellen Anwendungen (aus Gründen der Zeitersparnis!) auf einen beliebigen Record *direkt* zugreifen können, so empfiehlt es sich, die *index-sequentielle Organisationsform* zu wählen.[6]

Als Basis für diese Datei-Organisation muß jedem Record ein *eindeutiger Satz-Schlüssel* (als Ordnungsbegriff) zugeordnet sein, der in einem alphanumerischen Datenfeld bzw. in einer Datengruppe innerhalb des Records abgespeichert ist.[7] Darüberhinaus darf man zusätzlich auch Zugriffsmöglichkeiten über weitere, u. U. auch mehrdeutige Satz-Schlüssel zulassen (s. dazu die Ausführungen im Abschnitt 4.2.10).

Bei der Einrichtung einer index-sequentiell organisierten Datei wird vom Betriebssystem eine interne Schlüssel-Tabelle (Index) angelegt, in der für jeden Datensatz der Satz-Schlüssel sowie die Adresse seines Speicherplatzes auf der Diskette eingetragen wird.[8]

Während man bei der sequentiellen Datei-Organisation (bzw. bei der zeilen-sequentiellen Organisation) nur sequentiell auf die abgespeicherten Sätze zugreifen kann, gibt es bei der index-sequentiellen Organisation drei mögliche Zugriffs-Methoden:

– den *sequentiellen Zugriff* (SEQUENTIAL), d. h. der Zugriff erfolgt bzgl. der durch die Sortierordnung des Satz-Schlüssels festgelegten Reihenfolge,

---

5 "Fehlerkode" ist ein Betriebssystem-Fehlerschlüssel (s. Anhang A.6).

6 Als weitere Organisationsform steht die *relative* Datei-Organisation zur Verfügung, bei der jeder Satz durch eine Positionsnummer bestimmt ist, welche die relative Lage eines Satzes zum Dateianfang angibt.

7 Die maximal erlaubte Länge eines Satz-Schlüssels ist systemabhängig und auf höchstens 127 Zeichen begrenzt.

8 Die Schlüssel-Tabelle kann höchstens 65535 Einträge aufnehmen.

– den *Random-Zugriff* (RANDOM), d. h. es ist ein gezielter Zugriff auf einzelne Sätze über den Satz-Schlüssel möglich, und
– den *dynamischen Zugriff* (DYNAMIC), d. h. es ist sowohl der sequentielle als auch der Random-Zugriff erlaubt.

Die Festlegung der Zugriffs-Methode geschieht zusammen mit der Angabe der Organisationsform "index-sequentiell" durch die Eintragung

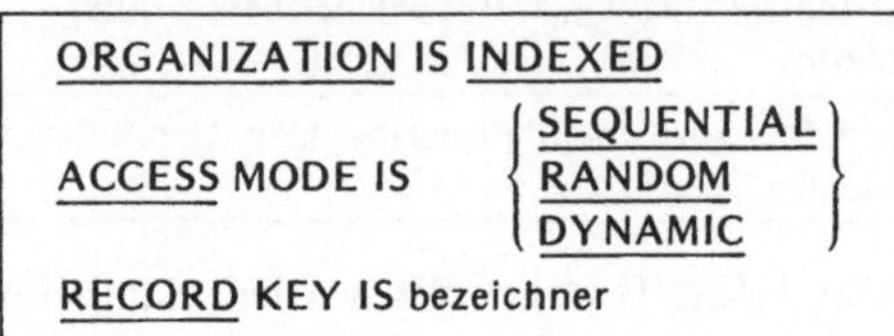
ORGANIZATION IS INDEXED
ACCESS MODE IS { SEQUENTIAL | RANDOM | DYNAMIC }
RECORD KEY IS bezeichner

als Ergänzung der SELECT- und ASSIGN-Klauseln innerhalb des Paragraphen FILE-CONTROL.

Durch die am Ende dieses Eintrags aufgeführte **RECORD**-*Klausel* wird das Datenfeld "bezeichner" als *Schlüssel-Feld* vereinbart.

Diesem Feld muß vor einem Datei-Zugriff der Schlüssel desjenigen Satzes zugewiesen werden, der verarbeitet werden soll.

Das Schlüssel-Feld muß alphanumerisch oder als Datengruppe innerhalb der Datensatz-Beschreibung deklariert sein, welche die Record-Struktur der index-sequentiell organisierten Datei beschreibt.

Wollen wir etwa unsere Vertreterdaten in einer index-sequentiell organisierten Disketten-Datei mit dem COBOL-Dateinamen VERTRETER-DATEI und dem Disketten-Dateinamen STAMMIS.VER auf dem Laufwerk B durch Ausführung von sequentiellen Zugriffen abspeichern, so vereinbaren wir:[9]

```
FILE-CONTROL.
    SELECT VERTRETER-DATEI ASSIGN TO "B:STAMMIS.VER"
    ORGANIZATION IS INDEXED
    ACCESS MODE IS SEQUENTIAL
    RECORD KEY IS KENNZAHL.
```

Dabei benennt KENNZAHL das Datenfeld innerhalb der zu VERTRETER-DATEI gehörenden Datensatz-Beschreibung, das als Schlüssel-Feld für den Datei-Zugriff verwendet werden soll.

4.2.2 Der sequentielle Zugriff

Mit der sequentiellen Zugriffs-Methode kann eine index-sequentiell organisierte Datei als Ausgabe-, Eingabe- oder Update-Datei verarbeitet werden.

---

[9] Auf der Diskette im Laufwerk B werden zwei Dateien angelegt. In die Datei "STAMMIS.VER" werden die Datensätze eingetragen, und in die Datei "STAMMIS.IDX" wird der Inhalt der zugehörigen Schlüssel-Tabelle mit den Satz-Schlüsseln und den zugeordneten Disketten-Adressen abgespeichert. Generell wird der Name für die Datei mit den Satz-Schlüsseln aus dem vorgegebenen Grundnamen und der Ergänzung "IDX" gebildet.

Um eine index-sequentielle Datei mit dem sequentiellen Zugriff zu erstellen, muß man sie als Ausgabe-Datei eröffnen.

Bearbeitung als Ausgabe-Datei (sequentieller Zugriff):

COBOL-Anweisung	Bedeutung
OPEN OUTPUT dateiname ...[10]	Eröffnen zur Ausgabe
WRITE datensatzname [FROM bezeichner] INVALID KEY unb-anw-1 [unb-anw-2] ...	Schreiben (Hinzufügen) des Records "datensatzname", zur INVALID KEY-Klausel s. u.
CLOSE dateiname ...[11]	Abschließen der Verarbeitung

Bei der Einrichtung einer index-sequentiell organisierten Datei müssen die Records stets in *aufsteigender* Schlüssel-Sortierfolge in die Datei eingetragen werden. Wird diese Sortierfolge unterbrochen bzw. kommt ein Satz-Schlüssel doppelt vor, so werden die in der INVALID KEY-Klausel kodierten unbedingten Anweisungen ausgeführt. Diese Anweisungen werden auch dann durchlaufen, wenn auf der Diskette kein weiterer Speicherbereich mehr vorhanden ist, so daß der Satz nicht mehr in die Disketten-Datei übertragen werden kann.

Bearbeitung als Eingabe-Datei (sequentieller Zugriff):

COBOL-Anweisung	Bedeutung
OPEN INPUT dateiname ...	Eröffnen zur Eingabe
START dateiname [KEY IS {EQUAL TO / GREATER THAN / NOT LESS THAN} bezeichner] INVALID KEY unb-anw-1 [unb-anw-2] ...	Positionieren auf den Record, dessen Satz-Schlüssel durch die Angaben in der KEY-Klausel bestimmt ist – ist zu diesem Schlüssel kein Satz vorhanden, so wird die INVALID KEY-Klausel ausgewertet.
READ dateiname RECORD [INTO bezeichner] AT END unb-anw-1 [unb-anw-2] ...	Einlesen des nächsten Records – beim Erreichen des Dateiendes werden die Anweisungen der AT END-Klausel ausgeführt.
CLOSE dateiname ...	Abschließen der Verarbeitung

Durch die Angabe der KEY-Klausel – das Feld "bezeichner" muß ein durch die RECORD-Klausel vereinbartes Schlüssel-Feld sein – wird bei der Ausführung einer START-Anweisung auf den Record positioniert, dessen Satz-Schlüssel[12]

EQUAL TO: gleich dem Inhalt des Datenfelds "bezeichner" ist,

GREATER THAN: mit dem nächst größeren Schlüssel übereinstimmt, d. h. mit dem in der Sortierfolge-Ordnung kleinsten Schlüssel, der *größer* als der Inhalt des Datenfelds "bezeichner" ist oder

---

[10] Beim "OPEN OUTPUT" wird eine auf der Diskette vorhandene Datei gleichen Namens gelöscht. Es können somit keine Sätze zu einer bestehenden Datei hinzugefügt werden.

[11] Beim Abschließen einer index-sequentiell organisierten Datei kann man durch die Angabe der Klausel "WITH LOCK" hinter dem Dateinamen festlegen, daß die Datei nach der Ausführung der CLOSE-Anweisung nicht mehr eröffnet werden kann.

[12] "EQUAL TO" darf durch "=", "GREATER THAN" durch ">" und "NOT LESS THAN" durch "NOT <" abgekürzt werden.

NOT LESS THAN: gleich dem angegebenen oder nächst größeren Schlüssel ist, d. h. gleich dem (in der Sortierfolge-Ordnung) kleinsten Schlüssel, der *größer* oder *gleich* dem Inhalt des Datenfelds "bezeichner" ist.

Ohne Angabe der KEY-Klausel wird auf den Satz positioniert, dessen Satz-Schlüssel gleich dem Inhalt des in der RECORD-Klausel angegebenen Schlüssel-Felds ist.

Bei der Ausführung der ersten READ-Anweisung wird stets der erste, d. h. der Record mit dem in der Sortierfolge-Ordnung kleinsten Satz-Schlüssel gelesen – es sei denn, daß durch eine vorausgehende START-Anweisung auf einen anderen Record positioniert wurde. Durch jede nachfolgende READ-Anweisung wird immer der jeweils nächste Record eingelesen, d. h. der Record mit dem in der Sortierfolge-Ordnung nächstgrößeren Satz-Schlüssel.

Grundsätzlich darf man auch vor der Ausführung jeder weiteren READ-Anweisung mit einer START-Anweisung auf jeden Datensatz der Datei positionieren. Der so eingestellte Satz wird dann durch die nächste READ-Anweisung in den Eingabe-Puffer übertragen.

Sollen bei einer index-sequentiell organisierten Datei einzelne Records (logisch) gelöscht oder durch neue Records (mit jeweils demselben Satz-Schlüssel) ersetzt (überschrieben) werden, so muß man die Datei als Update-Datei eröffnen.[13]

Bearbeitung als Update-Datei (sequentieller Zugriff):

COBOL-Anweisung	Bedeutung
OPEN I-0 dateiname ...	Eröffnen als Update-Datei
START dateiname [KEY IS { = / > / NOT < } bezeichner][14] INVALID KEY unb-anw-1 [unb-anw-2] ...	Positionieren auf den Record, dessen Satz-Schlüssel durch die Angaben in der KEY-Klausel bestimmt ist – ist zu diesem Schlüssel kein Satz vorhanden, so wird die INVALID KEY-Klausel ausgewertet
READ dateiname RECORD [INTO bezeichner] AT END unb-anw-1 [unb-anw-2] ...	Einlesen des in der Schlüsselfolge nächsten Records – beim Erreichen des Dateiendes werden die Anweisungen der AT END-Klausel ausgeführt
REWRITE datensatzname [FROM bezeichner] INVALID KEY unb-anw-1 [unb-anw-2] ...	Ersetzen des Records, der durch die vorausgehende READ-Anweisung eingelesen wurde durch "datensatzname" (gleiche Satzlänge!); bei ungleicher Satzlänge oder falls der Schlüssel des neuen Records nicht mit dem alten Schlüssel übereinstimmt, wird die INVALID KEY-Klausel ausgewertet
DELETE dateiname RECORD	"logisches" Löschen des Records, der durch die vorausgehende READ-Anweisung eingelesen wurde
CLOSE dateiname ...	Abschließen der Verarbeitung

[13] Ein Hinzufügen neuer Sätze – das sind Sätze mit einem Satz-Schlüssel, der noch nicht vorhanden ist – zu einer bestehenden index-sequentiellen Datei ist im sequentiellen Zugriff nicht möglich (weder bei "OPEN I-0" noch bei "OPEN OUTPUT").

[14] Fehlt bei einer START-Anweisung die KEY-Klausel, so wird auf den Satz positioniert, dessen Satz-Schlüssel gleich dem Inhalt des in der RECORD-Klausel angegebenen Schlüssel-Felds ist.

Als Anwendungsbeispiel für den sequentiellen Zugriff auf eine index-sequentiell organisierte Datei geben wir ein Programm an, mit dem wir die nach der Vertreterkennzahl aufsteigend sortierten Vertreterdatensätze aus der sequentiellen Datei STAMMS.VER (vgl. 3.1) in eine index-sequentielle Datei namens STAMMIS.VER übertragen können:

```
IDENTIFICATION DIVISION.
PROGRAM-ID.
    IGENER.
ENVIRONMENT DIVISION.
INPUT-OUTPUT SECTION.
FILE-CONTROL.
    SELECT VERTRETER-DATEI-S ASSIGN TO "B:STAMMS.VER"
    ORGANIZATION IS LINE SEQUENTIAL.
    SELECT VERTRETER-DATEI-I ASSIGN TO "B:STAMMIS.VER"
    ORGANIZATION IS INDEXED
    ACCESS MODE IS SEQUENTIAL
    RECORD KEY IS KENNZAHL
    FILE STATUS IS FILE-STATUS-FELD.
DATA DIVISION.
FILE SECTION.
FD  VERTRETER-DATEI-S.
01  VERTRETER-SATZ-S PIC X(51).
FD  VERTRETER-DATEI-I.
01  VERTRETER-SATZ-I.
    02  KENNZAHL PIC X(4).  [15]
    02  FILLER   PIC X(47).
WORKING-STORAGE SECTION.
77  DATEI-ENDE-FELD PIC 9 VALUE ZERO.
    88  DATEI-ENDE VALUE 1.
77  FEHLER-FELD PIC 9 VALUE ZERO.
    88  FEHLER VALUE 1.              [16]
77  FILE-STATUS-FELD PIC XX.
    88  SORTIER-FEHLER VALUE "21".
    88  SATZ-DOPPELT   VALUE "22".
    88  DISKETTE-VOLL  VALUE "24".
PROCEDURE DIVISION.
RAHMEN.
    OPEN INPUT VERTRETER-DATEI-S OUTPUT VERTRETER-DATEI-I
    READ VERTRETER-DATEI-S AT END MOVE 1 TO DATEI-ENDE-FELD.
    PERFORM VERARBEITUNG UNTIL DATEI-ENDE OR FEHLER
    CLOSE VERTRETER-DATEI-S VERTRETER-DATEI-I
    STOP RUN.
VERARBEITUNG.
    WRITE VERTRETER-SATZ-I FROM VERTRETER-SATZ-S
        INVALID KEY PERFORM FEHLER-BEHANDLUNG.
    IF NOT FEHLER
        READ VERTRETER-DATEI-S AT END MOVE 1 TO DATEI-ENDE-FELD.
FEHLER-BEHANDLUNG.
    IF SORTIER-FEHLER
       DISPLAY "SORTIER-FEHLER" UPON CONSOLE
    ELSE
       IF SATZ-DOPPELT
          DISPLAY "SATZ DOPPELT" UPON CONSOLE
       ELSE
          IF DISKETTE-VOLL
             DISPLAY "DISKETTE VOLL" UPON CONSOLE.
    MOVE 1 TO FEHLER-FELD.
```

[15] Da das Datenfeld mit dem Satz-Schlüssel alphanumerisch oder eine Datengruppe sein muß, wird das Feld KENNZAHL nun durch die PICTURE-Klausel "PIC X(4)" definiert.

[16] Zur Bedeutung des möglichen Inhalts von FILE-STATUS-FELD, dem der Datei VERTRETER-DATEI-I zugeordneten Status-Feld, s. Abschnitt 4.2.7.

4.2.3 Aufgabe

Die Auftragsnummer ist zusammen mit der Vertreterkennzahl ein eindeutiger Satz-Schlüssel für einen Auftragssatz der Datei AUFTRAG.VER (s. Aufgabe 1.2.10).
Man schreibe ein Programm, das die Datensätze in eine index-sequentiell organisierte Disketten-Datei namens AUFTRAGI.VER überträgt.

4.2.4 Der Random-Zugriff

Beim Random-Zugriff lassen sich index-sequentiell organisierte Dateien wie folgt bearbeiten:

Bearbeitung als Ausgabe-Datei (Random-Zugriff):

COBOL-Anweisung	Bedeutung
OPEN OUTPUT dateiname ...[17]	Eröffnen zur Ausgabe
WRITE datensatzname [FROM bezeichner] INVALID KEY unb-anw-1 [unb-anw-2] ...	Schreiben (Hinzufügen) des Records "datensatzname" – ist bereits ein Record mit dem im Schlüssel-Feld enthaltenen Schlüssel in der Datei vorhanden oder ist der Speicherplatz erschöpft, so werden die Anweisungen der INVALID KEY-Klausel ausgewertet
CLOSE dateiname ...	Abschließen der Verarbeitung

Wird eine index-sequentielle Datei im Random-Zugriff durch "OPEN OUTPUT" eingerichtet, so brauchen die Datensätze nicht – wie beim sequentiellen Zugriff erforderlich – in aufsteigender Schlüssel-Sortierfolge ausgegeben werden.

Bearbeitung als Eingabe-Datei (Random-Zugriff):

COBOL-Anweisung	Bedeutung
OPEN INPUT dateiname ...	Eröffnen zur Eingabe
READ dateiname RECORD [INTO bezeichner] INVALID KEY unb-anw-1 [unb-anw-2] ...	Einlesen des Records, dessen Schlüssel sich im Schlüssel-Feld befindet – ist kein Record mit diesem Schlüssel in der Datei vorhanden, so werden die Anweisungen der INVALID KEY-Klausel ausgeführt
CLOSE dateiname ...	Abschließen der Verarbeitung

[17] Beim "OPEN OUTPUT" wird eine auf der Diskette vorhandene Datei gleichen Namens gelöscht.

Bearbeitung als Update-Datei (Random-Zugriff):

COBOL-Anweisung	Bedeutung
OPEN I-0 dateiname ...	Eröffnen als Update-Datei
READ dateiname RECORD [INTO bezeichner] INVALID KEY unb-anw-1 [unb-anw-2] ...	Einlesen des Records, dessen Schlüssel sich im Schlüssel-Feld befindet – ist kein Record mit diesem Schlüssel in der Datei vorhanden, so werden die Anweisungen der INVALID KEY-Klausel ausgeführt
WRITE datensatzname [FROM bezeichner] INVALID KEY unb-anw-1 [unb-anw-2] ...	Schreiben (Hinzufügen) des Records "datensatzname" – ist bereits ein Record mit dem im Schlüssel-Feld enthaltenen Schlüssel in der Datei vorhanden oder ist der Speicherplatz erschöpft, so werden die Anweisungen der INVALID KEY-Klausel ausgeführt
REWRITE datensatzname [FROM bezeichner] INVALID KEY unb-anw-1 [unb-anw-2] ...	Ersetzen des Records, der durch den Schlüssel im Schlüssel-Feld gekennzeichnet ist durch "datensatzname" (gleiche Satzlänge!) – bei ungleicher Satzlänge oder falls unter diesem Schlüssel kein Satz in der Datei vorhanden ist, so werden die Anweisungen der INVALID KEY-Klausel ausgewertet
DELETE dateiname RECORD INVALID KEY unb-anw-1 [unb-anw-2] ...	"logisches" Löschen des Records, der durch den Schlüssel im Schlüssel-Feld gekennzeichnet ist – ist unter diesem Schlüssel kein Satz in der Datei vorhanden, so werden die Anweisungen der INVALID KEY-Klausel ausgeführt
CLOSE dateiname ...	Abschließen der Verarbeitung

Als Anwendungsbeispiel geben wir im folgenden das Programm ABFRAG an, mit dem wir gezielt – über die Angabe der Vertreterkennzahl – einzelne Sätze der index-sequentiellen Datei STAMMIS.VER am Bildschirm anzeigen lassen können.

Zunächst stellen wir die Lösung als Struktogramm dar:

RAHMEN

eröffne VERTRETER-DATEI zur Eingabe
lösche den Bildschirm
gib die Bildschirmmaske BILDSCHIRM-MASKE-AUS aus
"␣" → ENDE-EIN
until ENDE oder FEHLER
[VERARBEITUNG]
schließe VERTRETER-DATEI
beende den Programmlauf

VERARBEITUNG

lösche die Erfassungsfelder (KENNZAHL-EIN und ENDE-EIN) auf dem Bildschirm
fordere für die mit KENNZAHL-EIN und ENDE-EIN korrespondierenden Erfassungsfelder auf dem Bildschirm eine Eingabe an und übertrage die Daten von den Erfassungsfeldern in die Felder KENNZAHL-EIN und ENDE-EIN
ENDE — ja: (leer) / nein: AUSGABE

AUSGABE

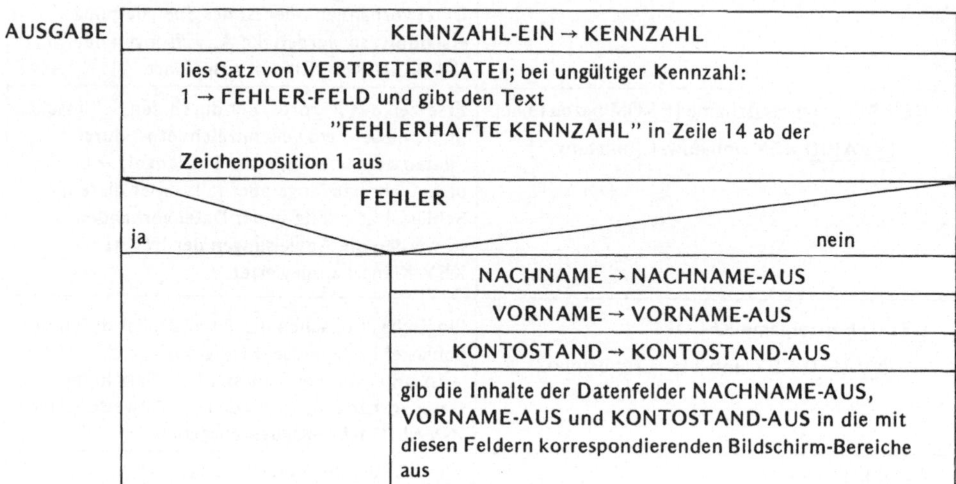

Hieraus leiten wir das folgende COBOL-Programm ab:

```
IDENTIFICATION DIVISION.
PROGRAM-ID.
    ABFRAG.
ENVIRONMENT DIVISION.
CONFIGURATION SECTION.
SPECIAL-NAMES.
    CONSOLE IS CRT.
INPUT-OUTPUT SECTION.
FILE-CONTROL.
    SELECT VERTRETER-DATEI ASSIGN TO "B:STAMMIS.VER"
    ORGANIZATION IS INDEXED
    ACCESS MODE IS RANDOM
    RECORD KEY IS KENNZAHL.
DATA DIVISION.
FILE SECTION.
FD  VERTRETER-DATEI.
01  VERTRETER-SATZ.
    02  KENNZAHL   PIC X(4).
    02  NACHNAME   PIC X(20).
    02  VORNAME    PIC X(20).
    02  KONTOSTAND PIC S9(5)V99.
```

```
WORKING-STORAGE SECTION.
01  BILDSCHIRM-MASKE-AUS.
    02  NACHNAME-MASKE          PIC X(33)
             VALUE "NACHNAME:  <                    >".
    02  FILLER                  PIC X(16).
    02  KENNZAHL-MASKE          PIC X(15)
             VALUE "KENNZAHL:<    >".
    02  FILLER                  PIC X(16).
    02  VORNAME-MASKE           PIC X(33)
             VALUE "VORNAME:   <                    >".
    02  FILLER                  PIC X(47).
    02  KONTOSTAND-MASKE        PIC X(22)
             VALUE "KONTOSTAND:<         >".
    02  FILLER                  PIC X(138).
    02  ENDE-MASKE              PIC X(11)
             VALUE "ENDE(J):< >".
    02  FILLER                  PIC X(69).
01  BILDSCHIRM-AUS REDEFINES BILDSCHIRM-MASKE-AUS.
    02  FILLER             PIC X(12).
    02  NACHNAME-AUS       PIC X(20).
    02  FILLER             PIC X(60).
    02  VORNAME-AUS        PIC X(20).
    02  FILLER             PIC X(60).
    02  KONTOSTAND-AUS     PIC +(5)9.99.
    02  FILLER             PIC X(219).
01  BILDSCHIRM-EIN REDEFINES BILDSCHIRM-MASKE-AUS.
    02  FILLER             PIC X(59).
    02  KENNZAHL-EIN       PIC X(4).
    02  FILLER             PIC X(266).
    02  ENDE-EIN           PIC X.
        88  ENDE VALUE "J".
    02  FILLER             PIC X(70).
77  FEHLER-FELD PIC 9 VALUE ZERO.
    88  FEHLER VALUE 1.
PROCEDURE DIVISION.
RAHMEN.
    OPEN INPUT VERTRETER-DATEI
    DISPLAY SPACES
    DISPLAY BILDSCHIRM-MASKE-AUS
    MOVE SPACE TO ENDE-EIN
    PERFORM VERARBEITUNG UNTIL ENDE OR FEHLER
    CLOSE VERTRETER-DATEI
    STOP RUN.
VERARBEITUNG.
    MOVE SPACES TO BILDSCHIRM-EIN
    DISPLAY BILDSCHIRM-EIN
    ACCEPT BILDSCHIRM-EIN
    IF NOT ENDE
        PERFORM AUSGABE.
AUSGABE.
    MOVE KENNZAHL-EIN TO KENNZAHL
    READ VERTRETER-DATEI
        INVALID KEY MOVE 1 TO FEHLER-FELD
                    DISPLAY "FEHLERHAFTE KENNZAHL" AT 1401.
    IF NOT FEHLER
        MOVE NACHNAME TO NACHNAME-AUS
        MOVE VORNAME TO VORNAME-AUS
        MOVE KONTOSTAND TO KONTOSTAND-AUS
        DISPLAY BILDSCHIRM-AUS.
```

4.2.5 Aufgabe

Man schreibe ein Programm, mit dem die Datensätze der index-sequentiell organisierten Disketten-Datei AUFTRAGI.VER (s. Aufgabe 4.2.3) in geeigneter Weise auf dem Bildschirm angezeigt werden können.

Auf die Sätze der Disketten-Datei soll über die Vertreterkennzahl und die Auftragsnummer zugegriffen werden.

4.2.6 Der dynamische Zugriff

Neben den im Abschnitt 4.2.4 angegebenen Möglichkeiten zur Datei-Verarbeitung kann man darüberhinaus beim *dynamischen Zugriff* bei Eingabe- und Update-Dateien Datensätze auch sequentiell lesen, so daß sich die Bearbeitungsformen beim dynamischen Zugriff insgesamt wie folgt darstellen:

Bearbeitung als Ausgabe-Datei (dynamischer Zugriff):

COBOL-Anweisung	Bedeutung
OPEN OUTPUT dateiname ...[18]	Eröffnen zur Ausgabe
WRITE datensatzname [FROM bezeichner] INVALID KEY unb-anw-1 [unb-anw-2] ...	Schreiben (Hinzufügen) des Records "datensatzname" – ist bereits ein Record mit dem im Schlüssel-Feld enthaltenen Schlüssel in der Datei vorhanden oder ist der Speicherplatz erschöpft, so werden die Anweisungen der INVALID KEY-Klausel ausgewertet
CLOSE dateiname ...	Abschließen der Verarbeitung

Bearbeitung als Eingabe-Datei (dynamischer Zugriff):

COBOL-Anweisung	Bedeutung
OPEN INPUT dateiname ...	Eröffnen zur Eingabe
START dateiname [KEY IS { = | > | NOT < } bezeichner][19] INVALID KEY unb-anw-1 [unb-anw-2] ...	Positionieren auf den Record, dessen Satz-Schlüssel durch die Angaben in der KEY-Klausel bestimmt ist – ist zu diesem Schlüssel kein Satz vorhanden, so wird die INVALID KEY-Klausel ausgewertet
READ dateiname NEXT RECORD [INTO bezeichner] AT END unb-anw-1 [unb-anw-2] ...	Einlesen des in der Schlüsselfolge nächsten Records – beim Erreichen des Dateiendes werden die Anweisungen der AT END-Klausel ausgeführt
READ dateiname RECORD [INTO bezeichner] INVALID KEY unb-anw-1 [unb-anw-2] ...	Einlesen des Records, dessen Schlüssel sich im Schlüssel-Feld befindet – ist kein Record mit diesem Schlüssel in der Datei vorhanden, so werden die Anweisungen der INVALID KEY-Klausel ausgeführt
CLOSE dateiname ...	Abschließen der Verarbeitung

---

[18] Beim "OPEN OUTPUT" wird eine auf der Diskette vorhandene Datei gleichen Namens gelöscht, d. h. man kann eine index-sequentielle Datei auch im dynamischen Zugriff erstmalig einrichten.

[19] Fehlt bei einer START-Anweisung die KEY-Klausel, so wird auf den Satz positioniert, dessen Satz-Schlüssel gleich dem Inhalt des in der RECORD-Klausel angegebenen Schlüssel-Felds ist.

Bearbeitung als Update-Datei (dynamischer Zugriff):

COBOL-Anweisung	Bedeutung
OPEN I-O dateiname ...	Eröffnen als Update-Datei
START dateiname [KEY IS {= / > / NOT <} bezeichner][20] INVALID KEY unb-anw-1 [unb-anw-2] ...	Positionieren auf den Record, dessen Satz-Schlüssel durch die Angaben in der KEY-Klausel bestimmt ist – ist zu diesem Schlüssel kein Satz vorhanden, so wird die INVALID KEY-Klausel ausgewertet
READ dateiname NEXT RECORD [INTO bezeichner] AT END unb-anw-1 [unb-anw-2] ...	Einlesen des in der Schlüsselfolge nächsten Records – beim Erreichen des Dateiendes werden die Anweisungen der AT END-Klausel ausgeführt
READ dateiname RECORD [INTO bezeichner] INVALID KEY unb-anw-1 [unb-anw-2] ...	Einlesen des Records, dessen Schlüssel sich im Schlüssel-Feld befindet – ist kein Record mit diesem Schlüssel in der Datei vorhanden, so werden die Anweisungen der INVALID KEY-Klausel ausgeführt
WRITE datensatzname [FROM bezeichner] INVALID KEY unb-anw-1 [unb-anw-2] ...	Schreiben (Hinzufügen) des Records "datensatzname" – ist bereits ein Record mit dem im Schlüssel-Feld enthaltenen Schlüssel in der Datei vorhanden oder ist der Speicherplatz erschöpft, so werden die Anweisungen der INVALID KEY-Klausel ausgewertet
REWRITE datensatzname [FROM bezeichner] INVALID KEY unb-anw-1 [unb-anw-2] ...	Ersetzen des Records, der durch den Schlüssel im Schlüssel-Feld gekennzeichnet ist durch "datensatzname" (gleiche Satzlänge!) – bei ungleicher Satzlänge oder falls unter diesem Schlüssel kein Satz in der Datei vorhanden ist, so werden die Anweisungen der INVALID KEY-Klausel ausgeführt
DELETE dateiname RECORD INVALID KEY unb-anw-1 [unb-anw-2] ...	"logisches" Löschen des Records, der durch den Schlüssel im Schlüssel-Feld gekennzeichnet ist – ist unter diesem Schlüssel kein Satz in der Datei vorhanden, so werden die Anweisungen der INVALID KEY-Klausel ausgeführt
CLOSE dateiname ...	Abschließen der Verarbeitung

20 Fehlt bei einer START-Anweisung die KEY-Klausel, so wird auf den Satz positioniert, dessen Satz-Schlüssel gleich dem Inhalt des in der RECORD-Klausel angegebenen Schlüssel-Felds ist.

4.2.7 Inhalt des Status-Felds

Genau wie bei der Verarbeitung sequentiell bzw. zeilen-sequentiell organisierter Dateien kann man Fehler, die beim Zugriff auf eine index-sequentiell organisierte Datei auftreten, durch die Diagnose eines der Datei zugeordneten Status-Felds analysieren. Will man von dieser Möglichkeit Gebrauch machen, muß man beim Eintrag im Paragraphen FILE-CONTROL den SELECT-, ASSIGN-, ORGANIZATION-, ACCESS- und RECORD-Klauseln die **FILE STATUS**-*Klausel* hinzufügen, so daß sich als Eintrag für eine index-sequentielle Datei insgesamt ergibt:

```
SELECT dateiname ASSIGN TO gerätebezeichnung
ORGANIZATION IS  INDEXED
                 { SEQUENTIAL }
ACCESS MODE IS   { RANDOM     }
                 { DYNAMIC    }
RECORD KEY IS bezeichner-1
FILE STATUS IS bezeichner-2
```

Nach jedem Datei-Zugriff wird das Status-Feld "bezeichner-2", das als zwei Zeichen langes alphanumerisches Datenfeld innerhalb der WORKING-STORAGE SECTION vereinbart sein muß, vom Betriebssystem in der folgenden Weise mit Status-Informationen gefüllt:

linkes Byte	rechtes Byte	Kennzeichnung
0	0	erfolgreiche Ausführung
1	0	das Dateiende ist erreicht (AT END-Bedingung)
2	1	Schlüssel-Feld-Inhalte sind bei sequentiellem Schreiben nicht aufsteigend sortiert oder beim REWRITE (beim sequentiellen Zugriff) hat sich der Wert des Schlüssel-Felds gegenüber dem vorausgehenden READ verändert
2	2	Satz mit gleichem Satz-Schlüssel ist bereits in der Datei vorhanden
2	3	zu vorgegebenem Satz-Schlüssel existiert kein Satz in der Datei
2	4	Speicherplatz auf der Diskette ist erschöpft
3	0	Fehler bei der Datenübertragung
9	Fehlerkode[21]	sonstiger Fehler

[21] "Fehlerkode" ist ein Betriebssystem-Fehlerschlüssel (s. Anhang A.6).

4.2.8 Programmbeschreibung von ERFABF

Als Anwendungsbeispiel der index-sequentiellen Datei-Organisation mit der dynamischen Zugriffs-Methode wollen wir – in Erweiterung der Leistung unseres Programms ERFSSNG (s. Kapitel 1, insbesondere Abschnitt 1.2.6) – ein COBOL-Programm entwickeln, das neben der Erfassung der Vertreterdaten (ERFASSUNG) die Möglichkeit besitzt, auch die folgenden Aufgaben Dialog-orientiert abzuwickeln:

- für eine vorgegebene Vertreterkennzahl sollen die zugehörigen Vertreterdaten am Bildschirm angezeigt werden (ANZEIGEN),
- einzelne Vertreterdaten sollen am Bildschirm aktualisiert (korrigiert) werden können (KORRIGIEREN),
- neue Datensätze für neue Vertreter sollen in den Datenbestand eingefügt werden können (NEUEINTRAG),
- einzelne Vertreterdatensätze sollen gelöscht werden können (LOESCHEN), und
- von einer vorgegebenen Vertreterkennzahl an sollen alle Vertretersätze, deren zugehörige Kennzahlen nicht kleiner als die vorgegebene Kennzahl sind, auf dem Drucker protokolliert werden können (DRUCKLISTING).

Zur Lösung dieser Aufgabenstellung konzipieren wir den folgenden Bildschirm-Aufbau:

```
           .............................................................
Zeile 1 →  . GIB MODUS EIN:< >                                         .
           . - (1)ERFASSUNG                                            .
           . - (2)ANZEIGEN                                             .
           . - (3)KORRIGIEREN                                          .
           . - (4)NEUEINTRAG                                           .
           . - (5)LOESCHEN                                             .
           . - (6)DRUCKLISTING                                         .
Zeile 8 →  . - (7)PROGRAMMENDE                                         .
           .                                                           .
           .                                                           .
           .                                                           .
Zeile 13 → . NACHNAME:   <                    >       KENNZAHL:<    >  .
           . VORNAME:    <                    >                        .
Zeile 15 → . KONTOSTAND:<          >                                   .
           .                                                           .
           .                                                           .
           .                                                           .
Zeile 20 → . Fehlermeldungen                                           .
           .                                                           .
Zeile 23 → . Prompt-Meldungen                                          .
           .............................................................
```

Zu Beginn der Programmausführung sollen die angegebenen Bildschirm-Masken auf dem Bildschirm ausgegeben und ein Modus-Wert im Erfassungsfeld in Zeile 1 angefordert werden. Dort ist eine der Ziffern von 1 bis 7 einzutasten. Jede dieser Ziffern korrespondiert mit einer speziellen Funktion des Programms gemäß der im Layout getroffenen Zuordnung.

Zur Beendigung der Programmausführung muß die Ziffer 7 eingegeben werden.

In der Zeile 20 ist bei einem Verarbeitungsfehler eine geeignete Fehlermeldung auszugeben, und die Zeile 23 soll als Prompt-Zeile fungieren, d. h. hier werden Modus-spezifische Meldungen protokolliert und gegebenenfalls Eingaben vom Anwender angefordert.

Wir wollen die Vertreterdaten in der Disketten-Datei STAMMIS.VER auf dem Laufwerk B erfassen bzw. voraussetzen, daß der Datenbestand bei einer durch die Modi ANZEIGEN, KORRIGIEREN, NEUEINTRAG, LOESCHEN und DRUCKLISTING angeforderten Bearbeitung in der genannten Datei abgespeichert ist.

Da auf die Datensätze nicht nur sequentiell (bei ERFASSUNG), sondern auch gezielt zugegriffen werden soll (bei den anderen Modi), muß die Datei STAMMIS.VER indexsequentiell organisiert sein. Da wir sowohl die sequentielle als auch die Random-Zugriffs-Methode während eines Programmlaufs einsetzen wollen, müssen wir die *dynamische* Zugriffs-Methode verabreden, so daß unsere Programmlösung – wir nennen sie **ERFABF** – folgendermaßen eingeleitet werden muß:

```
IDENTIFICATION DIVISION.
PROGRAM-ID.
    ERFABF.
ENVIRONMENT DIVISION.
CONFIGURATION SECTION.
SPECIAL-NAMES.
    CONSOLE IS CRT.
INPUT-OUTPUT SECTION.
FILE-CONTROL.
    SELECT VERTRETER-DATEI ASSIGN TO "B:STAMMIS.VER"
    ORGANIZATION IS INDEXED
    ACCESS IS DYNAMIC
    RECORD KEY IS KENNZAHL
    FILE STATUS IS FILE-STATUS-FELD.
    SELECT LISTE ASSIGN TO ":LP:".
DATA DIVISION.
FILE SECTION.
FD  VERTRETER-DATEI.
01  VERTRETER-SATZ.
    02  KENNZAHL   PIC X(4).
    02  NACHNAME   PIC X(20).
    02  VORNAME    PIC X(20).
    02  KONTOSTAND PIC S9(5)V99.
FD  LISTE.
01  LISTE-SATZ PIC X(62).
WORKING-STORAGE SECTION.
01  LISTE-SATZ-ED.
    02  KENNZAHL-ED    PIC 9B9B9B9.
    02  FILLER         PIC XX VALUE SPACES.
    02  NACHNAME-ED    PIC X(20).
    02  FILLER         PIC XX VALUE SPACES.
    02  VORNAME-ED     PIC X(20).
    02  FILLER         PIC XX VALUE SPACES.
    02  KONTOSTAND-ED PIC +(5)9.99.
```

Für die Ausgabe der Bildschirm-Masken sehen wir die Felder BILDSCHIRM-STEUER-AUS (Zeile 1–8) und BILDSCHIRM-AUS (Zeile 13–15) vor, die wir wie folgt definieren:

```
01   BILDSCHIRM-STEUER-AUS.
     02   MODUS-MASKE          PIC X(17) VALUE "GIB MODUS EIN:< >".
     02   FILLER               PIC X(63).
     02   ERFASSUNG-TEXT       PIC X(14) VALUE "- (1)ERFASSUNG".
     02   FILLER               PIC X(66).
     02   ANZEIGEN-TEXT        PIC X(13) VALUE "- (2)ANZEIGEN".
     02   FILLER               PIC X(67).
     02   KORRIGIEREN-TEXT     PIC X(16) VALUE "- (3)KORRIGIEREN".
     02   FILLER               PIC X(64).
     02   NEUEINTRAG-TEXT      PIC X(15) VALUE "- (4)NEUEINTRAG".
     02   FILLER               PIC X(65).
     02   LOESCHEN-TEXT        PIC X(13) VALUE "- (5)LOESCHEN".
     02   FILLER               PIC X(67).
     02   DRUCKLISTING-TEXT    PIC X(17) VALUE "- (6)DRUCKLISTING".
     02   FILLER               PIC X(63).
     02   PROGRAMMENDE-TEXT    PIC X(17) VALUE "- (7)PROGRAMMENDE".
     02   FILLER               PIC X(63).
01   BILDSCHIRM-AUS.
     02   NACHNAME-MASKE       PIC X(33)
                          VALUE "NACHNAME:  <                    >".
     02   FILLER PIC X(16).
     02   KENNZAHL-MASKE       PIC X(15)
                          VALUE "KENNZAHL:<    >".
     02   FILLER PIC X(16).
     02   VORNAME-MASKE        PIC X(33)
                          VALUE "VORNAME:   <                    >".
     02   FILLER PIC X(47).
     02   KONTOSTAND-MASKE     PIC X(22)
                          VALUE "KONTOSTAND:<         >".
     02   FILLER PIC X(58).
```

Als Ein-/Ausgabe-Bereich für die Bildschirm-Ein-/Ausgabe in die Erfassungsfelder der Zeilen 13, 14 und 15 richten wir das Datenfeld BILDSCHIRM-EIN (vgl. Abschnitt 1.2.4) ein und definieren:

```
01   BILDSCHIRM-EIN.
     02   FILLER            PIC X(12).
     02   NACHNAME-EIN      PIC X(20).
     02   FILLER            PIC X(27).
     02   KENNZAHL-EIN      PIC 9(4).
     02   FILLER            PIC X(29).
     02   VORNAME-EIN       PIC X(20).
     02   FILLER            PIC X(60).
     02   KONTOSTAND-EIN    PIC +(5)9.99.
     02   FILLER            PIC X(59).
```

Da im Korrektur-Modus der Inhalt des Erfassungsfelds für die Vertreterkennzahl nicht verändert werden darf, muß der Bereich von Zeichenposition 60–63 in der Bildschirmzeile 13 für die Eingabe über die Tastatur *gesperrt* sein. Dazu muß die ursprüngliche Datenfeld-Beschreibung von BILDSCHIRM-EIN modifiziert werden. Wir geben eine geeignete Veränderung in Form der folgenden Vereinbarung an:

```
01  BILDSCHIRM-EIN-KORR REDEFINES BILDSCHIRM-EIN.
    02  FILLER               PIC X(12).
    02  NACHNAME-EIN-KORR    PIC X(20).
    02  FILLER               PIC X(60).
    02  VORNAME-EIN-KORR     PIC X(20).
    02  FILLER               PIC X(60).
    02  KONTOSTAND-EIN-KORR PIC +(5)9.99.
    02  FILLER               PIC X(59).
```

Die REDEFINES-Klausel haben wir aus folgenden Gründen verwendet:

– die Vereinbarung von BILDSCHIRM-EIN-KORR stimmt bis auf das Feld KENNZAHL-EIN mit der Datenfeld-Beschreibung von BILDSCHIRM-EIN überein, so daß der von BILDSCHIRM-EIN belegte Speicherbereich – ohne negative Auswirkungen – redefiniert werden kann, und weitaus wichtiger:
– da bei der Ausführung der Anweisung

```
ACCEPT BILDSCHIRM-EIN-KORR AT 1301
```

  nur die über die Tastatur eingegebenen Korrekturzeichen in das Datenfeld BILDSCHIRM-EIN-KORR übertragen werden, muß dafür gesorgt sein, daß die Zeichenersetzung innerhalb der alten Vertreterdaten gewährleistet ist.

Wir ergänzen die Eintragungen in der WORKING-STORAGE SECTION um die für den Programmablauf erforderlichen Indikator-Felder:

```
77  MODUS-WECHSEL-FELD PIC 9.
    88  MODUS-WECHSEL VALUE 1.
77  FEHLER-FELD PIC 9 VALUE 0.
    88  FEHLER VALUE 1.
77  OK-FELD PIC X.
    88  OK       VALUE "J".
    88  NOT-OK VALUE "N".
77  DATEI-ENDE-FELD PIC 9.
    88  DATEI-ENDE VALUE 1.
```

Für die Eingabe des Modus-Werts und für die Ausgabe einer evtl. erforderlichen Fehlermeldung vereinbaren wir (die Vorbesetzung von MODUS durch den Wert 1 hat den Grund, daß bei der Programmausführung vor der ersten Eingabe eines Modus-Werts bereits ein numerischer Vergleich mit dem Inhalt des Felds MODUS durchgeführt wird, s. u.):

```
77  MODUS PIC 9 VALUE 1.
    88  PROGRAMMENDE   VALUE 7.
    88  MODUS-KORREKT VALUE 1 THRU 7. [22]
77  MODUS-FEHLER-TEXT PIC X(15) VALUE "1 <= MODUS <= 7".
```

[22] Die Kurzform "1 THRU 7" ist gleichbedeutend mit der ausführlichen Schreibweise "1 2 3 4 5 6 7".

Das Status-Feld FILE-STATUS-FELD, in das nach einem Zugriff auf die Datei VERTRETER-DATEI der zugehörige Statuswert eingetragen werden soll, definieren wir wie folgt:

```
77  FILE-STATUS-FELD PIC XX.
    88  DATEI-LEER           VALUE "10".
    88  SATZ-VORHANDEN       VALUE "22".
    88  KEIN-SATZ-VORHANDEN VALUE "23".
    88  DISKETTE-VOLL        VALUE "24".
```

Im folgenden geben wir eine Lösung der Aufgabenstellung in Form eines Struktogramms an. Zur besseren Übersicht tragen wir die einzelnen Aktivitäten während der Bildschirm-Ein-/Ausgabe in separate Struktogrammteile am Ende des Struktogramms ein (dies hat auch den Vorteil, daß bei einer Veränderung des Bildschirmaufbaus für den Dialog-Betrieb bzw. bei einer veränderten Dialog-Konzeption – bedingt durch den Einsatz eines anderen COBOL-Kompilierers – die in der PROCEDURE DIVISION erforderlichen Modifikationen nur in den letzten – allein für die Ein-/Ausgabe vorgesehenen – Prozeduren vorgenommen werden müssen).

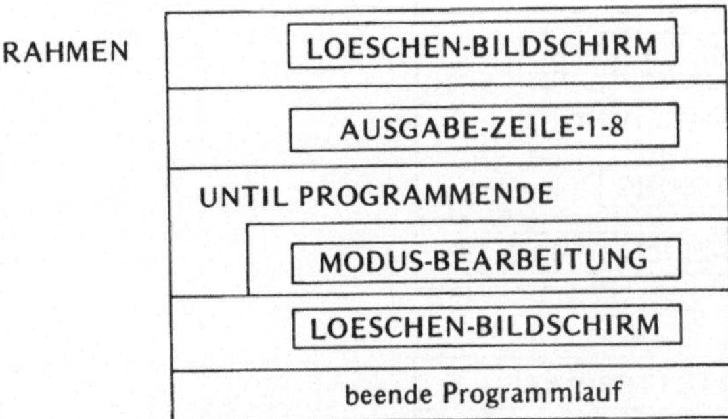

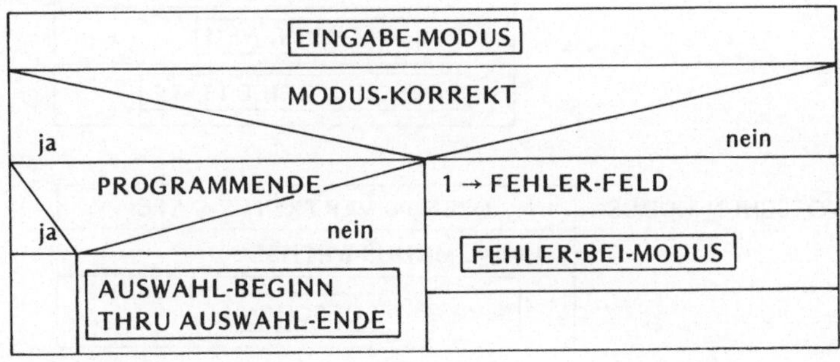

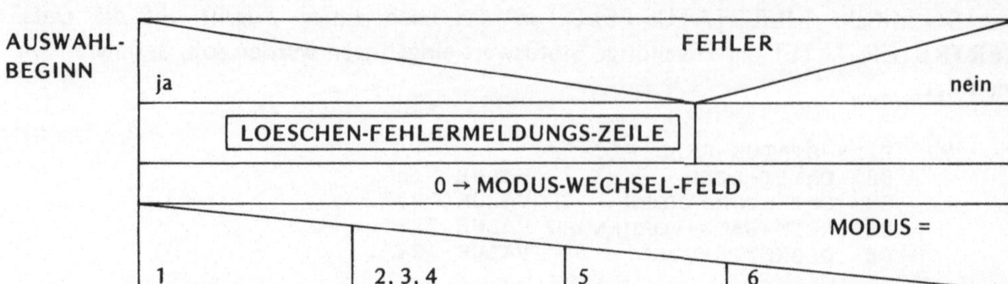

AUSWAHL-ENDE

LOESCHEN-PROMPT-ZEILE
schließe VERTRETER-DATEI

ERFASSUNG-MODUS

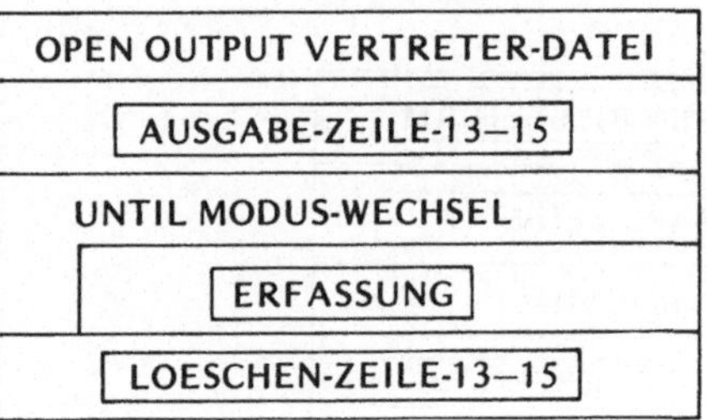

ANZ-KORR-NEU-MODUS

LOESCHEN-MODUS

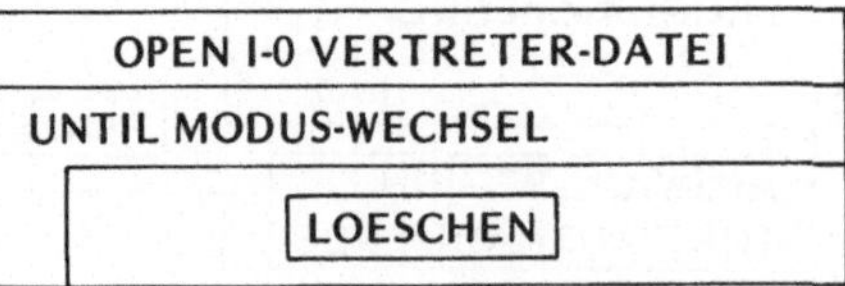

DRUCKLISTING-MODUS

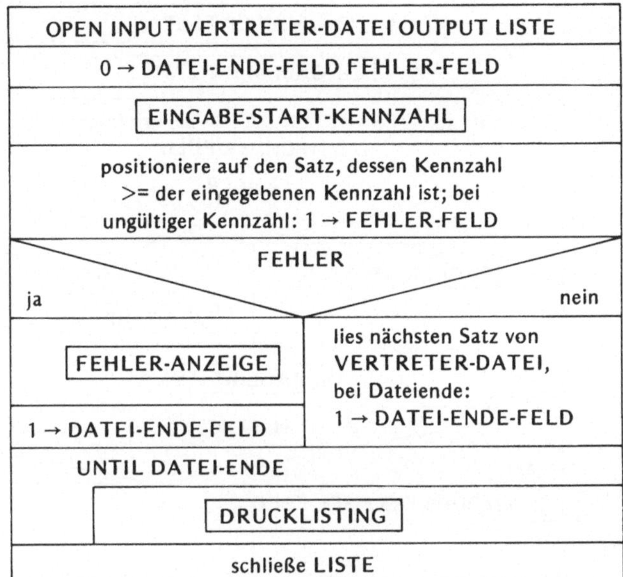

ERFASSUNG

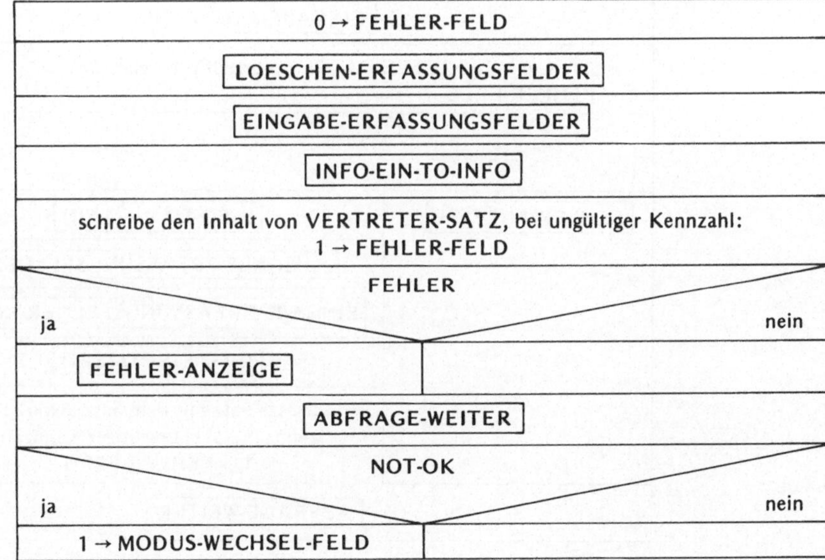

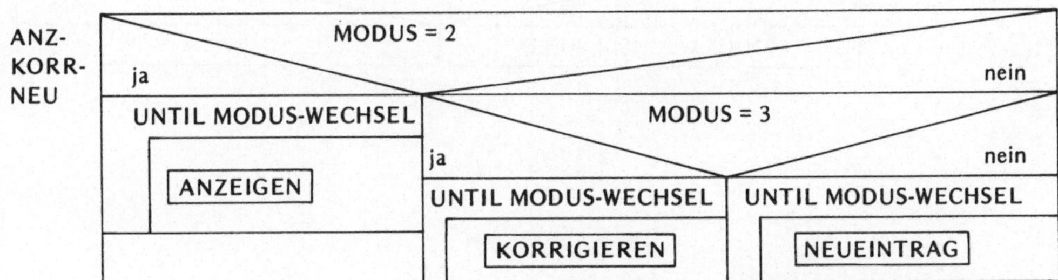

ANZEIGEN

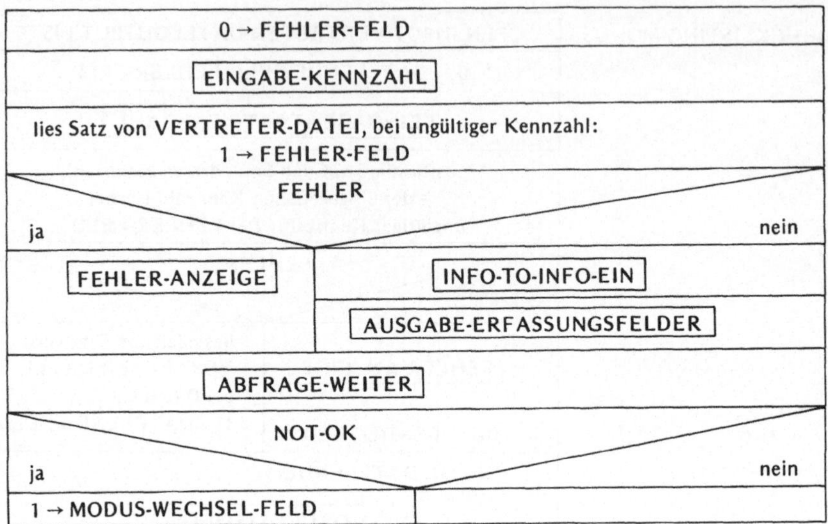

KORRIGIEREN

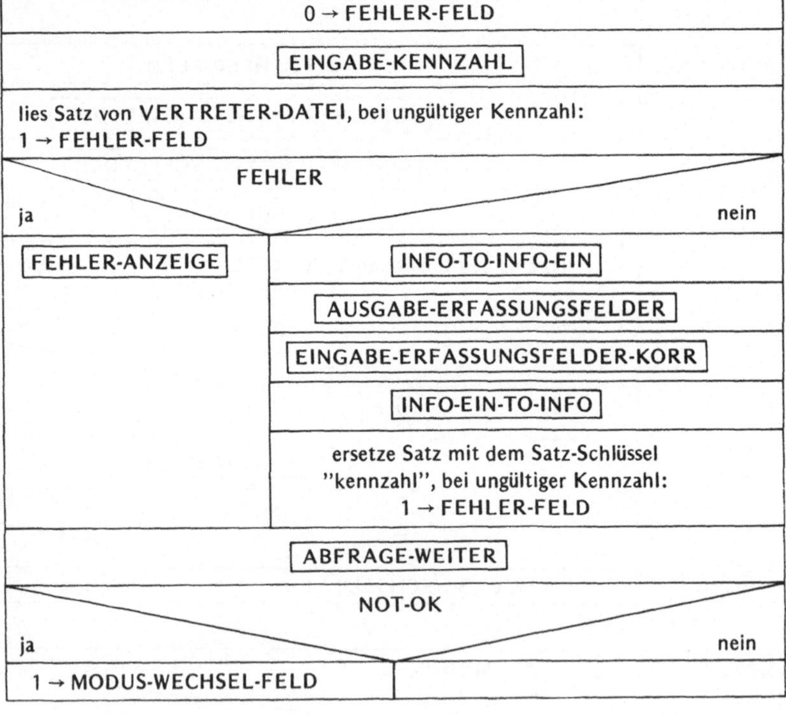

NEUEINTRAG

0 → FEHLER-FELD
LOESCHEN-ERFASSUNGSFELDER
EINGABE-ERFASSUNGSFELDER
INFO-EIN-TO-INFO
schreibe den Inhalt von VERTRETER-SATZ, bei ungültiger Kennzahl:
1 → FEHLER-FELD
FEHLER
ja
nein
FEHLER-ANZEIGE
ABFRAGE-WEITER
NOT-OK
ja
nein
1 → MODUS-WECHSEL-FELD

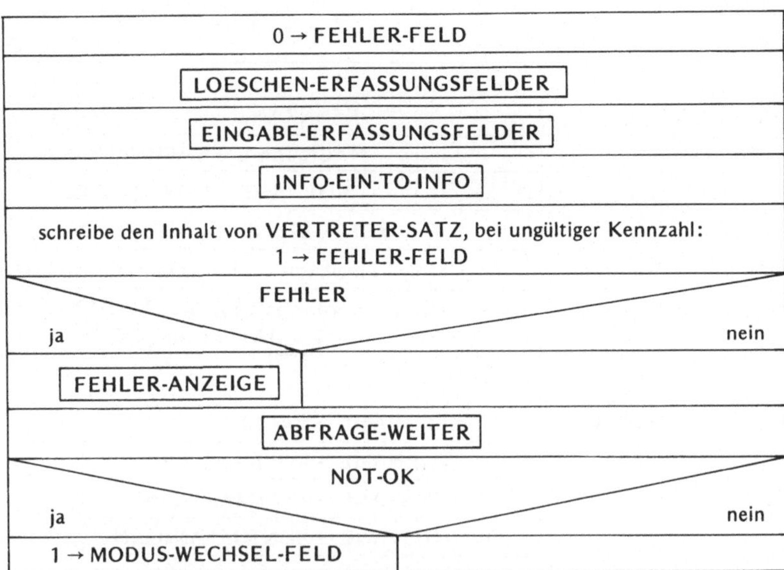

LOESCHEN

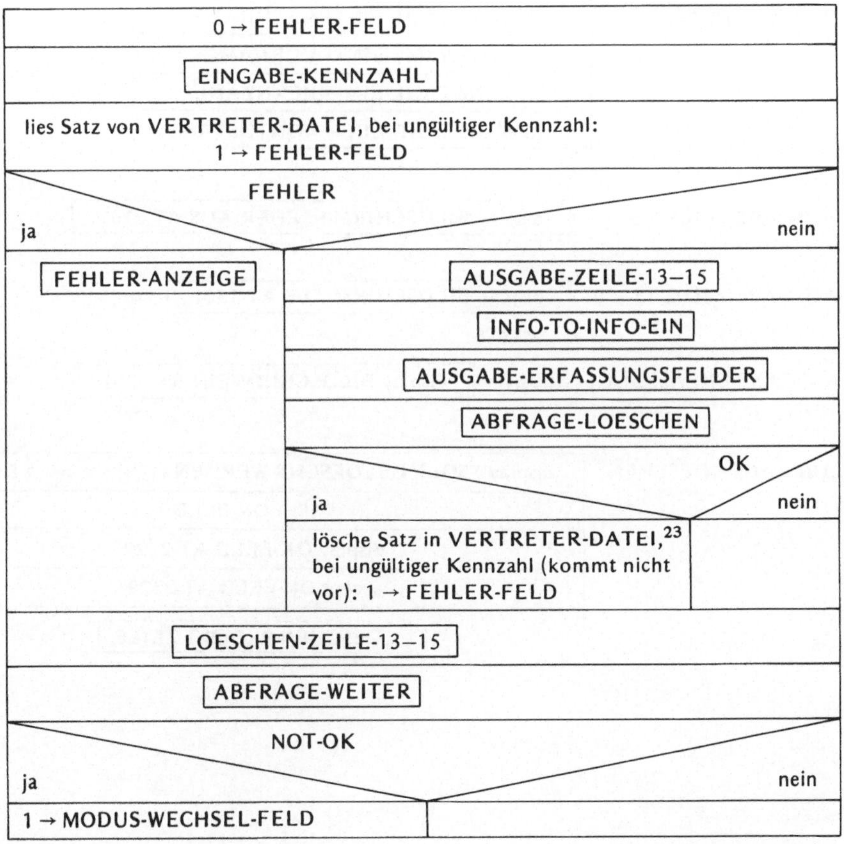

0 → FEHLER-FELD
EINGABE-KENNZAHL
lies Satz von VERTRETER-DATEI, bei ungültiger Kennzahl:
1 → FEHLER-FELD
FEHLER
ja
nein
FEHLER-ANZEIGE
AUSGABE-ZEILE-13–15
INFO-TO-INFO-EIN
AUSGABE-ERFASSUNGSFELDER
ABFRAGE-LOESCHEN
OK
ja
nein
lösche Satz in VERTRETER-DATEI,[23]
bei ungültiger Kennzahl (kommt nicht
vor): 1 → FEHLER-FELD
LOESCHEN-ZEILE-13–15
ABFRAGE-WEITER
NOT-OK
ja
nein
1 → MODUS-WECHSEL-FELD

[23] Dies bedeutet, daß bei der Ausführung der aus diesem Strukturblock resultierenden DELETE-Anweisung der Form

DELETE VERTRETER-DATEI INVALID KEY MOVE 1 TO FEHLER-FELD.

die MOVE-Anweisung niemals ausgeführt wird, da der Satz-Schlüssel des zu löschenden Satzes zuvor erfolgreich beim Lesezugriff benutzt und im Anschluß nicht mehr verändert wurde.

DRUCKLISTING

KENNZAHL → KENNZAHL-ED
NACHNAME → NACHNAME-ED
VORNAME → VORNAME-ED
KONTOSTAND → KONTOSTAND-ED
schreibe den Inhalt von LISTE-SATZ von LISTE-SATZ-ED aus
lies den nächsten Satz von VERTRETER-DATEI; bei Dateiende: 1 → DATEI-ENDE-FELD

INFO-TO-INFO-EIN

NACHNAME → NACHNAME-EIN
VORNAME → VORNAME-EIN
KENNZAHL → KENNZAHL-EIN
KONTOSTAND → KONTOSTAND-EIN

INFO-EIN-TO-INFO

NACHNAME-EIN → NACHNAME
VORNAME-EIN → VORNAME
KENNZAHL-EIN → KENNZAHL
KONTOSTAND-EIN → KONTOSTAND

AUSGABE-7FILE-1-8

display BILDSCHIRM-STEUER-AUS AT 0101

AUSGABE-ZEILE-13–15

display BILDSCHIRM-AUS AT 1301

AUSGABE-ERFASSUNGSFELDER

display BILDSCHIRM-EIN AT 1301

ABFRAGE-LOESCHEN

display "SOLL GELOESCHT WERDEN (J/N) : < >" AT 2301
"N" → OK-FELD
display OK-FELD AT 2329
accept OK-FELD AT 2329
LOESCHEN-PROMPT-ZEILE

ABFRAGE-WEITER

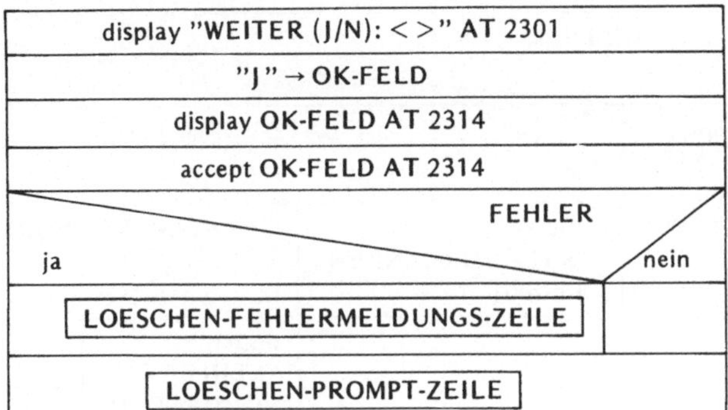

EINGABE-MODUS

accept MODUS AT 0116

EINGABE-KENNZAHL

0 → KENNZAHL
display "GIB KENNZAHL: < > " AT 2301
accept KENNZAHL AT 2315
LOESCHEN-PROMPT-ZEILE

EINGABE-START-KENNZAHL

0 → KENNZAHL
display "GIB KENNZAHL, AB DER GELISTET WERDEN SOLL: < >" AT 2301
accept KENNZAHL AT 2344
LOESCHEN-PROMPT-ZEILE

EINGABE-ERFASSUNGSFELDER

accept BILDSCHIRM-EIN AT 1301

EINGABE-ERFASSUNGSFELDER-KORR

accept BILDSCHIRM-EIN-KORR AT 1301

FEHLER-BEI-MODUS

display "1 <= MODUS <= 7" AT 2001

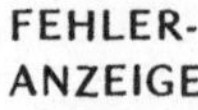

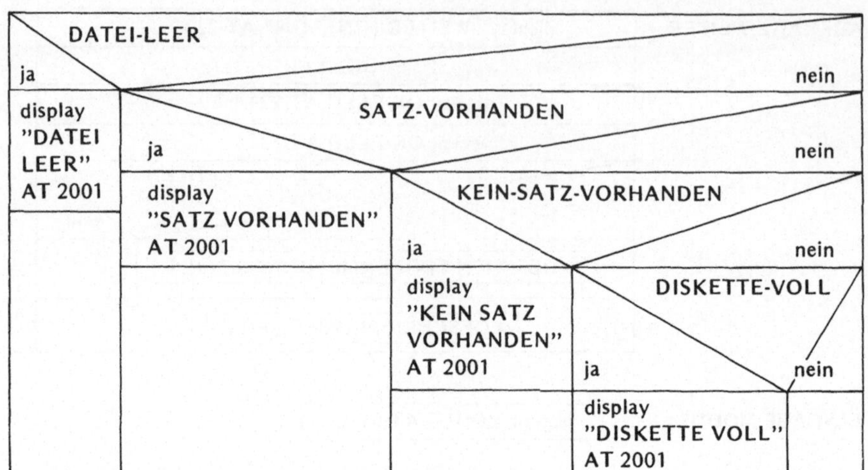

LOESCHEN-BILDSCHIRM

display SPACES AT 0101

LOESCHEN-ERFASSUNGSFELDER

"␣" → VORNAME-EIN NACHNAME-EIN
"␣" → KENNZAHL-EIN KONTOSTAND-EIN
display BILDSCHIRM-EIN AT 1301

LOESCHEN-ZEILE-13–15

display "␣ ... ␣" AT 1301
display "␣ ... ␣" AT 1401
display "␣ ... ␣" AT 1501

LOESCHEN-FEHLERMELDUNGS-ZEILE

display "␣ ... ␣" AT 2001

LOESCHEN-PROMPT-ZEILE

display "␣ ... ␣" AT 2301

4.2.9 Das COBOL-Programm ERFABF

Formen wir die o. a. Struktogrammteile in die Prozeduren des Programms ERFABF um, so erhalten wir insgesamt das folgende Programm zur Lösung unserer Aufgabenstellung (auf die im rechten Teil angegebenen Nummern wird im folgenden Abschnitt Bezug genommen):

```
IDENTIFICATION DIVISION.
PROGRAM-ID.
    ERFABF.
ENVIRONMENT DIVISION.
CONFIGURATION SECTION.
SPECIAL-NAMES.
    CONSOLE IS CRT.
INPUT-OUTPUT SECTION.
FILE-CONTROL.
    SELECT VERTRETER-DATEI ASSIGN TO "B:STAMMIS.VER"  <--------- ( 0 )
    ORGANIZATION IS INDEXED
    ACCESS IS DYNAMIC
    RECORD KEY IS KENNZAHL                         <------------ ( 1 )
    FILE STATUS IS FILE-STATUS-FELD.
    SELECT LISTE ASSIGN TO ":LP:".
DATA DIVISION.
FILE SECTION.
FD  VERTRETER-DATEI.
01  VERTRETER-SATZ.
    02  KENNZAHL   PIC X(4).
    02  NACHNAME   PIC X(20).
    02  VORNAME    PIC X(20).
    02  KONTOSTAND PIC S9(5)V99.
FD  LISTE.
01  LISTE-SATZ PIC X(62).
WORKING-STORAGE SECTION.
01  LISTE-SATZ-ED.
    02  KENNZAHL-ED    PIC 9B9B9B9.
    02  FILLER         PIC XX VALUE SPACES.
    02  NACHNAME-ED    PIC X(20).
    02  FILLER         PIC XX VALUE SPACES.
    02  VORNAME-ED     PIC X(20).
    02  FILLER         PIC XX VALUE SPACES.
    02  KONTOSTAND-ED PIC +(5)9.99.
01  BILDSCHIRM-STEUER-AUS.
    02  MODUS-MASKE        PIC X(17) VALUE "GIB MODUS EIN:< >".
    02  FILLER             PIC X(63).
    02  ERFASSUNG-TEXT     PIC X(14) VALUE "- (1)ERFASSUNG".
    02  FILLER             PIC X(66).
    02  ANZEIGEN-TEXT      PIC X(13) VALUE "- (2)ANZEIGEN".
    02  FILLER             PIC X(67).
    02  KORRIGIEREN-TEXT   PIC X(16) VALUE "- (3)KORRIGIEREN".
    02  FILLER             PIC X(64).
    02  NEUEINTRAG-TEXT    PIC X(15) VALUE "- (4)NEUEINTRAG".
    02  FILLER             PIC X(65).
    02  LOESCHEN-TEXT      PIC X(13) VALUE "- (5)LOESCHEN".
    02  FILLER             PIC X(67).
    02  DRUCKLISTING-TEXT PIC X(17) VALUE "- (6)DRUCKLISTING".
    02  FILLER             PIC X(63).
    02  PROGRAMMENDE-TEXT PIC X(17)
             VALUE "- (7)PROGRAMMENDE".          <---------------- ( 2 )
    02  FILLER             PIC X(63).
```

```
01  BILDSCHIRM-AUS.
    02  NACHNAME-MASKE    PIC X(33)
                        VALUE "NACHNAME: <                    >".
    02  FILLER            PIC X(16).
    02  KENNZAHL-MASKE    PIC X(15)
                        VALUE "KENNZAHL:<    >".
    02  FILLER            PIC X(16).
    02  VORNAME-MASKE     PIC X(33)
                        VALUE "VORNAME:  <                    >".
    02  FILLER            PIC X(47).
    02  KONTOSTAND-MASKE PIC X(22)
                        VALUE "KONTOSTAND:<         >".
    02 FILLER             PIC X(58).
01  BILDSCHIRM-EIN.
    02  FILLER          PIC X(12).
    02  NACHNAME-EIN    PIC X(20).
    02  FILLER          PIC X(27).
    02  KENNZAHL-EIN    PIC 9(4).
    02  FILLER          PIC X(29).
    02  VORNAME-EIN     PIC X(20).
    02  FILLER          PIC X(60).
    02  KONTOSTAND-EIN PIC +(5)9.99.
    02  FILLER          PIC X(59).
01  BILDSCHIRM-EIN-KORR REDEFINES BILDSCHIRM-EIN.
    02  FILLER               PIC X(12).
    02  NACHNAME-EIN-KORR    PIC X(20).
    02  FILLER               PIC X(60).
    02  VORNAME-EIN-KORR     PIC X(20).
    02  FILLER               PIC X(60).
    02  KONTOSTAND-EIN-KORR PIC +(5)9.99.
    02  FILLER               PIC X(59).
77  MODUS-WECHSEL-FELD PIC 9.
    88  MODUS-WECHSEL VALUE 1.
77  FEHLER-FELD PIC 9 VALUE 0.
    88  FEHLER VALUE 1.
77  MODUS PIC 9 VALUE 1.
    88  PROGRAMMENDE  VALUE 7.
    88  MODUS-KORREKT VALUE 1 THRU 7.                       <---- ( 3 )
77  MODUS-FEHLER-TEXT PIC X(15) VALUE "1 <= MODUS <= 7".
77  FILE-STATUS-FELD PIC XX.
    88  DATEI-LEER            VALUE "10".
    88  SATZ-VORHANDEN        VALUE "22".
    88  KEIN-SATZ-VORHANDEN VALUE "23".
    88  DISKETTE-VOLL         VALUE "24".    <------------------ ( 4 )
77  OK-FELD PIC X.
    88  OK       VALUE "J".
    88  NOT-OK VALUE "N".
77  DATEI-ENDE-FELD PIC 9.
    88  DATEI-ENDE VALUE 1.

 PROCEDURE DIVISION.
*******************************************************************
 RAHMEN.
     PERFORM LOESCHEN-BILDSCHIRM
     PERFORM AUSGABE-ZEILE-1-8
     PERFORM MODUS-BEARBEITUNG UNTIL PROGRAMMENDE
     PERFORM LOESCHEN-BILDSCHIRM
     STOP RUN.
*******************************************************************
```

```
MODUS-BEARBEITUNG.
    PERFORM EINGABE-MODUS
    IF MODUS-KORREKT
        IF PROGRAMMENDE
            NEXT SENTENCE
        ELSE
            PERFORM AUSWAHL-BEGINN THRU AUSWAHL-ENDE
    ELSE
        MOVE 1 TO FEHLER-FELD
        PERFORM FEHLER-BEI-MODUS.
*****************************************************************
AUSWAHL-BEGINN.
    IF FEHLER
        PERFORM LOESCHEN-FEHLERMELDUNGS-ZEILE.
    MOVE 0 TO MODUS-WECHSEL-FELD
    GO TO
         ERFASSUNG-MODUS     24
         ANZ-KORR-NEU-MODUS
         ANZ-KORR-NEU-MODUS
         ANZ-KORR-NEU-MODUS
         LOESCHEN-MODUS
         DRUCKLISTING-MODUS                      <------------- ( 5 )
     DEPENDING ON MODUS.
ERFASSUNG-MODUS.
    OPEN OUTPUT VERTRETER-DATEI
    PERFORM AUSGABE-ZEILE-13-15
    PERFORM ERFASSUNG UNTIL MODUS-WECHSEL
    PERFORM LOESCHEN-ZEILE-13-15
    GO TO AUSWAHL-ENDE.
ANZ-KORR-NEU-MODUS.
    OPEN I-O VERTRETER-DATEI
    PERFORM AUSGABE-ZEILE-13-15
    PERFORM ANZ-KORR-NEU
    PERFORM LOESCHEN-ZEILE-13-15
    GO TO AUSWAHL-ENDE.
LOESCHEN-MODUS.
    OPEN I-O VERTRETER-DATEI
    PERFORM LOESCHEN UNTIL MODUS-WECHSEL
    GO TO AUSWAHL-ENDE.
DRUCKLISTING-MODUS.
    OPEN INPUT VERTRETER-DATEI OUTPUT LISTE
    MOVE 0 TO DATEI-ENDE-FELD FEHLER-FELD
    PERFORM EINGABE-START-KENNZAHL
    START VERTRETER-DATEI KEY IS NOT LESS THAN KENNZAHL
        INVALID KEY MOVE 1 TO FEHLER-FELD.
    IF FEHLER
        PERFORM FEHLER-ANZEIGE
        MOVE 1 TO DATEI-ENDE-FELD
    ELSE
        READ VERTRETER-DATEI NEXT
            AT END MOVE 1 TO DATEI-ENDE-FELD.
    PERFORM DRUCKLISTING UNTIL DATEI-ENDE
```

[24] Bei der GO-Anweisung mit der DEPENDING-Klausel wird in Abhängigkeit vom Inhalt des numerisch-ganzzahligen Felds MODUS zu einer der hinter dem COBOL-Wort TO angegebenen Prozeduren verzweigt – zu ERFASSUNG-MODUS, falls MODUS den Wert 1 hat, zu ANZ-KORR-NEU-MODUS, falls MODUS den Wert 2, 3 oder 4 hat usw.

```
     CLOSE LISTE
     GO TO AUSWAHL-ENDE.                    <--------------- ( 6 )
 AUSWAHL-ENDE.
     PERFORM LOESCHEN-PROMPT-ZEILE
     CLOSE VERTRETER-DATEI.
********************************************************************
 ERFASSUNG.
     MOVE 0 TO FEHLER-FELD.
     PERFORM LOESCHEN-ERFASSUNGSFELDER
     PERFORM EINGABE-ERFASSUNGSFELDER
     PERFORM INFO-EIN-TO-INFO
     WRITE VERTRETER-SATZ
         INVALID KEY MOVE 1 TO FEHLER-FELD.
     IF FEHLER
         PERFORM FEHLER-ANZEIGE.
     PERFORM ABFRAGE-WEITER
     IF NOT-OK
         MOVE 1 TO MODUS-WECHSEL-FELD.
********************************************************************
 ANZ-KORR-NEU.
     IF MODUS = 2
         PERFORM ANZEIGEN UNTIL MODUS-WECHSEL
     ELSE
         IF MODUS = 3
             PERFORM KORRIGIEREN UNTIL MODUS-WECHSEL
         ELSE
             PERFORM NEUEINTRAG UNTIL MODUS-WECHSEL.
********************************************************************
 ANZEIGEN.
     MOVE 0 TO FEHLER-FELD
     PERFORM EINGABE-KENNZAHL
     READ VERTRETER-DATEI
         INVALID KEY MOVE 1 TO FEHLER-FELD.
     IF FEHLER
         PERFORM FEHLER-ANZEIGE
     ELSE
         PERFORM INFO-TO-INFO-EIN
         PERFORM AUSGABE-ERFASSUNGSFELDER.
     PERFORM ABFRAGE-WEITER
     IF NOT-OK
         MOVE 1 TO MODUS-WECHSEL-FELD.
********************************************************************
 KORRIGIEREN.
     MOVE 0 TO FEHLER-FELD
     PERFORM EINGABE-KENNZAHL
     READ VERTRETER-DATEI
         INVALID KEY MOVE 1 TO FEHLER-FELD.
     IF FEHLER
         PERFORM FEHLER-ANZEIGE
     ELSE
         PERFORM INFO-TO-INFO-EIN
         PERFORM AUSGABE-ERFASSUNGSFELDER
         PERFORM EINGABE-ERFASSUNGSFELDER-KORR
         PERFORM INFO-EIN-TO-INFO
         REWRITE VERTRETER-SATZ
             INVALID KEY MOVE 1 TO FEHLER-FELD.
* INVALID KEY WIRD NIEMALS ANGESPRUNGEN
     PERFORM ABFRAGE-WEITER
     IF NOT-OK
         MOVE 1 TO MODUS-WECHSEL-FELD.
```

```
*****************************************************************
 NEUEINTRAG.
     MOVE 0 TO FEHLER-FELD.
     PERFORM LOESCHEN-ERFASSUNGSFELDER
     PERFORM EINGABE-ERFASSUNGSFELDER
     PERFORM INFO-EIN-TO-INFO
     WRITE VERTRETER-SATZ
         INVALID KEY MOVE 1 TO FEHLER-FELD.
     IF FEHLER
         PERFORM FEHLER-ANZEIGE.
     PERFORM ABFRAGE-WEITER
     IF NOT-OK
         MOVE 1 TO MODUS-WECHSEL-FELD.
*****************************************************************
 LOESCHEN.
     MOVE 0 TO FEHLER-FELD
     PERFORM EINGABE-KENNZAHL
     READ VERTRETER-DATEI
         INVALID KEY MOVE 1 TO FEHLER-FELD.
     IF FEHLER
         PERFORM FEHLER-ANZEIGE
     ELSE
         PERFORM AUSGABE-ZEILE-13-15
         PERFORM INFO-TO-INFO-EIN
         PERFORM AUSGABE-ERFASSUNGSFELDER
         PERFORM ABFRAGE-LOESCHEN
         IF OK
             DELETE VERTRETER-DATEI
                 INVALID KEY MOVE 1 TO FEHLER-FELD.
* INVALID KEY WIRD NIEMALS ANGESPRUNGEN
     PERFORM LOESCHEN-ZEILE-13-15
     PERFORM ABFRAGE-WEITER
     IF NOT-OK
         MOVE 1 TO MODUS-WECHSEL-FELD.
*****************************************************************
 DRUCKLISTING.
     MOVE KENNZAHL TO KENNZAHL-ED
     MOVE NACHNAME TO NACHNAME-ED
     MOVE VORNAME TO VORNAME-ED
     MOVE KONTOSTAND TO KONTOSTAND-ED
     WRITE LISTE-SATZ FROM LISTE-SATZ-ED
     READ VERTRETER-DATEI NEXT
         AT END MOVE 1 TO DATEI-ENDE-FELD.  <---------- ( 7 )
*****************************************************************
 INFO-TO-INFO-EIN.
     MOVE NACHNAME TO NACHNAME-EIN
     MOVE VORNAME TO VORNAME-EIN
     MOVE KENNZAHL TO KENNZAHL-EIN
     MOVE KONTOSTAND TO KONTOSTAND-EIN.
 INFO-EIN-TO-INFO.
     MOVE NACHNAME-EIN TO NACHNAME
     MOVE VORNAME-EIN TO VORNAME
     MOVE KENNZAHL-EIN TO KENNZAHL
     MOVE KONTOSTAND-EIN TO KONTOSTAND.
*****************************************************************
 AUSGABE-ZEILE-1-8.
     DISPLAY BILDSCHIRM-STEUER-AUS AT 0101.
 AUSGABE-ZEILE-13-15.
     DISPLAY BILDSCHIRM-AUS AT 1301.
 AUSGABE-ERFASSUNGSFELDER.
     DISPLAY BILDSCHIRM-EIN AT 1301.
```

```
***********************************************************************
 ABFRAGE-LOESCHEN.
     DISPLAY "SOLL GELOESCHT WERDEN(J/N):< >" AT 2301
     MOVE "N" TO OK-FELD
     DISPLAY OK-FELD AT 2329
     ACCEPT OK-FELD AT 2329
     PERFORM LOESCHEN-PROMPT-ZEILE.
 ABFRAGE-WEITER.
     DISPLAY "WEITER(J/N):< >" AT 2301
     MOVE "J" TO OK-FELD
     DISPLAY OK-FELD AT 2314
     ACCEPT OK-FELD AT 2314
     IF FEHLER
         PERFORM LOESCHEN-FEHLERMELDUNGS-ZEILE.
     PERFORM LOESCHEN-PROMPT-ZEILE.
***********************************************************************
 EINGABE-MODUS.
     ACCEPT MODUS AT 0116.
 EINGABE-KENNZAHL.
     MOVE 0 TO KENNZAHL
     DISPLAY "GIB KENNZAHL:<    >" AT 2301
     ACCEPT KENNZAHL AT 2315.
     PERFORM LOESCHEN-PROMPT-ZEILE.  <--------------- ( 8 )
 EINGABE-START-KENNZAHL.
     MOVE 0 TO KENNZAHL
     DISPLAY "GIB KENNZAHL, AB DER GELISTET WERDEN SOLL:<     >"
             AT 2301
     ACCEPT KENNZAHL AT 2344
     PERFORM LOESCHEN-PROMPT-ZEILE.
 EINGABE-ERFASSUNGSFELDER.
     ACCEPT BILDSCHIRM-EIN AT 1301.
 EINGABE-ERFASSUNGSFELDER-KORR.
     ACCEPT BILDSCHIRM-EIN-KORR AT 1301.

***********************************************************************
 FEHLER-BEI-MODUS.
     DISPLAY MODUS-FEHLER-TEXT AT 2001.
 FEHLER-ANZEIGE.
     IF DATEI-LEER
         DISPLAY "DATEI LEER" AT 2001
     ELSE
         IF SATZ-VORHANDEN
             DISPLAY "SATZ VORHANDEN" AT 2001
         ELSE
             IF KEIN-SATZ-VORHANDEN
                 DISPLAY "KEIN SATZ VORHANDEN" AT 2001
             ELSE
                 IF DISKETTE-VOLL
                     DISPLAY "DISKETTE VOLL" AT 2001.
***********************************************************************
 LOESCHEN-BILDSCHIRM.
     DISPLAY SPACES.
 LOESCHEN-ERFASSUNGSFELDER.
     MOVE SPACES TO
         NACHNAME-EIN VORNAME-EIN KENNZAHL-EIN KONTOSTAND-EIN
     DISPLAY BILDSCHIRM-EIN AT 1301.
```

```
LOESCHEN-ZEILE-13-15.
    DISPLAY
    "
-   "               " AT 1301.
    DISPLAY
    "                                                   "
           AT 1401.
    DISPLAY
    "                                                   "
           AT 1501.
LOESCHEN-FEHLERMELDUNGS-ZEILE.
    DISPLAY
    "                                                   "
           AT 2001.
LOESCHEN-PROMPT-ZEILE.
    DISPLAY
    "                                                   "
           AT 2301.
```

4.2.10 Zugriff über Alternativ-Schlüssel

4.2.10.1 Vereinbarung von Alternativ-Schlüsseln

Wollen wir auf die einzelnen Vertreterdatensätze nicht nur über die Kennzahlen, sondern zusätzlich auch z. B. über die Nachnamen der Vertreter zugreifen können, so müssen wir das Konzept der Alternativ-Schlüssel einsetzen.

Generell besteht für index-sequentiell organisierte Dateien die Möglichkeit, neben dem Zugriff über einen *eindeutigen* Satz-Schlüssel – *Primär-Schlüssel* genannt – auch Zugriffspfade über weitere Satz-Schlüssel – *Alternativ-Schlüssel* oder auch *Sekundär-Schlüssel* genannt – vorzusehen.[25]

Dazu ist für jeden Alternativ-Schlüssel, der für die Datei vereinbart werden soll, im Paragraphen FILE-CONTROL eine **ALTERNATE RECORD KEY-*Klausel*** der Form

```
ALTERNATE RECORD KEY IS bezeichner [WITH DUPLICATES]
```

mit der folgenden Plazierung aufzuführen:

```
SELECT dateiname ASSIGN TO gerätebezeichnung
ORGANIZATION IS INDEXED
                 { SEQUENTIAL }
ACCESS MODE IS   { RANDOM     }
                 { DYNAMIC    }
RECORD KEY IS bezeichner-1
[ALTERNATE RECORD KEY IS bezeichner-2 [WITH DUPLICATES ] ] ...
[FILE STATUS IS bezeichner-3]
```

25 Die maximale Anzahl der möglichen Alternativ-Schlüssel ist systemabhängig und auf höchstens 80 Schlüssel begrenzt.

Ein Schlüssel-Feld für einen Alternativ-Schlüssel ("bezeichner-2") muß innerhalb der Datensatz-Beschreibung der index-sequentiellen Datei "dateiname" vereinbart sein. Dabei muß es sich um ein alphanumerisches Datenfeld oder um eine Datengruppe handeln.

Die Datenfelder, in denen der Primär- und die Alternativ-Schlüssel abgespeichert sind, dürfen sich überlappen. Jedoch muß sichergestellt sein, daß keine zwei Schlüssel-Felder an *derselben* Zeichenposition im Datensatz beginnen.

Wird bei der Vereinbarung eines Sekundär-Schlüssels keine DUPLICATES-Klausel angegeben, so müssen je zwei Datensätze verschiedene Sekundär-Schlüssel besitzen, d. h. der Sekundär-Schlüssel ist ebenso wie der Primär-Schlüssel ein eindeutiger Satz-Schlüssel.

Bei Angabe der **DUPLICATES**-*Klausel* dürfen mehrere Datensätze mit gleichem Alternativ-Schlüssel in die Datei eingetragen werden.

Bei der Einrichtung einer index-sequentiell organisierten Datei mit vereinbarten Sekundär-Schlüsseln werden die Datensätze mit der WRITE-Anweisung in die Datei übertragen.[26] Dies kann – wie in den Abschnitten 4.2.2 bis 4.2.6 dargestellt – sowohl im sequentiellen Zugriff (die Sätze müssen dann aufsteigend nach Primär-Schlüsseln sortiert sein) oder im Random-Zugriff bzw. im dynamischen Zugriff (die Sätze brauchen nicht sortiert zu sein) geschehen. Anschließend kann durch die Angabe geeigneter Satz-Schlüssel über den durch den Primär- bzw. durch einen Sekundär-Schlüssel bestimmten Zugriffspfad auf die abgespeicherten Datensätze zugegriffen werden.[27]

Wird ein Datensatz durch den Zugriff über einen Alternativ-Schlüssel eingelesen (wie dies möglich ist, lernen wir in den folgenden Abschnitten kennen), und ist die DUPLICATES-Klausel für diesen Sekundär-Schlüssel vereinbart worden, so kann man sich über die Existenz weiterer Datensätze mit dem gleichen Sekundär-Schlüssel informieren, indem man das der Datei zugeordnete Status-Feld auswertet. Dabei gilt:

Inhalt des Status-Felds:

linkes Byte	rechtes Byte	Kennzeichnung
0	2	es ist ein weiterer Satz mit gleichem Alternativ-Schlüssel in der Datei vorhanden

Werden bei der Einrichtung einer index-sequentiell organisierten Datei ein oder mehrere Sekundär-Schlüssel vereinbart, so kann man – bei der Bearbeitung der Datei als *Eingabe-* oder als *Update-Datei* – sowohl über den Primär-Schlüssel als auch über vereinbarte Alternativ-Schlüssel auf die Sätze der Datei zugreifen. Dadurch verändert sich die Wirkungsweise der READ- und der (nur im sequentiellen und im dynamischen Zugriffs-Modus zulässigen) START-Anweisung gegenüber der in den Abschnitten 4.2.2, 4.2.4 und 4.2.6 beschriebenen Wirkungsweise im Standardfall, wo nur über einen einzigen (durch die RECORD KEY-Klausel) vereinbarten Satz-Schlüssel auf die Datei zugegriffen werden kann.

---

[26] In diesem Fall werden die unbedingten Anweisungen der INVALID KEY-Klausel innerhalb einer WRITE-Anweisung auch dann ausgeführt, wenn versucht wird, einen Record mit schon vorhandenem Sekundär-Schlüssel in die Datei einzutragen, ohne daß für diesen Sekundär-Schlüssel eine DUPLICATES-Klausel vereinbart wurde.

[27] Es ist darauf zu achten, daß die Vereinbarung von Primär- und Sekundär-Schlüsseln mit den Angaben übereinstimmen, die bei der Datei-Erstellung gemacht wurden.

Die Wirkung der READ- und der START-Anweisung beim Zugriff auf die Datensätze einer index-sequentiell organisierten Datei, für die Sekundär-Schlüssel vereinbart sind, hängt von dem in der ACCESS MODE-Klausel vereinbarten Zugriffs-Modus ab.

4.2.10.2 Random-Zugriff

Ist im Paragraphen FILE-CONTROL durch die ACCESS MODE-Klausel in der Form

```
ACCESS MODE IS RANDOM
```

der Random-Zugriff für eine index-sequentielle Datei mit vereinbarten Sekundär-Schlüsseln festgelegt, so fungiert bei der standardmäßigen READ-Anweisung der Form

```
READ dateiname RECCRD [INTO bezeichner]
    INVALID KEY unb-anw-1 [unb-anw-2] ...
```

grundsätzlich der Primär-Schlüssel als Zugriffspfad, d. h. es wird derjenige Datensatz im Eingabe-Puffer bereitgestellt, dessen Satz-Schlüssel zuvor in dem Schlüssel-Feld für den Primär-Schlüssel – dies ist das in der RECORD KEY-Klausel angegebene Datenfeld – eingetragen wurde.

Ist für den eingestellten Satz-Schlüssel kein Record in der Datei vorhanden, so werden die in der INVALID KEY-Klausel angegebenen unbedingten Anweisungen ausgeführt.

Soll der Lesezugriff über einen Alternativ-Schlüssel vorgenommen werden, so hat man die folgende, um die KEY-*Klausel*

```
KEY IS bezeichner
```

erweiterte Form der READ-Anweisung einzusetzen:

```
READ dateiname RECORD [INTO bezeichner-1]
    KEY IS bezeichner-2
    INVALID KEY unb-anw-1 [unb-anw-2] ...
```

In der KEY-Klausel muß das Schlüssel-Feld für einen Sekundär-Schlüssel oder für den Primär-Schlüssel angegeben werden.

Ist für "bezeichner-2" das Feld mit dem Primär-Schlüssel aufgeführt, so wirkt diese READ-Anweisung wie eine READ-Anweisung ohne KEY-Klausel (s. o.).

Handelt es sich bei dem in der KEY-Klausel angegebenen Feld "bezeichner-2" um ein Feld mit einem Alternativ-Schlüssel – es ist in einer ALTERNATE RECORD KEY-Klausel aufgeführt –, so wird derjenige Record im Eingabe-Puffer bereitgestellt, dessen Sekundär-Schlüssel mit dem im Datenfeld "bezeichner-2" eingetragenen Satz-Schlüssel übereinstimmt.

Ist mehr als ein Datensatz mit dem im Feld "bezeichner-2" eingetragenen Schlüssel vorhanden, so wird derjenige Satz eingelesen, welcher bei der Einrichtung der Datei als erster Satz mit diesem Sekundär-Schlüssel durch eine WRITE-Anweisung in die Datei übertragen wurde bzw. welcher durch die Ausführung einer REWRITE-Anweisung an diese Position eingesetzt wurde (sofern der Sekundär-Schlüssel derselbe geblieben ist).

Existiert für den eingestellten Sekundär-Schlüssel kein Satz in der Datei, so werden die in der INVALID KEY-Klausel angegebenen unbedingten Anweisungen ausgeführt.

Will man mit einer nachfolgenden READ-Anweisung über den gleichen zuvor benutzten Zugriffspfad eines Sekundär-Schlüssels auf die Datei zugreifen, so muß man erneut eine READ-Anweisung mit der KEY-Klausel kodieren – eine dauerhafte Umschaltung auf den Zugriff über einen Sekundär-Schlüssel ist beim Random-Zugriff (anders als beim sequentiellen oder dynamischen Zugriff, s. Abschnitt 4.2.10.3) *nicht* vorgesehen.

Beim Einsatz einer DELETE-, WRITE- und REWRITE-Anweisung[28] ist ein Zugriff über einen Alternativ-Schlüssel nicht möglich, d. h. die Wirkungsweisen dieser Anweisungen sind bei der Bearbeitung einer index-sequentiell organisierten Datei mit vereinbarten Sekundär-Schlüsseln die gleichen wie die in Verbindung mit einer Datei ohne Sekundär-Schlüssel.

4.2.10.3 Sequentieller und dynamischer Zugriff

Im Gegensatz zum Random-Zugriff besteht beim sequentiellen und dynamischen Zugriff, vereinbart im Paragraphen FILE-CONTROL durch die Klauseln

```
ACCESS MODE IS SEQUENTIAL
```

bzw.

```
ACCESS MODE IS DYNAMIC
```

die Möglichkeit, für den sequentiellen Lesezugriff den Zugriffspfad über einen Sekundär-Schlüssel *dauerhaft* einzustellen. Von ihr muß man Gebrauch machen, wenn man beim Lesezugriff über einen Sekundär-Schlüssel (für den mehr als ein Satz vorhanden ist) nicht nur jeweils einen, sondern noch weitere Datensätze mit gleichem Sekundär-Schlüssel zur Verarbeitung im Eingabe-Puffer bereitstellen will.

Nach der Datei-Eröffnung mit der **OPEN-*Anweisung*** ("OPEN INPUT" oder "OPEN I-0") ist als Zugriffspfad stets der Zugriff über den Primär-Schlüssel eingestellt, so daß beim sequentiellen Lesezugriff der bzgl. der Reihenfolge des Primär-Schlüssels erste Record im Eingabe-Puffer bereitgestellt wird.

Beim *sequentiellen Zugriff* kann der Zugriffspfad über einen Alternativ-Schlüssel durch eine START-Anweisung der Form:[29]

```
                              { EQUAL TO         }
START dateiname KEY IS        { GREATER THAN     }   bezeichner
                              { NOT LESS THAN    }
    INVALID KEY unb-anw-1 [unb-anw-2] ...
```

---

[28] Bei der Ausführung einer REWRITE-Anweisung können die Inhalte von Sekundär-Schlüssel-Feldern eines ersetzten Records vom ursprünglichen Inhalt abweichen.

[29] Zur Wirkung der Vergleichsoperatoren in der KEY-Klausel s. Abschnitt 4.2.2.

umgestellt werden. Dabei ist für das Feld "bezeichner" das Schlüssel-Feld mit dem Sekundär-Schlüssel einzusetzen – eine Angabe des Felds mit dem Primär-Schlüssel ist ebenfalls erlaubt.[30]

Bei der Ausführung dieser START-Anweisung wird auf den Record positioniert, dessen Satz-Schlüssel durch die in der KEY-Klausel angegebene Vergleichsoperation bestimmt wird.[31]

Erfolgt der Zugriff über einen Sekundär-Schlüssel und sind mehrere Datensätze für diesen Sekundär-Schlüssel in der Datei vorhanden, so wird auf denjenigen Satz positioniert, welcher bei der Einrichtung der Datei als erster Satz mit diesem Sekundär-Schlüssel durch eine WRITE-Anweisung in die Datei übertragen wurde bzw. welcher bei der Ausführung einer REWRITE-Anweisung an diese Position eingesetzt wurde (sofern der Sekundär-Schlüssel derselbe geblieben ist).

Für alle nachfolgenden sequentiellen Lesezugriffe bleibt der Zugriff über den durch den angegebenen Sekundär-Schlüssel festgelegten Zugriffspfad eingestellt.

Für derartige Lesezugriffe darf beim sequentiellen Zugriff nur eine READ-Anweisung der Form

```
READ dateiname RECORD [INTO bezeichner]
   AT END unb-anw-1 [unb-anw-2] ...
```

eingesetzt werden (s. Abschnitt 4.2.2).

Zur Umstellung des Zugriffspfads auf einen anderen Alternativ-Schlüssel oder auf den Primär-Schlüssel muß wiederum eine START-Anweisung mit geeigneter KEY-Klausel eingesetzt werden.

Beim *dynamischen Zugriff* kann man – wie beim sequentiellen Zugriff – ebenfalls mit Hilfe der START-Anweisung den gewünschten Zugriffspfad dauerhaft einstellen. Dabei ist im Hinblick auf die o. a. Darstellung zu beachten, daß beim sequentiellen Lesen die folgende READ-Anweisung mit der NEXT-*Klausel* einzusetzen ist (vgl. Abschnitt 4.2.6):

```
READ dateiname NEXT RECORD [INTO bezeichner]
   AT END unb-anw-1 [unb-anw-2] ...
```

Zur *dauerhaften* Einrichtung eines Zugriffspfads darf man neben der START-Anweisung auch die im Abschnitt 4.2.10.2 beschriebene READ-Anweisung der Form

```
READ dateiname RECORD [INTO bezeichner-1]
   KEY IS bezeichner-2
   INVALID KEY unb-anw-1 [unb-anw-2] ...
```

für den direkten Zugriff auf einen Datensatz über das in der KEY-Klausel angegebene Schlüssel-Feld "bezeichner-2" benutzen.

---

30 Soll der Zugriff über den Primär-Schlüssel erfolgen und lautet die Vergleichsoperation "EQUAL TO", so kann man auf die Angabe der KEY-Klausel verzichten.

31 Nach erfolgloser Ausführung der START-Anweisung werden die unbedingten Anweisungen der INVALID KEY-Klausel ausgeführt. In diesem Fall ist sowohl die aktuelle Satzposition als auch der Zugriffspfad für nachfolgende Anweisungen unbestimmt.

Dabei ist für "bezeichner-2" das Schlüssel-Feld für den Primär- oder einen Sekundär-Schlüssel einzusetzen.[32]

Erfolgt der Zugriff über den Primär-Schlüssel, so wird derjenige Record in den Eingabe-Puffer übertragen, dessen Satz-Schlüssel zuvor in das Schlüssel-Feld für den Primär-Schlüssel eingetragen wurde.

Erfolgt der Zugriff über einen Alternativ-Schlüssel, so wird derjenige Satz im Eingabe-Puffer bereitgestellt, dessen Sekundär-Schlüssel mit dem Inhalt des in der KEY-Klausel angegebenen Datenfelds übereinstimmt.

Ist mehr als ein Record zu dem angegebenen Sekundär-Schlüssel in der Datei vorhanden, so wird derjenige Satz eingelesen, welcher bei der Einrichtung der Datei als erster Satz mit diesem Sekundär-Schlüssel durch eine WRITE-Anweisung in die Datei übertragen wurde bzw. welcher durch die Ausführung einer REWRITE-Anweisung an diese Position eingesetzt wurde (sofern der Sekundär-Schlüssel derselbe geblieben ist). Die Existenz mindestens eines weiteren Records mit gleichem Alternativ-Schlüssel wird durch die Ablage der Ziffernfolge "02" im der Datei zugeordneten Status-Feld gekennzeichnet (s. Abschnitt 4.2.10.1).

Ist für den eingestellten Primär- bzw. Sekundär-Schlüssel kein Satz in der Datei vorhanden, so werden die unbedingten Anweisungen der INVALID KEY-Klausel ausgeführt. In diesem Fall ist sowohl die aktuelle Satzposition als auch der Zugriffspfad für nachfolgende Anweisungen unbestimmt.

Genau wie die START-Anweisung bewirkt die READ-Anweisung mit der KEY-Klausel beim *dynamischen Zugriff* eine dauerhafte Umschaltung auf den durch diese Anweisung festgelegten Zugriffspfad, d. h. alle nachfolgenden READ-Anweisungen für den sequentiellen Lesezugriff (mit der AT END-Klausel) beziehen sich auf diesen zuvor eingestellten Zugriffspfad.

Eine Umschaltung auf einen anderen Zugriffspfad muß durch eine nachfolgende READ- oder START-Anweisung mit entsprechender Angabe des Zugriffspfads festgelegt werden.[33]

Soll ein Alternativ-Schlüssel als Zugriffspfad dienen, so muß dies bei der START- bzw. bei der READ-Anweisung durch eine KEY-Klausel festgelegt werden. Bei der Umstellung auf den Primär-Schlüssel kann die Angabe der KEY-Klausel unterbleiben, sofern diese Umstellung nicht mit der START-Anweisung über die Vergleichsoperation "GREATER THAN" bzw. "NOT LESS THAN" vorgenommen werden soll.

Beim Einsatz der DELETE-, WRITE- und REWRITE-Anweisung ist der Zugriff über einen Sekundär-Schlüssel nicht möglich, d. h. die Wirkungsweisen dieser Anweisungen sind bei der Bearbeitung einer index-sequentiellen Datei mit vereinbarten Sekundär-Schlüsseln die gleichen wie die in Verbindung mit einer Datei ohne Sekundär-Schlüssel.

---

[32] Sofern der Zugriff über den Primär-Schlüssel erfolgen soll, darf man auf die Angabe der KEY-Klausel verzichten.

[33] Durch die Ausführung einer OPEN-Anweisung – nach vorausgehendem Datei-Abschluß mit der CLOSE-Anweisung – wird der Zugriffspfad immer auf den Primär-Schlüssel umgestellt.

4.2.10.4 Erweiterung des COBOL-Programms ERFABF

Wir greifen die zu Beginn des Abschnitts 4.2.10.1 formulierte Problemstellung auf und wollen im folgenden das COBOL-Programm ERFABF (s. Abschnitt 4.2.9) so abändern, daß wir über die Vertreterkennzahl *und* über den Nachnamen des Vertreters auf die Vertreterdatensätze zugreifen können.

Nach den Ausführungen im Abschnitt 4.2.10.3 kann man beim dynamischen Zugriff auf eine index-sequentiell organisierte Datei mit vereinbartem Sekundär-Schlüssel durch eine READ-Anweisung mit der KEY-Klausel den Zugriffspfad auf den Sekundär-Schlüssel "Nachname" einstellen und durch nachfolgende READ-Anweisungen mit der NEXT-Klausel – unter Abfrage des Status-Feld-Inhalts – alle Datensätze mit gleichem Sekundär-Schlüssel sequentiell in den Eingabe-Puffer einlesen.

Somit modifizieren und ergänzen wir unser im Abschnitt 4.2.9 angegebenes COBOL-Programm ERFABF um die folgenden Programmzeilen (die PROCEDURE DIVISION des vervollständigten Programms ist – nach Kapiteln gegliedert – im Abschnitt 5.2.3 angegeben):

```
( 0 ) :          SELECT VERTRETER-DATEI ASSIGN TO "B:STAMMISA.VER"

( 1 ) :          ALTERNATE RECORD KEY IS NACHNAME WITH DUPLICATES

( 2 ) :     02   ANZ-SEK-SCHL-NACHNAME-TEXT PIC X(28)
                               VALUE "- (7)ANZEIGEN UEBER NACHNAME".
            02   FILLER PIC X(52).
            02   PROGRAMMENDE-TEXT PIC X(17) VALUE "- (8)PROGRAMMENDE".
            02   FILLER PIC X(63).

( 3 ) :     77   MODUS PIC 9 VALUE 1.
                 88 PROGRAMMENDE  VALUE 8.
                 88 MODUS-KORREKT VALUE 1 THRU 8.
            77   MODUS-FEHLER-TEXT PIC X(15) VALUE "1 <= MODUS <= 8".

( 4 ) :          88  WEITERER-SEKUNDAER-SCHLUESSEL VALUE "02".

( 5 ) :                DRUCKLISTING-MODUS
                       ANZ-UEB-SEK-SCHL-NACHNAME-MOD
                 DEPENDING ON MODUS.

( 6 ) :     ANZ-UEB-SEK-SCHL-NACHNAME-MOD.
                 OPEN I-O VERTRETER-DATEI
                 PERFORM AUSGABE-ZEILE-13-15
                 PERFORM ANZEIGEN-UEB-SEK-SCHL-NACHNAME UNTIL MODUS-WECHSEL
                 PERFORM LOESCHEN-ZEILE-13-15
                 GO TO AUSWAHL-ENDE.
```

```
( 7 ) :  ANZEIGEN-UEB-SEK-SCHL-NACHNAME.
             MOVE 0 TO FEHLER-FELD
             PERFORM EINGABE-NACHNAME
             READ VERTRETER-DATEI KEY IS NACHNAME
                 INVALID KEY MOVE 1 TO FEHLER-FELD.
             PERFORM SEKUNDAER-SCHL-UEBERPRUEFUNG.
         SEKUNDAER-SCHL-UEBERPRUEFUNG.
             IF FEHLER
                 PERFORM FEHLER-ANZEIGE
             ELSE
                 PERFORM SEKUNDAER-SCHL-VERARBEITUNG
                     UNTIL NOT WEITERER-SEKUNDAER-SCHLUESSEL
                 PERFORM INFO-TO-INFO-EIN
                 PERFORM AUSGABE-ERFASSUNGSFELDER.
             PERFORM ABFRAGE-WEITER
             IF NOT OK
                 MOVE 1 TO MODUS-WECHSEL-FELD.
         SEKUNDAER-SCHL-VERARBEITUNG.
             PERFORM INFO-TO-INFO-EIN
             PERFORM AUSGABE-ERFASSUNGSFELDER
             READ VERTRETER-DATEI NEXT
                 AT END MOVE 1 TO DATEI-ENDE-FELD.
             PERFORM ABFRAGE-WEITER.

( 8 ) :  EINGABE-NACHNAME.
             MOVE SPACES TO NACHNAME
             DISPLAY "GIB NACHNAME:<                    >" AT 2301
             ACCEPT NACHNAME AT 2315
             PERFORM LOESCHEN-PROMPT-ZEILE.
```

Durch die Veränderung (0) wird festgelegt, daß die Datensätze der index-sequentiell organisierten Datei mit dem COBOL-Namen VERTRETER-DATEI in der Disketten-Datei STAMMISA.VER auf dem Laufwerk B abgelegt werden.

Durch die Ergänzung (1) wird das Feld NACHNAME aus der Datensatz-Beschreibung der VERTRETER-DATEI als Alternativ-Schlüssel-Feld vereinbart, und durch die Angabe der DUPLICATES-Klausel wird verabredet, daß mehrere Datensätze mit gleichem Vertreternachnamen zugelassen sind.

Auf Grund der Modifikation (2) wird der Wert 8 als weiterer möglicher Modus-Wert festgelegt — über den Modus-Wert 7 kann man jetzt den Zugriff auf die Vertreterdatensätze über die Angabe des Nachnamens abrufen.

Mit der Ersetzung (3) wird das Programmende durch die Kennzahl 8 markiert.

Durch die Ergänzung (4) wird ein Bedingungsname für die Abfrage auf weitere Datensätze mit gleichem Alternativ-Schlüssel vereinbart.

Mit der Ergänzung (5) wird die Basis-Prozedur für den Zugriff über den Alternativ-Schlüssel NACHNAME in die Steuerung mittels der GO-Anweisung einbezogen.

Durch (6), (7) und (8) werden die Aktionen beim Zugriff über den Alternativ-Schlüssel beschrieben.

Nach der Eröffnung der Datei VERTRETER-DATEI (in den Prozeduren ANZ-KORR-NEU-MODUS und ANZ-UEB-SEK-SCHL-NACHNAME-MOD) ist als Zugriffspfad der Zugriff über den Primär-Schlüssel "Kennzahl" eingestellt.

Innerhalb der Prozedur ANZEIGEN wird auf einen Record durch die Ausführung der READ-Anweisung

```
READ VERTRETER-DATEI
    INVALID KEY MOVE 1 TO FEHLER-FELD.
```

zugegriffen. In dieser Anweisung braucht *keine* KEY-Klausel der Form

```
KEY IS KENNZAHL
```

aufgeführt zu werden, da der Zugriff über den Primär-Schlüssel "Kennzahl" erfolgen soll.

Innerhalb der Prozedur ANZEIGEN-UEB-SEK-SCHL-NACHNAME (s. (7)) wird ein Record durch die READ-Anweisung

```
READ VERTRETER-DATEI KEY IS NACHNAME
    INVALID KEY MOVE 1 TO FEHLER-FELD.
```

eingelesen. Dabei legt die KEY-Klausel

```
KEY IS NACHNAME
```

fest, daß der Zugriff über den Sekundär-Schlüssel "Nachname" erfolgen soll. Bei der erfolgreichen Ausführung dieser READ-Anweisung wird im Eingabe-Puffer der Record bereitgestellt, dessen Alternativ-Schlüssel mit dem im Schlüssel-Feld NACHNAME eingetragenen Nachnamen übereinstimmt.

Sind mehrere Datensätze mit gleichem Vertreternachnamen in der Datei VERTRETER-DATEI vorhanden, so wird derjenige Record in den Eingabe-Puffer übertragen, welcher bei der Einrichtung dieser Datei als erster Satz mit diesem Nachnamen durch eine WRITE-Anweisung in die Datei übertragen wurde bzw. durch die Ausführung einer REWRITE-Anweisung an diese Position eingesetzt wurde (sofern der Sekundär-Schlüssel derselbe geblieben ist). Nach der Ausführung dieser READ-Anweisung ist der Zugriffspfad über den Sekundär-Schlüssel "Nachname" eingestellt.

In der Prozedur SEKUNDAER-SCHL-UEBERPRUEFUNG wird über den Bedingungsnamen WEITERER-SEKUNDAER-SCHLUESSEL geprüft, ob weitere Datensätze mit gleichem Sekundär-Schlüssel vorliegen, die nach und nach einzulesen sind. Dabei wird davon Gebrauch gemacht, daß im Status-Feld FILE-STATUS-FELD die Ziffernfolge "02" als Indikator für die Existenz eines weiteren Records mit gleichem Sekundär-Schlüssel vom Betriebssystem vermerkt wird. Sofern diese Überprüfung des Status-Felds positiv ausfällt, wird die Prozedur SEKUNDAER-SCHL-VERARBEITUNG durchlaufen und dabei die Anweisung

```
READ VERTRETER-DATEI NEXT
    AT END MOVE 1 TO DATEI-ENDE-FELD.
```

ausgeführt, die den nächsten Satz mit vorgegebenem Nachnamen in den Eingabe-Puffer überträgt. Nach der Ausführung dieser Anweisung bleibt der Zugriffspfad unverändert, so daß auf diese Weise alle Vertreterdatensätze mit dem gleichen Vertreternachnamen (nacheinander) zur Verarbeitung bereitgestellt werden.

4.2.11 Aufgabe

Man modifiziere das COBOL-Programm, das die Aufgabe 4.2.3 löst, so daß eine index-sequentielle Datei namens AUFTRAGA.VER eingerichtet wird, auf die über den Primär-Schlüssel – gebildet aus der Auftragsnummer und der Vertreterkennzahl – und über die beiden Alternativ-Schlüssel "Artikelnummer" und "Vertreterkennzahl" zugegriffen werden kann.

Ferner schreibe man ein Programm, mit dem die Datensätze der index-sequentiell organisierten Disketten-Datei AUFTRAGA.VER in geeigneter Form auf dem Bildschirm angezeigt werden können, wobei der Zugriff sowohl über die Artikelnummer als auch über die Vertreterkennzahl möglich sein soll.

5 Modulare Verarbeitung

5.1 Unterprogramm-Technik

5.1.1 Struktur eines COBOL-Unterprogramms

Bei der Entwicklung der Lösung für ein komplexes Problem ist es sinnvoll, das gesamte Problem durch *"Strukturierende Vorgehensweise"* in überschaubare Teilprobleme zu zergliedern und die zugehörigen Problemlösungen in Form jeweils eigenständiger Programme – *Moduln* genannt – zu kodieren. Durch diese Modularisierung können die einzelnen Programmbausteine getrennt entwickelt und überprüft werden, so daß durch die Parallelität der Tätigkeiten mehrerer Programmierer die Programmentwicklungszeit i. a. erheblich reduziert werden kann.

Das Zusammenwirken der einzelnen Moduln und deren Ablauf wird beschrieben und gesteuert mit Hilfe der COBOL-*Unterprogramm-Technik.*

Diese Technik der Programmstrukturierung muß bei einem Mikrocomputer stets dann eingesetzt werden, wenn der benötigte Datenbereich, d. h. der Bereich des Hauptspeichers für die Datenfelder der WORKING-STORAGE SECTION und die Datei-Puffer, die vom Betriebssystem zugelassene Obergrenze von in der Regel 60 KB übersteigt.[1]

In einem derartigen Fall muß die Problemlösung so zergliedert werden, daß die Datenbereiche für die Teilproblemlösungen unterhalb der erlaubten Bereichsgrenze bleiben.

Die Unterprogramm-Technik ist zudem auch deshalb von großer Bedeutung, weil einmal entwickelte Moduln als Lösungen für Standardprobleme anschließend als fertige oder nur noch geringfügig zu modifizierende Bausteine für neue Problemlösungen übernommen werden können.

Bei der "Strukturierenden Vorgehensweise" wird die Lösung in Form eines COBOL-*Hauptprogramms* und zugehöriger COBOL-*Unterprogramme* angegeben. Dabei besitzt ein COBOL-Unterprogramm immer den folgenden Aufbau:

```
IDENTIFICATION DIVISION.
PROGRAM-ID.
    unterprogramm-name.
ENVIRONMENT DIVISION.
.
.
DATA DIVISION.
FILE SECTION
.
.
WORKING-STORAGE SECTION.
.
.
[LINKAGE SECTION.
I  Datenfeld-Beschreibungen der formalen Parameter "up-bez-1", "up-bez-2" usw.]
PROCEDURE DIVISION [USING up-bez-1 [up-bez-2] ... ]
I  eine oder mehrere Prozeduren
```

[1] Der Datenbereich eines Unterprogramms ist auf 32 KB beschränkt.

Gegenüber dem Aufbau eines COBOL-Hauptprogramms, d.h. eines "normalen" COBOL-Programms, hat man also für ein COBOL-Unterprogramm die folgenden Ergänzungen vorzunehmen:

- in die DATA DIVISION ist gegebenenfalls die LINKAGE SECTION als zusätzliches Kapital einzutragen, und
- im Anschluß an die Programmteil-Überschrift "PROCEDURE DIVISION" muß man u.U. eine USING-Klausel kodieren.

Dabei sind die LINKAGE SECTION und die USING-Klausel entweder beide gleichzeitig aufzuführen oder sie fehlen beide.

Soll das gerufene Unterprogramm auf spezielle Datenfelder des rufenden Programms (die sich von Aufruf zu Aufruf ändern können) zugreifen können, so muß die **USING-*Klausel*** in der Form

```
USING up-bez-1 [up-bez-2] ...
```

hinter der Programmteil-Überschrift "PROCEDURE DIVISION" des Unterprogramms angegeben werden.

Die Bezeichner "up-bez-1", "up-bez-2" usw. heißen *formale Parameter*. Sie müssen in der **LINKAGE SECTION** durch eine Datenfeld-Beschreibung mit den *Stufennummern* **01** oder 77 vereinbart sein, wobei jedes mit der Stufennummer 01 deklarierte Feld auch strukturiert sein darf.

5.1.2 CALL- und EXIT-Anweisung

Mit den Datenfeldnamen, die in der LINKAGE SECTION des gerufenen Programms vereinbart sind, kann in der PROCEDURE DIVISION auf spezielle Datenfelder des rufenden Programms zugegriffen werden. Dazu muß man die Namen dieser Datenfelder in der **CALL-*Anweisung*** aufführen, mit der das Unterprogramm aufgerufen wird:

```
     { "dateiname"  }
CALL {              }  [USING bezeichner-2 [bezeichner-3] ... ]
     { bezeichner-1 }  [ON OVERFLOW unb-anw-1 [unb-anw-2] ... ]
```

Mit dieser Anweisung wird ein in einer Disketten-Datei abgespeichertes Unterprogramm aktiviert. Der Name dieser Datei wird entweder als alphanumerisches Literal "dateiname" angegeben oder er wird – während der Programmausführung – als Wert des alphanumerischen Datenfelds "bezeichner-1" ermittelt. Die Ergänzung dieses Dateinamens muß "INT" lauten, und der Dateiname muß gegebenenfalls durch eine Laufwerksbezeichnung eingeleitet werden.

In der **USING-*Klausel*** müssen alle diejenigen Datenfelder als *aktuelle Parameter* aufgeführt werden, auf die das gerufene Unterprogramm zugreifen soll.

Die aktuellen Parameter müssen – in der DATA DIVISION des rufenden Programms – mit den *Stufennummern* **01** oder 77 vereinbart sein.

Bzgl. der Korrespondenz zwischen den aktuellen Parametern des rufenden Programms und den formalen Parametern des gerufenen Unterprogramms gelten die folgenden Regeln:

- die Zuordnung der Datenfelder erfolgt gemäß der Reihenfolge, in der die Datenfelder in den jeweiligen USING-Klauseln aufgeführt sind,
- die Anzahl der Parameter in den beiden USING-Klauseln muß übereinstimmen, und
- die jeweils korrespondierenden Felder dürfen verschiedene Namen haben.

Damit das aufgerufene Unterprogramm ausgeführt werden kann, muß es zuvor in den Hauptspeicher geladen werden. Reicht beim Laden der freie Hauptspeicherbereich nicht mehr zur Aufnahme des Unterprogramms aus, so wird das Programm abgebrochen – es sei denn, daß innerhalb der CALL-Anweisung eine **OVERFLOW**-*Klausel* eingetragen wurde. In diesem Fall werden die dort kodierten unbedingten Anweisungen ausgeführt, und anschließend wird der Programmlauf mit der hinter der CALL-Anweisung folgenden Anweisung fortgesetzt.

Bei der Ausführung der CALL-Anweisung im rufenden Programm wird die Ablaufsteuerung an das gerufene Unterprogramm übertragen, und die Ausführung dieses Unterprogramms wird mit der ersten Anweisung in dessen PROCEDURE DIVISION begonnen.

Mit den Anweisungen in der PROCEDURE DIVISION des gerufenen Programms kann über die Namen der in der LINKAGE SECTION vereinbarten Datenfelder auf diejenigen Felder zugegriffen werden, die in der CALL-Anweisung des rufenden Programms als aktuelle Parameter aufgeführt sind. Dabei können einerseits Informationen für das gerufene Programm bereitgestellt werden und andererseits auch Ergebnisse in das rufende Programm übermittelt werden. Will man keine Nachricht zwischen rufendem und gerufenem Programm austauschen, so braucht man auch keine formalen und keine aktuellen Parameter anzugeben. In diesem Fall fehlen sowohl die USING-Klausel in der CALL-Anweisung des rufenden Programms als auch die USING-Klausel in der Programmteil-Überschrift "PROCEDURE DIVISION" des gerufenen Unterprogramms. Ferner entfällt die LINKAGE SECTION in der DATA DIVISION des gerufenen Unterprogramms.

An der Stelle, an der vom gerufenen Unterprogramm wieder in das rufende Programm zurückverzweigt werden soll, muß man – als einzige Anweisung einer Prozedur – die folgende **EXIT**-*Anweisung* kodieren:

EXIT PROGRAM

Durch die Ausführung dieser Anweisung erfolgt der *Rücksprung* vom aufgerufenen Unterprogramm in das rufende Programm, in dem die Programmausführung mit der Bearbeitung derjenigen Anweisung fortgesetzt wird, die der CALL-Anweisung folgt. Dabei wird eine Datei, die im Unterprogramm eröffnet wurde, *nicht* automatisch geschlossen.

Generell darf ein Hauptprogramm mehrere Unterprogramme aktivieren, und ein Unterprogramm kann mit der CALL-Anweisung weitere Unterprogramme aufrufen.[2] Allerdings darf ein Unterprogramm niemals ein Unterprogramm aktivieren, das in der Aufruf-

---

[2] In einem COBOL-Programm können maximal 20 Unterprogramme aufgerufen werden. Dabei darf der gesamte Programmkode des Hauptprogramms und der gleichzeitig geladenen Unterprogramme zur Programmlaufzeit in der Regel bis zu 116 KB betragen, wobei das Hauptprogramm und jedes einzelne Unterprogramm maximal 64 KB an Programmkode einnehmen darf.

Hierarchie vor ihm steht. Damit soll verhindert werden, daß ein Unterprogramm sich direkt oder indirekt (über andere Unterprogramme) selbst aufrufen kann.

5.1.3 Die CANCEL-Anweisung

Wird ein Unterprogramm mehrfach aktiviert, so sind die Inhalte der in diesem Unterprogramm definierten Datenfelder bei jedem Aufruf in dem Zustand, in dem sie sich beim letzten Rücksprung in das rufende Programm befunden haben. Bei einem erneuten Unterprogrammaufruf enthalten daher die Felder eines Unterprogramms i. a. nicht mehr die Werte, die sie durch Vorbesetzungen mit der VALUE-Klausel zu Beginn des Objektlaufs besessen haben. Vielmehr resultieren die jeweiligen Speicherinhalte aus den zuletzt erfolgten Wertzuweisungen.

Will man dagegen bei jedem Unterprogrammaufruf das Unterprogramm wieder in seinem Initialzustand vorfinden, d. h. in dem Zustand, in dem jedes mit einer VALUE-Klausel vereinbarte Datenfeld den in dieser Klausel angegebenen Wert besitzt (so daß die von einem vorausgehenden Unterprogramm-Aufruf herrührenden Änderungen in Datenfeldern wieder rückgängig gemacht sind), so muß man vor dem Unterprogramm-Aufruf eine CANCEL-*Anweisung* der Form

```
CANCEL "dateiname-1" ["dateiname-2"] ...
```

ausführen lassen.

Hierdurch werden alle Hauptspeicherbereiche freigegeben, die von den aus den Dateien "dateiname-1", "dateiname-2" usw. geladenen und ausgeführten Unterprogrammen belegt sind.

Dabei werden alle Dateien *automatisch* geschlossen, die in den betroffenen Unterprogrammen eröffnet und noch nicht von der Verarbeitung abgemeldet worden sind.

Beim nächsten Aufruf eines durch eine vorausgegangene CANCEL-Anweisung zur Löschung (im Hauptspeicher) freigegebenen Unterprogramms wird dieses erneut in seinem Initialzustand im Hauptspeicher abgelegt und zur Ausführung gebracht.

Der Einsatz der CANCEL-Anweisung ist insbesondere dann erforderlich, wenn die Gesamtheit aller benötigten Unterprogramme aus Speicherplatzgründen nicht gleichzeitig im Hauptspeicher eingetragen sein können. In diesem Fall muß man vor dem Aufruf eines Unterprogramms den benötigten Hauptspeicherbereich mit Hilfe der CANCEL-Anweisung freimachen.

5.1.4 Das COBOL-Programm WAEHLE

Als Anwendungsbeispiel der Unterprogramm-Technik wollen wir ein Programm – wir nennen es WAEHLE – entwickeln, das die folgenden Funktionen ausführt:

- Aufbau einer index-sequentiell organisierten Disketten-Datei aus einer zeilen-sequentiell organisierten Disketten-Datei, in welcher die Vertreterdatensätze – nach aufsteigenden Kennzahlen sortiert – abgespeichert sind und
- Abfrage der Daten eines Vertreterdatensatzes, der in einer index-sequentiellen Datei abgespeichert ist, über die Angabe der Vertreterkennzahl.

Als Moduln für das Programm WAEHLE stehen uns die bereits entwickelten Programme **IGENER** (vgl. 4.2.2) und **ABFRAG** (vgl. 4.2.4) zur Verfügung, die wir – geringfügig modifiziert – als Unterprogramme – mit den Programmnamen IGENERUP und ABFRAGUP – einsetzen wollen.

Zu Beginn soll das Programm den folgenden Text auf dem Bildschirm ausgeben:

```
                 .....................................................
                 .                                                   .
Zeile 5 --->     .WAEHLE PROGRAMM AUS:                               .
Zeile 6 --->     .(1)IGENER                                          .
Zeile 7 --->     .(2)ABFRAG                                          .
Zeile 8 --->     .(3)ENDE                                            .
                 .                                                   .
                 .....................................................
```

Gleichzeitig soll der Cursor auf das Zeichen "1" in der 2. Zeichenposition der Zeile 6 positioniert werden und von dort aus unter die "2" und unter die "3" gesetzt werden können.

Nach der Cursorpositionierung und anschließenden Betätigung der Return-Taste durch den Anwender des Programms soll die aktuelle Cursorposition ausgewertet werden und daraufhin das Unterprogramm IGENERUP (bei "1") bzw. das Unterprogramm ABFRAGUP (bei "2") gestartet oder (bei "3") das Programm WAEHLE beendet werden.

Für die Übermittlung der Anwender-Anforderung an das COBOL-Programm vereinbaren wir die folgenden Datenfelder innerhalb der WORKING-STORAGE SECTION:

```
01  BILDSCHIRM-AUS.
    02  TEXT-1 PIC X(80) VALUE "WAEHLE PROGRAMM AUS:".
    02  TEXT-2 PIC X(80) VALUE "(1)IGENER".
    02  TEXT-3 PIC X(80) VALUE "(2)ABFRAG".
    02  TEXT-4 PIC X(80) VALUE "(3)ENDE".
01  BILDSCHIRM-EIN REDEFINES BILDSCHIRM-AUS.
    02  FILLER PIC X(81).
    02  POS-1  PIC X.
    02  FILLER PIC X(79).
    02  POS-2  PIC X.
    02  FILLER PIC X(79).
    02  POS-3  PIC X.
    02  FILLER PIC X(78).
77  CURSOR-FELD PIC 9(4).
    88  IGENER VALUE 0602.
    88  ABFRAG VALUE 0702.
    88  ENDE   VALUE 0802.
```

Nach der Ausführung des jeweils aufgerufenen Unterprogramms soll an das Programm WAEHLE zurückgemeldet werden, ob bei der Unterprogramm-Ausführung ein Fehler aufgetreten ist. Hierfür ergänzen wir die o. a. Datenfeld-Vereinbarungen um den Eintrag:

```
77  FEHLER-FELD PIC 9 VALUE 0.
    88  FEHLER VALUE 1.
```

Als Beschreibung der bei der Problemlösung durchzuführenden Aktionen geben wir das folgende Struktogramm an:

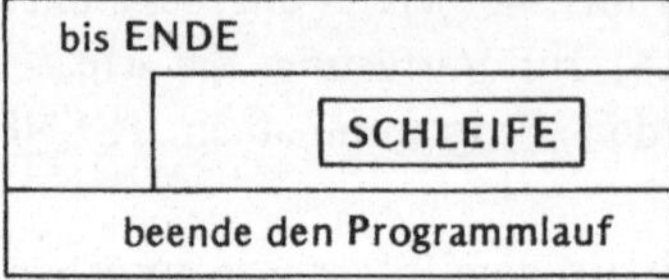

SCHLEIFE

lösche den Bildschirm

gib die Bildschirmmaske BILDSCHIRM-AUS mit Beginn der Zeile 5 auf dem Bildschirm aus

"0602" → CURSOR-FELD

fordere die gewünschte Cursorpositionierung für die Bildschirmpositionen "0602", "0702" und "0802" an und übertrage die gewählte Position nach CURSOR-FELD

lösche den Bildschirm

IGENER, d.h. Cursorposition = "0602"

ja | nein

lade das Unterprogramm IGENERUP aus der Datei B:IGENERUP.INT in den Hauptspeicher, führe es aus und melde anschließend zurück, ob bei dieser Ausführung ein Fehler aufgetreten ist; kann das Unterprogramm IGENERUP wegen Speicherplatzmangels nicht in den Hauptspeicher geladen werden, so gibt die Meldung "HAUPTSPEICHER ZUM LADEN VON IGENER ZU KLEIN" mit einleitendem blinkendem Sternzeichen "*" zu Beginn der Zeile 18 auf dem Bildschirm aus

IGENER

ja | nein

gib den durch das Unterprogramm IGENERUP belegten Hauptspeicher wieder frei

ABFRAG, d.h. Cursorposition = "0702"

ja | nein

lade das Unterprogramm ABFRAGUP aus der Datei B:ABFRAGUP.INT in den Hauptspeicher, führe es aus und melde anschließend zurück, ob bei dieser Ausführung ein Fehler aufgetreten ist; kann das Unterprogramm ABFRAGUP wegen Speicherplatzmangels nicht in den Hauptspeicher geladen werden, so gibt die Meldung "HAUPTSPEICHER ZUM LADEN VON ABFRAG ZU KLEIN" mit einleitendem blinkendem Sternzeichen "*" zu Beginn der Zeile 18 auf dem Bildschirm aus

ABFRAG

ja | nein

gib den durch das Unterprogramm ABFRAGUP belegten Hauptspeicher wieder frei

FEHLER

ja | nein

gib die Meldung "FEHLER IM UNTERPROGRAMM" mit einleitendem blinkenden Sternzeichen "*" zu Beginn der Zeile 18 auf dem Bildschirm aus

0 → FEHLER-FELD

Wir organisieren die Verarbeitung als Schleife, weil wir die Möglichkeit haben wollen, beide Unterprogramme nacheinander bzw. das Unterprogramm ABFRAGUP wiederholt ausführen zu können.

Aus dem angegebenen Struktogramm leiten wir unter Einsatz der Unterprogramm-Technik das folgende COBOL-Hauptprogramm WAEHLE ab:

```
IDENTIFICATION DIVISION.
PROGRAM-ID.
    WAEHLE.
ENVIRONMENT DIVISION.
CONFIGURATION SECTION.
SPECIAL-NAMES.
    CONSOLE IS CRT
    CURSOR IS CURSOR-FELD.
DATA DIVISION.
WORKING-STORAGE SECTION.
01  BILDSCHIRM-AUS.
    02  TEXT-1 PIC X(80) VALUE "WAEHLE PROGRAMM AUS:".
    02  TEXT-2 PIC X(80) VALUE "(1)IGENER".
    02  TEXT-3 PIC X(80) VALUE "(2)ABFRAG".
    02  TEXT-4 PIC X(80) VALUE "(3)ENDE".
01  BILDSCHIRM-EIN REDEFINES BILDSCHIRM-AUS.
    02  FILLER PIC X(81).
    02  POS-1  PIC X.
    02  FILLER PIC X(79).
    02  POS-2  PIC X.
    02  FILLER PIC X(79).
    02  POS-3  PIC X.
    02  FILLER PIC X(78).
77  CURSOR-FELD PIC 9(4).
    88  IGENER VALUE 0602.
    88  ABFRAG VALUE 0702.
    88  ENDE   VALUE 0802.
77  FEHLER-FELD PIC 9 VALUE 0.
    88  FEHLER VALUE 1.
PROCEDURE DIVISION.
RAHMEN.
    PERFORM SCHLEIFE UNTIL ENDE
    STOP RUN.
SCHLEIFE.
    DISPLAY SPACES
    DISPLAY BILDSCHIRM-AUS AT 0501
    MOVE 0602 TO CURSOR-FELD
    ACCEPT BILDSCHIRM-EIN AT 0501
    DISPLAY SPACES
    IF IGENER
     CALL "B:IGENERUP.INT" USING FEHLER-FELD ON OVERFLOW DISPLAY
          "HAUPTSPEICHER ZUM LADEN VON IGENER ZU KLEIN" AT 1802
          PERFORM STERN-AUSGABE 1000 TIMES.
    IF IGENER
        CANCEL "B:IGENERUP.INT".
    IF ABFRAG
     CALL "B:ABFRAGUP.INT" USING FEHLER-FELD ON OVERFLOW DISPLAY
          "HAUPTSPEICHER ZUM LADEN VON ABFRAG ZU KLEIN" AT 1802
          PERFORM STERN-AUSGABE 1000 TIMES.
    IF ABFRAG
        CANCEL "B:ABFRAGUP.INT".
```

```
        IF FEHLER
            DISPLAY "FEHLER IM UNTERPROGRAMM" AT 1802
            PERFORM STERN-AUSGABE 1000 TIMES
            MOVE 0 TO FEHLER-FELD.
    STERN-AUSGABE.
        DISPLAY "*" AT 1801.
```

Zu dieser Kodierung ist folgendes anzumerken:

- Die zu den Unterprogrammen IGENERUP und ABFRAGUP gehörenden Objektprogramme sind in den Disketten-Dateien IGENERUP.INT und ABFRAGUP.INT auf dem Diskettenlaufwerk B abgespeichert.
- Das Unterprogramm ABFRAGUP muß – wegen der Möglichkeit der wiederholten Ausführung – bei jedem Aufruf stets neu aus der Disketten-Datei ABFRAGUP.INT geladen werden, d. h. vor jedem erneuten Aufruf muß das Unterprogramm mit Hilfe der CANCEL-Anweisung im Hauptspeicher gelöscht werden; dies ist erforderlich, da nämlich bei jeder Ausführung des Unterprogramms das Datenfeld BILDSCHIRM-MASKE-AUS mit Leerzeichen gefüllt wird (Folge der durchgeführten Redefinition) und somit die Texte für die Ausgabe der Bildschirmmasken nicht mehr zur Verfügung stehen.
- Im Hinblick auf eine evtl. zu einem späteren Zeitpunkt durchzuführende Erweiterung des Leistungsumfangs von WAEHLE wird auch der durch das Unterprogramm IGENERUP belegte Hauptspeicherbereich nach einem Aufruf dieses Unterprogramms wieder freigegeben, damit dieser Bereich durch andere Unterprogramme belegt werden kann.
- Da vor jedem Verarbeitungsschritt stets der gesamte Bildschirm gelöscht wird, muß eine evtl. zuvor ausgegebene Fehlermeldung für eine gewisse Zeit auf dem Bildschirm sichtbar sein. Dies wird erreicht durch ein genügend oft wiederholtes Durchlaufen der Prozedur STERN-AUSGABE.

Wir geben im folgenden die für unsere Problemlösung modifizierten Programme IGENERUP und ABFRAGUP an. Gegenüber den früheren Versionen (vgl. 4.2.2 und 4.2.4) verändern wir die ASSIGN-Klauseln im Paragraphen FILE-CONTROL, um bzgl. der Ablage der Vertreterdatensätze flexibler zu sein. Die jeweils aktuellen Dateinamen der Disketten-Dateien erfragen wir zu Beginn der Unterprogramm-Ausführungen mit Hilfe der Anweisungen DISPLAY und ACCEPT:

```
IDENTIFICATION DIVISION.
PROGRAM-ID.
    IGENERUP.
ENVIRONMENT DIVISION.
INPUT-OUTPUT SECTION.
FILE-CONTROL.
    SELECT VERTRETER-DATEI-S ASSIGN TO QUELL-DATEI-NAME
    ORGANIZATION IS LINE SEQUENTIAL.
    SELECT VERTRETER-DATEI-I ASSIGN TO ZIEL-DATEI-NAME
    ORGANIZATION IS INDEXED
    ACCESS MODE IS SEQUENTIAL
    RECORD KEY IS KENNZAHL
    FILE STATUS IS FILE-STATUS-FELD.
```

```
DATA DIVISION.
FILE SECTION.
FD  VERTRETER-DATEI-S.
01  VERTRETER-SATZ-S PIC X(51).
FD  VERTRETER-DATEI-I.
01  VERTRETER-SATZ-I.
    02  KENNZAHL PIC X(4).
    02  FILLER   PIC X(47).
WORKING-STORAGE SECTION.
77  DATEI-ENDE-FELD PIC 9 VALUE ZERO.
    88  DATEI-ENDE VALUE 1.
77  FILE-STATUS-FELD PIC XX.
    88  SORTIER-FEHLER VALUE "21".
    88  SATZ-DOPPELT   VALUE "22".
    88  DISKETTE-VOLL  VALUE "24".
77  QUELL-DATEI-NAME PIC X(14).
77  ZIEL-DATEI-NAME PIC X(14).
LINKAGE SECTION.
77  FEHLER-FELD PIC 9.
    88  FEHLER VALUE 1.
PROCEDURE DIVISION USING FEHLER-FELD.
RAHMEN.
    DISPLAY "GIB DATEINAMEN DER QUELL-DATEI:<              >"
            AT 0901 UPON CRT
    ACCEPT QUELL-DATEI-NAME AT 0933 FROM CRT
    DISPLAY "GIB DATEINAMEN DER ZIEL-DATEI:<              >"
            AT 1001 UPON CRT
    ACCEPT ZIEL-DATEI-NAME AT 1032 FROM CRT
    OPEN INPUT VERTRETER-DATEI-S OUTPUT VERTRETER-DATEI-I
    READ VERTRETER-DATEI-S AT END MOVE 1 TO DATEI-ENDE-FELD.
    PERFORM VERARBEITUNG UNTIL DATEI-ENDE OR FEHLER
    CLOSE VERTRETER-DATEI-S VERTRETER-DATEI-I
    EXIT PROGRAM.
VERARBEITUNG.
    WRITE VERTRETER-SATZ-I FROM VERTRETER-SATZ-S
        INVALID KEY PERFORM FEHLER-BEHANDLUNG.
    IF NOT FEHLER
        READ VERTRETER-DATEI-S AT END MOVE 1 TO DATEI-ENDE-FELD.
FEHLER-BEHANDLUNG.
    IF SORTIER-FEHLER
        DISPLAY "SORTIER=FEHLER" AT 1401 UPON CRT
    ELSE
        IF SATZ-DOPPELT
            DISPLAY "SATZ DOPPELT" AT 1401 UPON CRT
        ELSE
            IF DISKETTE-VOLL
                DISPLAY "DISKETTE VOLL" AT 1401 UPON CRT.
    MOVE 1 TO FEHLER-FELD.
```

```
IDENTIFICATION DIVISION.
PROGRAM-ID.
    ABFRAGUP.
ENVIRONMENT DIVISION.
CONFIGURATION SECTION.
SPECIAL-NAMES.
    CONSOLE IS CRT.
INPUT-OUTPUT SECTION.
FILE-CONTROL.
    SELECT VERTRETER-DATEI ASSIGN TO DATEI-NAME
    ORGANIZATION IS INDEXED
    ACCESS MODE IS RANDOM
    RECORD KEY IS KENNZAHL.
```

```
DATA DIVISION.
FILE SECTION.
FD  VERTRETER-DATEI.
01  VERTRETER-SATZ.
    02  KENNZAHL   PIC X(4).
    02  NACHNAME   PIC X(20).
    02  VORNAME    PIC X(20).
    02  KONTOSTAND PIC S9(5)V99.
WORKING-STORAGE SECTION.
01  BILDSCHIRM-MASKE-AUS.
    02  NACHNAME-MASKE          PIC X(33)
          VALUE "NACHNAME:  <                    >".
    02  FILLER                  PIC X(16).
    02  KENNZAHL-MASKE          PIC X(15)
          VALUE "KENNZAHL:<    >".
    02  FILLER                  PIC X(16).
    02  VORNAME-MASKE           PIC X(33)
          VALUE "VORNAME:    <                    >".
    02  FILLER                  PIC X(47).
    02  KONTOSTAND-MASKE        PIC X(22)
          VALUE "KONTOSTAND:<          >".
    02  FILLER                  PIC X(138).
    02  ENDE-MASKE              PIC X(11)
          VALUE "ENDE(J):< >".
    02  FILLER                  PIC X(69).
01  BILDSCHIRM-AUS REDEFINES BILDSCHIRM-MASKE-AUS.
    02  FILLER             PIC X(12).
    02  NACHNAME-AUS       PIC X(20).
    02  FILLER             PIC X(60).
    02  VORNAME-AUS        PIC X(20).
    02  FILLER             PIC X(60).
    02  KONTOSTAND-AUS     PIC +(5)9.99.
    02  FILLER             PIC X(219).
01  BILDSCHIRM-EIN REDEFINES BILDSCHIRM-MASKE-AUS.
    02  FILLER             PIC X(59).
    02  KENNZAHL-EIN       PIC X(4).
    02  FILLER             PIC X(266).
    02  ENDE-EIN           PIC X.
        88  ENDE VALUE "J".
    02  FILLER             PIC X(70).
77  DATEI-NAME PIC X(14).
LINKAGE SECTION.
77  FEHLER-FELD PIC 9.
    88  FEHLER VALUE 1.

PROCEDURE DIVISION USING FEHLER-FELD.
RAHMEN.
    DISPLAY "GIB DATEINAMEN:<              >" AT 0901
    ACCEPT DATEI-NAME AT 0917
    OPEN INPUT VERTRETER-DATEI
    DISPLAY SPACES
    DISPLAY BILDSCHIRM-MASKE-AUS
    MOVE SPACE TO ENDE-EIN
    PERFORM VERARBEITUNG UNTIL ENDE OR FEHLER
    CLOSE VERTRETER-DATEI
    EXIT PROGRAM.
VERARBEITUNG.
    MOVE SPACES TO BILDSCHIRM-EIN
    DISPLAY BILDSCHIRM-EIN
    ACCEPT BILDSCHIRM-EIN
    IF NOT ENDE
        PERFORM AUSGABE.
```

```
AUSGABE.
    MOVE KENNZAHL-EIN TO KENNZAHL
    READ VERTRETER-DATEI
        INVALID KEY MOVE 1 TO FEHLER-FELD
                    DISPLAY "FEHLERHAFTE KENNZAHL" AT 1401.
    IF NOT FEHLER
        MOVE NACHNAME TO NACHNAME-AUS
        MOVE VORNAME TO VORNAME-AUS
        MOVE KONTOSTAND TO KONTOSTAND-AUS
        DISPLAY BILDSCHIRM-AUS.
```

Im Hinblick auf die Regeln der Unterprogramm-Technik haben wir die ursprünglichen Programme IGENER und ABFRAG wie folgt modifiziert:

- es wurden die Programmnamen im Paragraphen PROGRAM-ID von "IGENER" in "IGENERUP" und von "ABFRAG" in "ABFRAGUP" geändert,
- das Feld FEHLER-FELD wurde in der LINKAGE SECTION vereinbart,
- die Programmteil-Überschrift "PROCEDURE DIVISION" wurde durch die USING-Klausel "USING FEHLER-FELD" ergänzt, und
- die Anweisung "STOP RUN" wurde durch die Anweisung "EXIT PROGRAM" ersetzt.

5.2 Segmentierung

5.2.1 Gliederung der PROCEDURE DIVISION in Kapitel

In der ENVIRONMENT und DATA DIVISION haben wir das Kapitel als ein den Paragraphen übergeordnetes Strukturelement kennengelernt. Als Beispiele für Kapitelnamen sind uns die reservierten COBOL-Wörter CONFIGURATION, INPUT-OUTPUT, FILE und WORKING-STORAGE bekannt.

Zur Strukturierung der PROCEDURE DIVISION haben wir bisher nur Paragraphen verwendet. Der Paragraphen-Begriff reicht jedoch nicht aus, wenn ein COBOL-Programm segmentiert werden soll (s. u.).

Genau wie bei den Programmteilen ENVIRONMENT und DATA kann man auch innerhalb der PROCEDURE DIVISION einen oder mehrere Paragraphen wie folgt zu einem *Kapitel* zusammenfassen:

```
kapitelname SECTION.
paragraphenname-1.
     :
[paragraphenname-2.
     :              ]...
```

Bei der Kodierung des COBOL-Programms auf einem Datenträger wird jeder Kapitelname – genauso wie ein Paragraphenname – im Bereich A (Spalten 8–11) beginnend eingetragen. Die Kapitel-Überschrift besteht aus dem Programmierer-Wort "kapitelname" und dem reservierten COBOL-Wort **SECTION** (dem mindestens ein Leerzeichen vorausgehen muß).

Ein Kapitel reicht jeweils bis zur Vereinbarung eines nachfolgenden Kapitels oder bis zum Programmende. Im Gegensatz zu den anderen Programmteilen ist das Wort "kapitelname" nicht fest vorgegeben, sondern frei wählbar. Da Kapitelnamen genauso wie Paragraphennamen zu den Prozedurnamen zählen, dürfen sie in den Steueranweisungen GO und PERFORM angegeben werden.

Gliedert man z. B. die PROCEDURE DIVISION des Programms ERFABF (s. Abschnitt 4.2.9) in Kapitel, so könnte man etwa den Prozedurbereich vom Paragraphen AUSWAHL-BEGINN bis zum Paragraphen AUSWAHL-ENDE zu einem Kapitel in der Form

```
    :
AUSWAHL SECTION.
AUSWAHL-BEGINN.
    :
AUSWAHL-ENDE.
    :
ERFASSUNG SECTION.
    :
```

zusammenfassen und zum Durchlaufen dieses Prozedurbereichs die Anweisung

```
PERFORM AUSWAHL-BEGINN THRU AUSWAHL-ENDE
```

durch die Anweisung

```
PERFORM AUSWAHL
```

ersetzen.

Grundsätzlich ist die PROCEDURE DIVISION entweder überhaupt nicht oder aber vollständig in Kapitel gegliedert. Bei einer Strukturierung in Kapitel muß das erste Kapitel direkt hinter der Programmteil-Überschrift "PROCEDURE DIVISION" vereinbart werden, so daß sich in diesem Fall die folgende Gliederung ergibt:

```
PROCEDURE DIVISION.
 kapitelname-1 SECTION.
 paragraphenname-1.
     .
     .
[paragraphenname-2.
     .
     .              ]...
[kapitelname-2 SECTION.
 paragraphenname-3.
     .
     .
[paragraphenname-4.
     .
     .              ]... ]...
```

Ein Kapitel umfaßt jeweils einen oder mehrere Paragraphen, und jeder Paragraph ist aus COBOL-Sätzen aufgebaut, die sich aus jeweils einer oder mehreren COBOL-Anweisungen zusammensetzen.

5.2.2 Definition von Segmenten

Durch *Segmentierung* eines COBOL-Programms kann man erreichen, daß das zugehörige Objektprogramm selbst dann noch ausgeführt werden kann, wenn der Hauptspeicher zur Aufnahme des gesamten Programms nicht ausreicht.[3] Bei einem segmentierten Programm werden nämlich zum Programmstart nur bestimmte Teile des Programms in den Hauptspeicher geladen, während andere Teile erst dann aus Disketten-Dateien hinzugeladen werden, wenn sie gebraucht werden. Nach der Ausführung werden die nachgeladenen Programmteile wieder zur Löschung (im Hauptspeicher) freigegeben.

Die dafür erforderlichen Aktionen (Nachladen der Segmente, Reservierung der Hauptspeicherbereiche) führt das Betriebssystem *automatisch* durch.

Für die Segmentierung muß die PROCEDURE DIVISION des COBOL-Programms in Kapitel eingeteilt sein. Ferner muß jedem Kapitel eine *Segmentnummer* durch die Vereinbarung

```
kapitelname SECTION [segmentnummer].
```

zugeordnet werden.

Bei der Vergabe der Segmentnummern sind die folgenden Regeln zu beachten:

- eine Segmentnummer muß eine ganze Zahl zwischen **0** und **99** sein, und
- ohne Angabe einer Segmentnummer wird dem betreffenden Kapitel automatisch die Segmentnummer 0 zugewiesen.

Alle Kapitel mit gleicher Segmentnummer werden zu jeweils einem Segment zusammengefaßt.

Die Segmente mit einer Segmentnummer, die kleiner oder gleich der Zahl 49 sind, bilden den *residenten* Teil des Objektprogramms. Zu diesem Teil gehören auch alle in der DATA DIVISION vereinbarten Datenfelder.

Der nicht-residente Teil des Objektprogramms besteht aus den *unabhängigen Overlay-Segmenten,* die jeweils aus denjenigen Kapiteln gebildet werden, welche eine Segmentnummer zwischen 50 und 99 besitzen.[4]

---

[3] Der COBOL-Kompilierer ist selbst ein segmentiertes Programm, dessen Programmteile auf der COBOL-Diskette in mehreren Dateien abgelegt sind.

[4] Der residente Teil des COBOL-Kompilierers ist in der Disketten-Datei COBOL und die unabhängigen Overlay-Segmente sind in den Dateien COBOL.I51, COBOL.I52, COBOL.I53, COBOL.I56, COBOL.I59 und COBOL.ISR auf der COBOL-Diskette abgespeichert.

Bei der Kompilierung eines segmentierten COBOL-Programms wird vom Kompilierer für jedes unabhängige Overlay-Segment eine Disketten-Datei mit der Namens-Ergänzung "Inn" – "nn" ist die jeweils vergebene Segmentnummer – und zusätzlich die Koordinierungs-Datei (für das Nachladen der Segmente) mit der Namens-Ergänzung "ISR" eingerichtet.

Diese Dateien werden für die Programmausführung benötigt. Die zusätzlich vom Kompilierer eingerichteten Dateien mit den Namens-Ergänzungen "TM1", "TM2" und "Dnn" – "nn" ist eine Segmentnummer mit Ausnahme der höchsten Segmentnummer – werden nur für den Kompilierungslauf gebraucht.

Beim Start des Objektprogramms werden alle Segmente des residenten Teils in den Hauptspeicher geladen. Alle unabhängigen Overlay-Segmente werden in Disketten-Dateien (die vom COBOL-Kompilierer eingerichtet wurden) bereitgehalten und erst bei Bedarf jeweils einzeln in den Hauptspeicher übertragen. Dabei kann jedes Overlay-Segment den Speicherbereich eines bereits zuvor geladenen Overlay-Segments einnehmen und auch jederzeit von einem neu hinzugeladenen Segment überschrieben werden.

Der benötigte Hauptspeicher für ein segmentiertes Programm ergibt sich damit als Summe des für den residenten Teil erforderlichen Hauptspeicherbereichs und dem Maximum der Speicherbereiche, die von jedem einzelnen unabhängigen Overlay-Segment benötigt werden.[5]

Als Grundregeln für die Segmentierung sind zu beachten:

- alle Kapitel, in denen oft aufeinander Bezug genommen wird, sollten dieselbe Segmentnummer besitzen, und
- diejenigen Kapitel, deren Anweisungen sehr oft ausgeführt werden, sollten möglichst im residenten Teil eingegliedert sein.

Äußerste Vorsicht ist beim Einsatz der PERFORM-Anweisung in einem segmentierten Programm geboten. Es ist zu beachten:

- Ist die PERFORM-Anweisung in einem Kapitel kodiert, das zu einem Segment des residenten Teils gehört, so darf mit ihr sowohl ein Kapitel in einem Segment des residenten Teils als auch ein Kapitel in einem unabhängigen Overlay-Segment aufgerufen werden. Wird die PERFORM-Anweisung mit der THRU-Klausel eingesetzt, so müssen sämtliche Kapitel des aufgerufenen Kapitelbereichs entweder in Segmenten des residenten Teils oder aber in ein und demselben unabhängigen Overlay-Segment enthalten sein.
- Ist die PERFORM-Anweisung dagegen in einem Kapitel kodiert, das zu einem unabhängigen Overlay-Segment gehört, so darf mit ihr nur ein Kapitel aufgerufen werden, das entweder zu demselben Overlay-Segment oder aber zu einem Segment des residenten Teils gehört. Wird die PERFORM-Anweisung mit der THRU-Klausel eingesetzt, so müssen sämtliche Kapitel des aufgerufenen Kapitelbereichs entweder in dem Overlay-Segment, welches das Kapitel mit der PERFORM-Anweisung enthält, oder aber in Segmenten des residenten Teils enthalten sein.

5.2.3 Segmentierung des COBOL-Programms ERFABF

Nach der Kompilierung des COBOL-Programms ERFABF (vgl. die Abschnitte 4.2.9 und 4.2.10) wird vom Kompilierer die folgende Meldung auf dem Bildschirm ausgegeben:

```
**********************************************************************
* ERRORS=00000 DATA=02304 CODE=02816 DICT=02607:59200/61807 GSA FLAGS =  OFF
**********************************************************************
```

5 Der Programmkode ist auf 60 KB begrenzt.

Der benötigte Speicherbereich für die Befehle des Objektprogramms wird mit 2816 Bytes ausgewiesen. Da der Hauptspeicherbereich somit zur Aufnahme des Objektprogramms ausreicht, braucht das Programm ERFABF nicht segmentiert zu werden.

Um jedoch die Technik der Segmentierung zu demonstrieren, gliedern wir die PROCEDURE DIVISION in folgender Weise in Kapitel (bzgl. der Programmteile IDENTIFICATION, ENVIRONMENT und DATA s. die Abschnitte 4.2.9 und 4.2.10):

```
 PROCEDURE DIVISION.
*******************************************************************
 RESIDENT-1 SECTION.01.
*******************************************************************
 RAHMEN.
     PERFORM LOESCHEN-BILDSCHIRM
     PERFORM AUSGABE-ZEILE-1-8
     PERFORM MODUS-BEARBEITUNG UNTIL PROGRAMMENDE
     PERFORM LOESCHEN-BILDSCHIRM
     STOP RUN.
*******************************************************************
 MODUS-BEARBEITUNG.
     PERFORM EINGABE-MODUS
     IF MODUS-KORREKT
         IF PROGRAMMENDE
             NEXT SENTENCE
         ELSE
             PERFORM AUSWAHL-BEGINN THRU AUSWAHL-ENDE
     ELSE
         MOVE 1 TO FEHLER-FELD
         PERFORM FEHLER-BEI-MODUS.
*******************************************************************
 AUSWAHL-BEGINN.
     IF FEHLER
         PERFORM LOESCHEN-FEHLERMELDUNGS-ZEILE.
     MOVE 0 TO MODUS-WECHSEL-FELD
     GO TO
           ERFASSUNG-MODUS
           ANZ-KORR-NEU-MODUS
           ANZ-KORR-NEU-MODUS
           ANZ-KORR-NEU-MODUS
           LOESCHEN-MODUS
           DRUCKLISTING-MODUS
           ANZ-UEB-SEK-SCHL-NACHNAME-MOD
     DEPENDING ON MODUS.
 ERFASSUNG-MODUS.
     OPEN OUTPUT VERTRETER-DATEI
     PERFORM AUSGABE-ZEILE-13-15
     PERFORM ERFASSUNG UNTIL MODUS-WECHSEL
     PERFORM LOESCHEN-ZEILE-13-15
     GO TO AUSWAHL-ENDE.
 ANZ-KORR-NEU-MODUS.
     OPEN I-O VERTRETER-DATEI
     PERFORM AUSGABE-ZEILE-13-15
     PERFORM ANZ-KORR-NEU
     PERFORM LOESCHEN-ZEILE-13-15
     GO TO AUSWAHL-ENDE.
 LOESCHEN-MODUS.
     OPEN I-O VERTRETER-DATEI
     PERFORM LOESCHEN UNTIL MODUS-WECHSEL
     GO TO AUSWAHL-ENDE.
```

```
DRUCKLISTING-MODUS.
    OPEN INPUT VERTRETER-DATEI OUTPUT LISTE
    MOVE 0 TO DATEI-ENDE-FELD FEHLER-FELD
    PERFORM EINGABE-START-KENNZAHL
    START VERTRETER-DATEI KEY IS NOT LESS THAN KENNZAHL
        INVALID KEY MOVE 1 TO FEHLER-FELD.
    IF FEHLER
        PERFORM FEHLER-ANZEIGE
        MOVE 1 TO DATEI-ENDE-FELD
    ELSE
        READ VERTRETER-DATEI NEXT
            AT END MOVE 1 TO DATEI-ENDE-FELD.
    PERFORM DRUCKLISTING UNTIL DATEI-ENDE
    CLOSE LISTE
    GO TO AUSWAHL-ENDE.
ANZ-UEB-SEK-SCHL-NACHNAME-MOD.
    OPEN I-O VERTRETER-DATEI
    PERFORM AUSGABE-ZEILE-13-15
    PERFORM ANZEIGEN-UEB-SEK-SCHL-NACHNAME UNTIL MODUS-WECHSEL
    PERFORM LOESCHEN-ZEILE-13-15
    GO TO AUSWAHL-ENDE.
AUSWAHL-ENDE.
    PERFORM LOESCHEN-PROMPT-ZEILE
    CLOSE VERTRETER-DATEI.
*******************************************************************
ERFASSUNG SECTION 60.
*******************************************************************
ERFASSUNG-BEGINN.
    MOVE 0 TO FEHLER-FELD.
    PERFORM LOESCHEN-ERFASSUNGSFELDER
    PERFORM EINGABE-ERFASSUNGSFELDER
    PERFORM INFO-EIN-TO-INFO
    WRITE VERTRETER-SATZ
        INVALID KEY MOVE 1 TO FEHLER-FELD.
    IF FEHLER
        PERFORM FEHLER-ANZEIGE.
    PERFORM ABFRAGE-WEITER
    IF NOT-OK
        MOVE 1 TO MODUS-WECHSEL-FELD.
*******************************************************************
RESIDENT-2 SECTION 02.
*******************************************************************
ANZ-KORR-NEU.
    IF MODUS = 2
        PERFORM ANZEIGEN UNTIL MODUS-WECHSEL
    ELSE
        IF MODUS = 3
            PERFORM KORRIGIEREN UNTIL MODUS-WECHSEL
        ELSE
            PERFORM NEUEINTRAG UNTIL MODUS-WECHSEL.
*******************************************************************
ANZEIGEN SECTION 65.
*******************************************************************
ANZEIGEN-BEGINN.
    MOVE 0 TO FEHLER-FELD
    PERFORM EINGABE-KENNZAHL
    READ VERTRETER-DATEI
        INVALID KEY MOVE 1 TO FEHLER-FELD.
```

```
      IF FEHLER
          PERFORM FEHLER-ANZEIGE
      ELSE
          PERFORM INFO-TO-INFO-EIN
          PERFORM AUSGABE-ERFASSUNGSFELDER.
      PERFORM ABFRAGE-WEITER
      IF NOT-OK
          MOVE 1 TO MODUS-WECHSEL-FELD.
******************************************************************
 KORRIGIEREN SECTION 70.
******************************************************************
 KORRIGIEREN-BEGINN.
      MOVE 0 TO FEHLER-FELD
      PERFORM EINGABE-KENNZAHL
      READ VERTRETER-DATEI
          INVALID KEY MOVE 1 TO FEHLER-FELD.
      IF FEHLER
          PERFORM FEHLER-ANZEIGE
      ELSE
          PERFORM INFO-TO-INFO-EIN
          PERFORM AUSGABE-ERFASSUNGSFELDER
          PERFORM EINGABE-ERFASSUNGSFELDER-KORR
          PERFORM INFO-EIN-TO-INFO
          REWRITE VERTRETER-SATZ
              INVALID KEY MOVE 1 TO FEHLER-FELD.
* INVALID KEY WIRD NIEMALS ANGESPRUNGEN
      PERFORM ABFRAGE-WEITER
      IF NOT-OK
          MOVE 1 TO MODUS-WECHSEL-FELD.
******************************************************************
 NEUEINTRAG SECTION 75.
******************************************************************
 NEUEINTRAG-BEGINN.
      MOVE 0 TO FEHLER-FELD.
      PERFORM LOESCHEN-ERFASSUNGSFELDER
      PERFORM EINGABE-ERFASSUNGSFELDER
      PERFORM INFO-EIN-TO-INFO
      WRITE VERTRETER-SATZ
          INVALID KEY MOVE 1 TO FEHLER-FELD.
      IF FEHLER
          PERFORM FEHLER-ANZEIGE.
      PERFORM ABFRAGE-WEITER
      IF NOT-OK
          MOVE 1 TO MODUS-WECHSEL-FELD.
******************************************************************
 LOESCHEN SECTION 80.
******************************************************************
 LOESCHEN-BEGINN.
      MOVE 0 TO FEHLER-FELD
      PERFORM EINGABE-KENNZAHL
      READ VERTRETER-DATEI
          INVALID KEY MOVE 1 TO FEHLER-FELD.
      IF FEHLER
          PERFORM FEHLER-ANZEIGE
      ELSE
          PERFORM AUSGABE-ZEILE-13-15
          PERFORM INFO-TO-INFO-EIN
          PERFORM AUSGABE-ERFASSUNGSFELDER
          PERFORM ABFRAGE-LOESCHEN
          IF OK
               DELETE VERTRETER-DATEI
                   INVALID KEY MOVE 1 TO FEHLER-FELD.
* INVALID KEY WIRD NIEMALS ANGESPRUNGEN
```

```
     PERFORM LOESCHEN-ZEILE-13-15
     PERFORM ABFRAGE-WEITER
     IF NOT-OK
         MOVE 1 TO MODUS-WECHSEL-FELD.
*****************************************************************
 DRUCKLISTING SECTION 85.
*****************************************************************
 DRUCKLISTING-BEGINN.
     MOVE KENNZAHL TO KENNZAHL-ED
     MOVE NACHNAME TO NACHNAME-ED
     MOVE VORNAME TO VORNAME-ED
     MOVE KONTOSTAND TO KONTOSTAND-ED
     WRITE LISTE-SATZ FROM LISTE-SATZ-ED
     READ VERTRETER-DATEI NEXT
         AT END MOVE 1 TO DATEI-ENDE-FELD.
*****************************************************************
 RESIDENT-3 SECTION 03.
*****************************************************************
 ANZEIGEN-UEB-SEK-SCHL-NACHNAME.
     MOVE 0 TO FEHLER-FELD
     PERFORM EINGABE-NACHNAME
     READ VERTRETER-DATEI KEY IS NACHNAME
         INVALID KEY MOVE 1 TO FEHLER-FELD.
     PERFORM SEKUNDAER-SCHL-UEBERPRUEFUNG.
 SEKUNDAER-SCHL-UEBERPRUEFUNG.
     IF FEHLER
         PERFORM FEHLER-ANZEIGE
     ELSE
         PERFORM SEKUNDAER-SCHL-VERARBEITUNG
             UNTIL NOT WEITERER-SEKUNDAER-SCHLUESSEL
         PERFORM INFO-TO-INFO-EIN
         PERFORM AUSGABE-ERFASSUNGSFELDER.
     PERFORM ABFRAGE-WEITER
     IF NOT-OK
         MOVE 1 TO MODUS-WECHSEL-FELD.
 SEKUNDAER-SCHL-VERARBEITUNG.
     PERFORM INFO-TO-INFO-EIN
     PERFORM AUSGABE-ERFASSUNGSFELDER
     READ VERTRETER-DATEI NEXT
         AT END MOVE 1 TO DATEI-ENDE-FELD.
     PERFORM ABFRAGE-WEITER.
*****************************************************************
 INFO-TO-INFO-EIN.
     MOVE NACHNAME TO NACHNAME-EIN
     MOVE VORNAME TO VORNAME-EIN
     MOVE KENNZAHL TO KENNZAHL-EIN
     MOVE KONTOSTAND TO KONTOSTAND-EIN.
 INFO-EIN-TO-INFO.
     MOVE NACHNAME-EIN TO NACHNAME
     MOVE VORNAME-EIN TO VORNAME
     MOVE KENNZAHL-EIN TO KENNZAHL
     MOVE KONTOSTAND-EIN TO KONTOSTAND.
*****************************************************************
 AUSGABE-ZEILE-1-8.
     DISPLAY BILDSCHIRM-STEUER-AUS AT 0101.
 AUSGABE-ZEILE-13-15.
     DISPLAY BILDSCHIRM-AUS AT 1301.
 AUSGABE-ERFASSUNGSFELDER.
     DISPLAY BILDSCHIRM-EIN AT 1301.
```

```
*****************************************************************
 ABFRAGE-LOESCHEN.
     DISPLAY "SOLL GELOESCHT WERDEN(J/N):< >" AT 2301
     MOVE "N" TO OK-FELD
     DISPLAY OK-FELD AT 2329
     ACCEPT OK-FELD AT 2329
     PERFORM LOESCHEN-PROMPT-ZEILE.
 ABFRAGE-WEITER.
     DISPLAY "WEITER(J/N):< >" AT 2301
     MOVE "J" TO OK-FELD
     DISPLAY OK-FELD AT 2314
     ACCEPT OK-FELD AT 2314
     IF FEHLER
         PERFORM LOESCHEN-FEHLERMELDUNGS-ZEILE.
     PERFORM LOESCHEN-PROMPT-ZEILE.
*****************************************************************
 EINGABE-MODUS.
     ACCEPT MODUS AT 0116.
 EINGABE-KENNZAHL.
     MOVE 0 TO KENNZAHL
     DISPLAY "GIB KENNZAHL:<    >" AT 2301
     ACCEPT KENNZAHL AT 2315.
     PERFORM LOESCHEN-PROMPT-ZEILE.
 EINGABE-NACHNAME.
     MOVE SPACES TO NACHNAME
     DISPLAY "GIB NACHNAME:<                    >" AT 2301
     ACCEPT NACHNAME AT 2315
     PERFORM LOESCHEN-PROMPT-ZEILE.
 EINGABE-START-KENNZAHL.
     MOVE 0 TO KENNZAHL
     DISPLAY "GIB KENNZAHL, AB DER GELISTET WERDEN SOLL:<    >"
             AT 2301
     ACCEPT KENNZAHL AT 2344
     PERFORM LOESCHEN-PROMPT-ZEILE.
 EINGABE-ERFASSUNGSFELDER.
     ACCEPT BILDSCHIRM-EIN AT 1301.
 EINGABE-ERFASSUNGSFELDER-KORR.
     ACCEPT BILDSCHIRM-EIN-KORR AT 1301.
*****************************************************************
 FEHLER-BEI-MODUS.
     DISPLAY MODUS-FEHLER-TEXT AT 2001.
 FEHLER-ANZEIGE.
     IF DATEI-LEER
         DISPLAY "DATEI LEER" AT 2001
     ELSE
         IF SATZ-VORHANDEN
             DISPLAY "SATZ VORHANDEN" AT 2001
         ELSE
             IF KEIN-SATZ-VORHANDEN
                 DISPLAY "KEIN SATZ VORHANDEN" AT 2001
             ELSE
                 IF DISKETTE-VOLL
                     DISPLAY "DISKETTE VOLL" AT 2001.
```

```
*****************************************************************************
 LOESCHEN-BILDSCHIRM.
     DISPLAY SPACES.
 LOESCHEN-ERFASSUNGSFELDER.
     MOVE SPACES TO
           NACHNAME-EIN VORNAME-EIN KENNZAHL-EIN KONTOSTAND-EIN
     DISPLAY BILDSCHIRM-EIN AT 1301.
 LOESCHEN-ZEILE-13-15.
     DISPLAY
     "
-    "                  " AT 1301.
     DISPLAY
     "                                                            "
           AT 1401.
     DISPLAY
     "                                                            "
           AT 1501.
 LOESCHEN-FEHLERMELDUNGS-ZEILE.
     DISPLAY
     "                                                            "
           AT 2001.
 LOESCHEN-PROMPT-ZEILE.
     DISPLAY
     "                                                            "
           AT 2301.
```

Nach der Kompilierung dieses Programms, das aus den Segmenten mit den Segmentnummern 01, 02, 03 (residenter Teil) und 60, 65, 70, 75, 80 und 85 (Gruppe der unabhängigen Overlay-Segmente) besteht, erhalten wir die folgende Kompilierer-Meldung:[6]

```
*******************************************************************************
*ERRORS=00000 DATA=02304 CODE=02560 DICT=02682:59125/61807 GSA FLAGS =  OFF
*******************************************************************************
```

Somit haben wir 256 Bytes gegenüber der nicht-segmentierten Programmform an Hauptspeicherbereich eingespart — allerdings mit dem Nachteil, daß beim Aufruf eines der unabhängigen Overlay-Segmente dieses jedesmal von der Diskette in den Hauptspeicher nachgeladen werden muß.

---

6 Die vom Kompilierer eingerichteten Disketten-Dateien mit den Programmsegmenten heißen ERFABF.I60, ERFABF.I65, ERFABF.I70, ERFABF.I75, ERFABF.I80 und ERFABF.I85, und die zugehörige Koordinierungs-Datei (für das Nachladen der Segmente) heißt ERFABF.ISR.

Die vom Kompilierer zusätzlich erzeugten Disketten-Dateien mit dem Grundnamen "ERFABF" und den Ergänzungen "TM1", "TM2", "D60", "D65" usw. werden nur für die Kompilierung und nicht für die Programmausführung benötigt.

Anhang

A.1 Liste der reservierten COBOL-Wörter

ACCEPT
ACCESS
ADD
ADVANCING
AFTER
ALL
ALPHABETIC
ALSO
ALTER
ALTERNATE
AND
ARE
AREA
AREAS
ASCENDING
ASSIGN
AT
AUTHOR
BEFORE
BLANK
BLOCK
BOTTOM
BY
CALL
CANCEL
CD
CHARACTER
CHARACTERS
CLOCK-UNITS
CLOSE
COBOL
CODE-SET
COLLATING
COMMA
COMMAND-LINE
COMMUNICATION
COMP
COMP-3
COMPUTATIONAL
COMPUTATIONAL-3
COMPUTE
CONFIGURATION
CONSOLE
CONTAINS
COPY
CORR
CORRESPONDING
COUNT
CRT
CRT-UNDER
CURRENCY
CURSOR
DATA
DATE
DATE-COMPILED
DATE-WRITTEN
DAY
DEBUG-CONTENTS
DEBUG-ITEM
DEBUG-LINE
DEBUG-NAME
DEBUG-SUB-1
DEBUG-SUB-2
DEBUG-SUB-3
DEBUGGING
DECIMAL-POINT
DECLARATIVES
DELETE
DELIMITED
DELIMITER
DEPENDING
DESCENDING
DESTINATION
DISABLE
DISPLAY
DIVIDE
DIVISION
DOWN
DUPLICATES
DYNAMIC
EGI
ELSE
EMI
ENABLE
END
END-OF-PAGE
ENTER
ENVIRONMENT
EOP
EQUAL
ERROR
ESI
EVERY
EXCEPTION
EXCESS-3
EXIT
EXTEND
FD
FILE
FILE-CONTROL
FILLER
FIRST
FOOTING
FOR
FORMFEED
FROM
GIVING
GO
GREATER
HIGH-VALUE
HIGH-VALUES
I-O
I-O-CONTROL
ID
IDENTIFICATION
IF
IN
INDEX
INDEXED
INITIAL
INPUT
INPUT-OUTPUT
INSPECT
INSTALLATION
INTO
INVALID
IS
JUST
JUSTIFIED
KEY
LABEL
LEADING
LEFT
LENGTH
LESS
LIMIT
LIMITS
LINAGE
LINAGE-COUNTER
LINE
LINES
LINKAGE
LOCK
LOW-VALUE
LOW-VALUES
MEMORY
MERGE
MESSAGE
MODE
MODULES
MOVE
MULTIPLE
MULTIPLY
NATIVE
NEGATIVE
NEXT
NOT
NUMERIC
OBJECT-COMPUTER
OCCURS
OF
OFF
OMITTED
ON
OPEN
OPTIONAL
OR
ORGANIZATION
OUTPUT
OVERFLOW
PAGE
PAGETHROW

PERFORM
PIC
PICTURE
POINTER
POSITION
POSITIVE
PROCEDURE
PROCEDURES
PROCEED
PROGRAM
PROGRAM-ID
QUEUE
QUOTE
QUOTES
RANDOM
RD
READ
RECEIVE
RECORD
RECORDS
REDEFINES
REEL
REFERENCES
RELATIVE
RELEASE
REMAINDER
REMOVAL
RENAMES
REPLACING
RERUN
RESERVE
RETURN
REVERSED
REWIND
REWRITE
RIGHT
ROUNDED
RUN
SAME
SD
SEARCH
SECTION
SECURITY
SEGMENT
SEGMENT-LIMIT
SELECT
SEND
SENTENCE
SEPARATE
SEQUENCE
SEQUENTIAL
SET
SIGN
SIZE
SORT
SORT-MERGE
SOURCE
SOURCE-COMPUTER
SPACE
SPACES
SPECIAL-NAMES
STANDARD
STANDARD-1
START
STATUS
STOP
STRING
SUB-QUEUE-1
SUB-QUEUE-2
SUB-QUEUE-3
SUBTRACT
SWITCH
SYMBOLIC
SYNC
SYNCHRONIZED
SYSIN
SYSOUT
TAB
TABLE
TALLYING
TAPE
TERMINAL
TEXT
THAN
THEN
THROUGH
THRU
TIME
TIMES
TO
TOP
TRAILING
TYPE
UNIT
UNSTRING
UNTIL
UP
UPON
USAGE
USE
USING
VALUE
VALUES
VARYING
WHEN
WITH
WORDS
WORKING-STORAGE
WRITE
ZERO
ZEROES
ZEROS

Im Hinblick auf die Übertragung von COBOL-Programmen auf andere Datenverarbeitungsanlagen ist es empfehlenswert, bei der Vereinbarung von Programmierer-Wörtern auf die folgenden Wörter – dies sind die nach dem ANSI-Standard reservierten Wörter innerhalb des Moduls "Report Writer" – zu verzichten:

CF
CH
CODE
COLUMN
CONTROL
CONTROLS
DE
DETAIL
FINAL
GENERATE
GROUP
HEADING
INDICATE
INITIATE
LAST
LINE-COUNTER
NUMBER
PAGE-COUNTER
PF
PH
PLUS
PRINTING
REPORT
REPORTING
REPORTS
RESET
RF
RH
SUM
SUPPRESS
TERMINATE

A.2 ED-Befehle

Grundprinzip:

Bei der Editierung einer Disketten-Datei mit dem Editierprogramm, das unter dem Betriebssystem CP/M durch das Kommando ED aufgerufen wird, werden Disketten-Zugriffe durch die Befehle A, R, W und E ausgeführt. Eine Ausgabe auf den Bildschirm erfolgt durch den T-Befehl und eine Eingabe über die Tastatur durch den I-Befehl. Wir geben einen schematischen Überblick am Beispiel einer zu editierenden Datei namens EDIT.DAT:

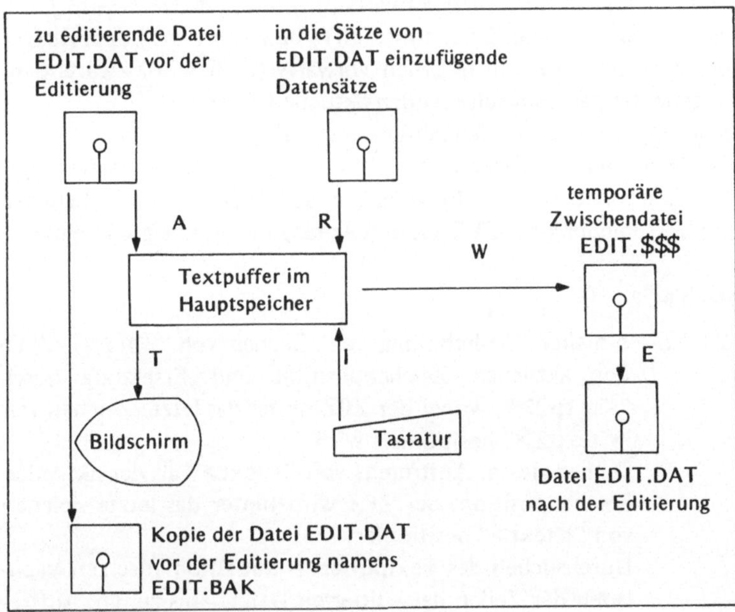

Übertragungsbefehle:

- nA Übertragung der nächsten n Datensätze aus der Datei EDIT.DAT in den Textpuffer
- #A Übertragung der Datensätze der Datei EDIT.DAT in den Textpuffer – bis zum Dateiende oder bis der Puffer gefüllt ist
- 0A Übertragung von Datensätzen aus der Datei EDIT.DAT, bis der Textpuffer halb voll ist
- nW Übertragung der ersten n Zeilen aus dem Textpuffer in die Datei EDIT.$$$
- 0W Übertragung der im Textpuffer enthaltenen Zeilen in die Datei EDIT.$$$, bis der Textpuffer halb leer ist

Basis-Befehle:

B, –B — Positionierung des Zeichenpositionszeigers (kurz: ZPZ) auf den Anfang (B) bzw. an das Ende (–B) des Textpuffers

nC, –nC — Positionierung des ZPZ um n Zeichen vorwärts (nC) bzw. rückwärts (–nC)

nD, –nD — Löschen von n Zeichen hinter (nD) bzw. vor (–nD) dem ZPZ

I[1] — Einleitung der Erfassung bzw. Einfügung von Zeilen

Return-Taste — Durchführung eines Zeilenwechsels bei der Daten-Eingabe

^ Z — Beendigung der Erfassung bzw. der Einfügung

nK, –nK[1,2] — Löschen von n Zeilen hinter (nK) bzw. vor (–nK) dem ZPZ

nL, –nL — Positionierung des ZPZ n Zeilen vorwärts (nL) bzw. rückwärts (–nL)

nT, –nT[2] — Bildschirm-Ausgabe von n Zeilen hinter (nT) bzw. vor (–nT) dem ZPZ

n, –n — Positionierung des ZPZ um n Zeilen vorwärts (n) bzw. rückwärts (–n) und Ausgabe der daraus resultierenden aktuellen Zeile

n: — Positionierung des ZPZ vor den Anfang der n. Zeile

nP, –nP — Ausgabe der n. Seite (jede Seite besteht aus 23 Zeilen) in Vorwärts- (nP) bzw. Rückwärts-Richtung (–nP), gerechnet ab der aktuellen Zeichenposition und Verschiebung des ZPZ auf den Anfang der angezeigten Seite

Such- und Ersetzungsbefehle:

nS<text-1>^Z<text-2>^Z — n-malige Wiederholung von: Suchen von "<text-1> " ab der aktuellen Zeichenposition und Ersetzung durch "<text-2>", wobei der ZPZ hinter das letzte Zeichen von "<text-2>" positioniert wird

nF <text> — Suchen des n. Auftretens von "<text>" ab der aktuellen Zeichenposition; der ZPZ wird hinter das letzte Zeichen von "<text>" positioniert

nN <text> — Durchsuchen des Textpuffers – mit automatischem Nachladen der Zeilen der editierten Datei – bis zum n. Auftreten von "<text>" ab der aktuellen Zeichenposition

nJ<text-1>^Z<text-2>^Z<text-3>^Z — n-malige Wiederholung von: hinter dem aufgefundenem "<text-1>" wird "<text-2>" eingefügt und von da ab werden sämtliche Zeichen bis zum Auftreten von "<text-3>" gelöscht

---

1 Nach der Ausführung der Befehle I und K ist die interne Zeilennumerierung aktualisiert, so daß die Zeilennummer der letzten Zeile gleich der Zeilenzahl ist.

2 Anstelle von "n" darf auch ein Zeilenbereich in der Form "n::m" angegeben werden, wobei "n" die erste und "m" die letzte Zeile dieses Bereichs kennzeichnet.

Transportbefehle:

nX	Ausgabe der nächsten n Zeilen, gerechnet ab der aktuellen Zeichenposition in die temporäre Disketten-Datei X$$$$$$$.LIB[3]
0X	Löschen der Hilfs-Datei X$$$$$$$.LIB
nX<dateiname>^Z	Ausgabe der nächsten n Zeilen in die Datei "<dateiname>"
0X<dateiname>^Z	Löschen der Datei "<dateiname>"
R	Einfügen der Datensätze von X$$$$$$$.LIB in den Textpuffer vor die aktuelle Zeile
R<dateiname>^Z	Einfügen der Datensätze von "<dateiname>" in den Textpuffer vor die aktuelle Zeile

Sicherungsbefehle:

H Sicherung der durchgeführten Änderungen und Fortsetzung der Editierung mit leerem Textpuffer

O Löschung aller vorgenommenen Veränderungen und Neubeginn der Editierung mit leerem Textpuffer

Q Abbruch der Editierung ohne Veränderung der zu editierenden Datei

E normales Ende der Editierung; es wird der Inhalt des Textpuffers und die evtl. noch nicht in den Textpuffer übertragenen Sätze der Datei EDIT.DAT in die Datei EDIT. $$$ übertragen, anschließend die Datei EDIT.DAT in die Datei EDIT.BAK umbenannt (zuvor wird eine Datei gleichen Namens gelöscht) und danach wird die Datei EDIT.$$$ in EDIT.DAT umbenannt

[3] Die Disketten-Datei X$$$$$$$.LIB ist eine temporäre Hilfs-Datei, die bei der erstmaligen Ausführung des X-Befehls der Form "nX" auf demselben Laufwerk wie die editierte Datei eingerichtet und bei ordnungsgemäßer Beendigung des Editierprogramms automatisch gelöscht wird.

A.3 COBOL-Kompilierer-Direktiven

Innerhalb des COBOL-Kommandos der Form[4]

COBOL dateiname [direktive] ...

dürfen die folgenden Direktiven angegeben werden:

NOANIM	keine Einrichtung einer Disketten-Datei mit der Ergänzung "ANM", die für die Ausführung des interaktiven Debug-Programms ANIMATOR – eines lizenspflichtigen Software-Produkts der Firma Micro Focus – gebraucht wird
BRIEF	Fehlermeldungen werden unterdrückt
CRTWIDTH"n"	Ausgaben durch DISPLAY-Anweisungen nach dem ANSI-Standard werden nach jeweils n Zeichen "aufgebrochen" (Voreinstellung: n = 128)
DICDEV"B:"	die Arbeits-Datei RTS00.D01, die der Kompilierer benötigt, wird nicht auf dem Laufwerk A, sondern auf dem Laufwerk B eingerichtet
NOECHO	Fehlermeldungen werden ohne akustisches Signal ausgegeben
ERRLIST	in die Listing-Datei werden nur fehlerhafte Programmzeilen mit den zugehörigen Fehlermeldungen, nicht aber die Quellzeilen des Programms eingetragen
FLAG"L/II"	Markierung aller COBOL-Sprachelemente in der Listing-Datei, die Erweiterungen gegenüber dem ANSI-Standard X3.23 1974 darstellen
FLAG"IBM"	Markierung aller COBOL-Sprachelemente in der Listing-Datei, die Erweiterungen gegenüber dem ANSI-Standard X3.23 1974 darstellen und die IBM-kompatibel sind
FORM"n"	für die Druck-Ausgabe des Kompilierungsprotokolls wird die Zeilenzahl pro Druckseite auf n Zeilen festgelegt (Voreinstellung: n = 60)
NOFORM	Unterdrückung der Seitenüberschrift bei der Druck-Ausgabe des Kompilierungsprotokolls
NOINT	es wird nur eine Syntaxprüfung durchgeführt
INT"dateiname"	das Objektprogramm wird in der Datei "dateiname" abgelegt
NOLIST	die Ausgabe des Kompilierungsprotokolls wird unterdrückt
LIST"CON:"	das Kompilierungsprotokoll wird auf den Bildschirm ausgegeben
LIST"dateiname"	das Kompilierungsprotokoll wird in die Datei "dateiname" eingetragen
RESEQ	in den Quellprogrammzeilen wird an den Zeichenpositionen 1–6 eine Numerierung – in Zehnerschritten, beginnend mit der Zeilennummer 10 – eingetragen
NOSEG	im Quellprogramm enthaltene Segmentnummern werden ignoriert

Die Direktiven sind durch mindestens ein Leerzeichen voneinander zu trennen. Werden mehrere Direktiven angegeben und reicht eine Bildschirmzeile für die Darstellung eines COBOL-Kommandos nicht aus, so ist am Zeilenende das Trennzeichen "&" einzutragen. Es zeigt an, daß das Kommando in der nächsten Zeile fortgesetzt wird.

---

4 Dies gilt nur für den Einsatz des Kompilierers LEVEL II COBOL, nicht aber für das Programmsystem PERSONAL COBOL.

A.4 RUN-Direktiven

Die Syntax des RUN-Kommandos lautet:

RUN [switch-parameter] ... dateiname [text]

Das Objektprogramm wird aus der Datei "dateiname" in den Hauptspeicher geladen. Beim erstmaligen Aufruf der Anweisung[5]

ACCEPT bezeichner FROM CONSOLE

wird der hinter dem Dateinamen angegebene Parameter "text" in das Datenfeld "bezeichner" übertragen und kann von dort aus durch geeignete COBOL-Anweisungen weiterverarbeitet werden.

Ein Switch-Parameter, der im RUN-Kommando vor dem Dateinamen aufzuführen ist, besitzt die Form "+n" bzw. "−n", wobei "n" eine der Zahlen von 0 bis 7 ist.

Mit Hilfe dieser Parameter, die als Software-Schalter eingesetzt werden ("+n": n. Schalter eingeschaltet und "−n": n. Schalter ausgeschaltet), läßt sich der Programmablauf – ohne die Eingabe von entsprechenden Indikatordaten – steuern. Dazu müssen im COBOL-Programm innerhalb des Paragraphen SPECIAL-NAMES eine oder mehrere SWITCH-Klauseln der folgenden Form vereinbart werden (Merknamen sind frei gewählte Programmierer-Wörter):

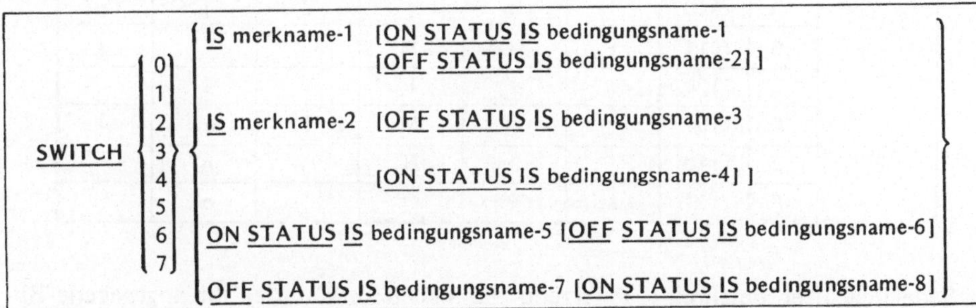

SWITCH {0 | 1 | 2 | 3 | 4 | 5 | 6 | 7}
{ IS merkname-1 [ON STATUS IS bedingungsname-1 [OFF STATUS IS bedingungsname-2]]
IS merkname-2 [OFF STATUS IS bedingungsname-3 [ON STATUS IS bedingungsname-4]]
ON STATUS IS bedingungsname-5 [OFF STATUS IS bedingungsname-6]
OFF STATUS IS bedingungsname-7 [ON STATUS IS bedingungsname-8] }

Über die hierdurch vereinbarten Bedingungsnamen, die in der PROCEDURE DIVISION des COBOL-Programms abzufragen sind, kann der Programmlauf entsprechend gesteuert werden.

5 Dies gilt nur für den Einsatz des Kompilierers LEVEL II COBOL, nicht aber für das Programmsystem PERSONAL COBOL.

A.5 ASCII-Kode

Der Standard-ASCII-Kode ist ein 7-Bit-Kode. In der Regel werden die Zeichen im Speicher eines Mikrocomputers im sog. *erweiterten* ASCII-*Kode* in jeweils einem Byte, bestehend aus 8 Bits, dargestellt. Als Auszug aus diesem Kode geben wir die Darstellung der Ziffern, der Groß- und Kleinbuchstaben und der Sonderzeichen wie folgt an:

		Zonenteil (linkes Halbbyte)					
Sedezimalziffer		2	3	4	5	6	7
	Bitmuster	0010	0011	0100	0101	0110	0111
0	0000	␣	0	@	P	`	p
1	0001	!	1	A	Q	a	q
2	0010	"	2	B	R	b	r
3	0011	#	3	C	S	c	s
4	0100	$	4	D	T	d	t
5	0101	%	5	E	U	e	u
6	0110	&	6	F	V	f	v
7	0111	'	7	G	W	g	w
8	1000	(	8	H	X	h	x
9	1001	)	9	I	Y	i	y
A	1010	*	:	J	Z	j	z
B	1011	+	;	K	[	k	{
C	1100	,	<	L	\	l	|
D	1101	–	=	M	]	m	}
E	1110	.	>	N	/\	n	‾
F	1111	/	?	O	_	o	

Ziffernteil (rechtes Halbbyte)

Jede Sedezimalziffer beschreibt abkürzend das neben bzw. unter ihr angegebene Bitmuster.

Z. B. hat der Buchstabe "u" die Sedezimalziffer "7" als Zonenteil und die Sedezimalziffer "5" als Ziffernteil und damit die Sedezimaldarstellung "75".

Bei der Ablage von Werten in numerischen Datenfeldern wird standardmäßig jede Ziffer in einem Byte abgespeichert.

So ergibt sich etwa für die Ablage der Ziffernfolge "8413" im numerischen Datenfeld KENNZAHL (vereinbart mit "PIC 9 (4)"):

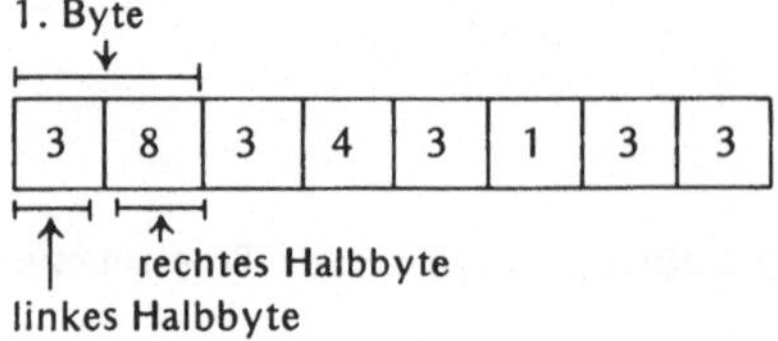

Bei einem signierten Datenfeld wird – ohne Angabe der SEPARATE-Klausel – das Vorzeichen zusammen mit der ersten Ziffer (SIGN IS LEADING-Klausel) oder der letzten Ziffer (SIGN IS TRAILING-Klausel bzw. standardmäßig) im linken Halbbyte abgespeichert.

So ergibt sich etwa für die Ablage des Werts "–725.15" im Datenfeld KONTOSTAND (vereinbart mit "PIC S9(5)V99"):

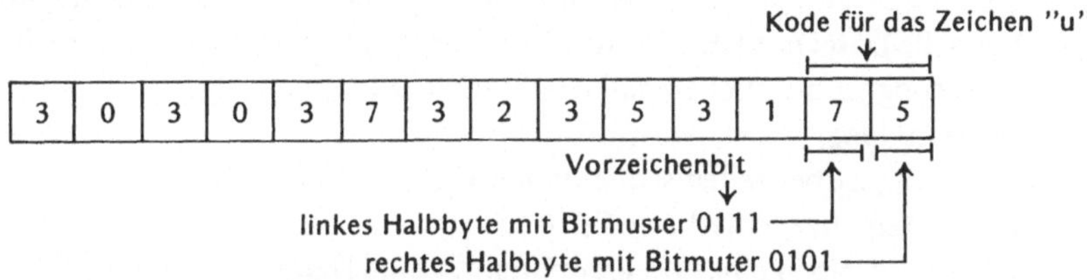

Ein negativer Wert wird im linken Halbbyte (des ersten bzw. letzten Bytes) durch die Sedezimalziffer "7" und ein positiver Wert durch die Sedezimalziffer "3" gekennzeichnet. Wird das Vorzeichen in einem eigenständigen Byte abgespeichert (dies wird durch eine SEPARATE-Klausel im Anschluß an die PICTURE-Klausel festgelegt), so wird es als Zeichen "+" bzw. "–" kodiert.

A.6 Fehlerkodes

Im Fehlerfall wird der Betriebssystem-Fehlerschlüssel in das durch eine FILE STATUS-Klausel vereinbarte Status-Feld eingetragen. Die folgenden Fehlerkodes können innerhalb des Programms ausgewertet werden:

002: Datei nicht eröffnet
003: Versuch, mehr als 12 Dateien gleichzeitig zu eröffnen
004: Dateiname fehlerhaft
006: Daten-Ausgabe in eine zur Eingabe eröffnete Datei
009: Disketten-Inhaltsverzeichnis voll
013: Datei nicht vorhanden
015: zu viele eröffnete index-sequentielle Dateien
022: Zugriffs-Methode ist mit OPEN-Anweisung nicht verträglich
024: Fehler bei Disketten-Ein-/Ausgabe
041: fehlerhafte index-sequentielle Datei
043: Datei-Informationen fehlen für index-sequentielle Datei
047: Index für index-sequentielle Datei zu groß
129: Satzadresse 0 bei relativ organisierter Datei verboten
139: Satzlänge oder Schlüssel-Feld-Vereinbarung stimmt nicht überein mit den Angaben bei der Einrichtung der Disketten-Datei
141: index-sequentielle Datei wurde bereits eröffnet bzw. mit "CLOSE LOCK" abgeschlossen
142: Versuch, nicht eröffnete index-sequentielle Datei abzuschließen

143: der Anweisung REWRITE bzw. DELETE geht bei sequentiellem Zugriff keine READ-Anweisung voraus
146: beim sequentiellen bzw. dynamischen Zugriff ist beim sequentiellen Lesen kein Satz verfügbar
147: START- bzw. READ-Anweisung ist nicht mit Datei-Eröffnung verträglich
148: WRITE-Anweisung ist mit Datei-Eröffnung unverträglich
149: REWRITE- bzw. DELETE-Anweisung ist nicht mit der Datei-Eröffnung verträglich
151: Versuch, sequentielle Datei mit READ-Anweisung im Random-Zugriff zu bearbeiten
152: REWRITE-Anweisung ist nur bei Update-Datei (OPEN I-O) zulässig
156: RUN-Direktive ist zu lang
158: REWRITE-Anweisung ist bei zeilen-sequentieller Datei nicht erlaubt
159: zeilen-sequentielle Datei hat fehlerhafte Struktur
178: Fehler beim Zurückschreiben eines Programmteils in eine Datei
179: Datei mit zu ladendem Programmteil ist nicht vorhanden
180: COBOL-Objektprogramm-Datei hat fehlerhafte Dateiende-Kennung
194: Datei zu groß (> 0.5 MB) oder "OPEN EXTEND" ist aus Speicherplatzgründen nicht möglich
195: der Anweisung REWRITE bzw. DELETE geht keine READ-Anweisung voraus
196: Satzadresse bei relativ organisierter Datei > 65535 oder Anzahl der Sätze bei index-sequentieller Datei zu groß
205: Unverträglichkeiten in der Speichergröße zum "Checkpoint-" und "Rerun-Zeitpunkt"
210: Datei wurde durch "CLOSE WITH LOCK" abgeschlossen
211: Fehler beim "CLOSE REEL" oder beim "CLOSE UNIT"

Wird das Status-Feld durch die Klausel

```
FILE STATUS IS FILE-STATUS-FELD
```

innerhalb des Paragraphen FILE-CONTROL verabredet und ist innerhalb der WORKING-STORAGE SECTION die Eintragung

```
01  FILE-STATUS-FELD.
    02  S1 PIC X.
    02  S2 PIC X.
01  FILE-STATUS-FELD-ZAHL REDEFINES FILE-STATUS-FELD PIC 9(4) COMP.
77  FEHLER-KODE PIC 9(4).
```

vorgenommen worden, so kann man – im Fehlerfall – durch die Ausführung der Anweisungen

```
MOVE LOW-VALUE TO S1
MOVE FILE-STATUS-FELD-ZAHL TO FEHLER-KODE
```

den jeweiligen Fehlerkode in das Datenfeld FEHLER-KODE übertragen und nachfolgend auswerten lassen.

A.7 Bedienung des Programmsystems PERSONAL COBOL unter MS-DOS

Für den Einsatz auf einem **IBM-** oder **IBM-kompatiblen** Mikrocomputer mit dem Betriebssystem **MS-DOS** bietet die Firma Micro Focus das Programmsystem **PERSONAL COBOL** zur Menü-gesteuerten Programmentwicklung an. Wir geben im folgenden einen Überblick über die durch Funktionstasten abrufbaren Leistungen.

Editierung von Programmzeilen

Innerhalb des Kommando-Menüs, das beim Start des Programmsystems PERSONAL COBOL als erstes Menü auf dem Bildschirm ausgegeben wird, muß die F2-Taste zur Auswahl des Editor-Menüs für die Editierung der Programmzeilen betätigt werden.

Funktionstasten des Editor-Menüs:

F1	help: gibt erläuternden Text über die Wirkung der einzelnen Funktions- und Spezial-Tasten aus[6]
F2	forms: verzweige in das Form-Menü zur Entwicklung eines Bildschirm-Menüs (s.u.)
F3	insert-line: füge Leerzeile vor der aktuellen Zeile ein
F4	delete-line: lösche die aktuelle Zeile (s. F6)
F5	repeat-line: füge vor der aktuellen Zeile eine Kopie der aktuellen Zeile ein (s. F6)
F6	restore-line: füge vor der aktuellen Zeile den Inhalt der zuletzt gelöschten Zeile als neue Zeile ein (ein erneuter Druck von F6 erzeugt als neue Zeile den Inhalt der durch den vorletzten Löschvorgang gelöschten Zeile usw.)[7]
F7	retype-char: trage das durch den Druck auf die Backspace-Taste zuletzt überschriebene Zeichen an der aktuellen Cursorposition ein (Vorgang ist wiederholbar)
F8	restore-char: trage das durch den Druck auf die DEL-Taste zuletzt gelöschte Zeichen an der aktuellen Cursorposition ein (Vorgang ist wiederholbar)
F9	word-left: positioniere den Cursor auf den nächsten Wortanfang
F10	word-right: positioniere den Cursor auf den Anfang des vorausgehenden Wortes
Alt	Alternate: zeige das Alt-Menü an
Ctrl	Ctrl: zeige das Ctrl-Menü an
Esc	Escape: brich ab und kehre in das Kommando-Menü zurück

[6] Grundsätzlich gilt für alle Menüs:
Durch den Druck auf die F1-Taste werden erläuternde Angaben zu der aktuellen Menüfunktion angefordert (dazu ist die von der Firma Micro Focus mitgelieferte „Example Disk" in das Laufwerk B einzulegen).

[7] Das Kopieren eines Zeilenbereichs wird durch die Kombination von F5 und F4 mit nachfolgendem wiederholtem Druck auf F6 ermöglicht.

Innerhalb des Editor-Menüs kann man die Daten-Eingabe durch die folgenden Spezialtasten unterstützen:

Cursor-Links	Cursor eine Position nach links
Cursor-Rechts	Cursor eine Position nach rechts
Cursor-Hoch	Cursor eine Position nach oben
Cursor-Tief	Cursor eine Position nach unten
Backspace-Taste	löscht das unmittelbar zuvor eingegebene Zeichen und setzt den Cursor um eine Zeichenpsoition zurück
Ins-Taste	ermöglicht die Einfügung von Zeichen an der aktuellen Zeichenposition (durch erneuten Druck dieser Taste wird die Einfügung beendet)
Del-Taste	löscht das Zeichen an der aktuellen Cursorposition
Home-Taste	einmal gedrückt: Sprung zur 8. Zeichenposition der aktuellen Zeile (Vor.: Zeichenposition $n > 8$) zweimal gedrückt: Sprung zur 1. Zeichenposition der aktuellen Zeile dreimal gedrückt: Sprung zur ersten Zeichenposition der aktuellen Bildschirmseite
End-Taste	einmal gedrückt: Sprung zum Textende der aktuellen Zeile (Vor.: Zeichenposition vor Textende) zweimal gedrückt: Sprung zur Zeichenposition 74 der aktuellen Zeile dreimal gedrückt: Sprung zur Zeichenposition 80 der aktuellen Zeile viermal gedrückt: Sprung zum Ende der aktuellen Bildschirmseite
PgUp-Taste	Ausgabe der vorausgehenden 20 Textzeilen
PgDn-Taste	Ausgabe der nachfolgenden 20 Textzeilen
Tabulator-Rechts-Taste	Sprung von 8 nach 12, dann – bei erneutem Druck – nach 16, dann nach 20 usw. und von 72 nach 80
Tabulator-Links-Taste	Sprung von 80 nach 72, dann – bei erneutem Druck – nach 68 usw. und von 12 nach 8 und dann nach 1
<ret>-Taste	Sprung zur Zeichenposition 8 der nachfolgenden Zeile

Hält man innerhalb des Editor-Menüs die Alt-Taste gedrückt, so wird das Alt-Menü angezeigt.

Funktionstasten des Editor-Menüs bei gedrückter Alt-Taste (Alt-Menü):

Taste			Funktion
F2			library: verzweige in ein (untergeordnetes) Editor-Menü, mit dem der Inhalt einer DDS-Datei editiert werden kann (dazu muß der Cursor zuvor in einer Zeile mit einer COPY-Klausel positioniert worden sein), s. die nachfolgenden Ausführungen zum Thema "Automatische Erstellung eines Bildschirm-Menüs"
F3			load-file: lade den Textpuffer mit dem Inhalt einer Disketten-Datei
	F2		directory: gib alle Namen von Disketten-Dateien aus, die vom Editor erstellt wurden
		F2	directory: gib erneut – evtl. nach einem Diskettenwechsel – alle Namen von Disketten-Dateien aus, die vom Editor erstellt wurden
		F3	size: zeige die Größe des freien Diskettenbereichs an
		F4	delete: lösche die Disketten-Datei, deren Name am Bildschirm erleuchtet ist
		<ret>	wähle die durch den Cursor markierte Disketten-Datei aus, um das dort abgespeicherte COBOL-Programm durch den Editor bearbeiten zu lassen
		Esc	Escape: brich ab und kehre ins Editor-Menü zurück
	<ret>		wähle die erleuchtet angezeigte Disketten-Datei aus, um das dort abgespeicherte COBOL-Programm durch den Editor bearbeiten zu lassen
	Esc		Escape: brich ab und kehre ins Editor-Menü zurück
F4			save-file: sichere den aktuellen Textpuffer-Inhalt als Disketten-Datei
	F2		directory: zeige das Disketten-Inhaltsverzeichnis an
		F2	directory: gib erneut – evtl. nach einem Diskettenwechsel – alle Namen von Disketten-Dateien aus, die vom Editor erstellt wurden
		F3	size: zeige die Größe des freien Diskettenbereichs an
		F4	delete: lösche die Disketten-Datei, deren Name am Bildschirm erleuchtet ist
		<ret>	wähle die durch den Cursor markierte Disketten-Datei aus, um die Übertragung des COBOL-Programms in diese Datei vorzunehmen
		Esc	Escape: brich ab und kehre ins Editor-Menü zurück
	<ret>		sichere den Textpuffer-Inhalt in die Datei, deren Name angezeigt ist
	Esc		Escape: brich ab und kehre ins Editor-Menü zurück
F5			split-line: brich die aktuelle Zeile an der Cursorposition auf
F6			join-line: füge den Inhalt der nächsten Zeile hinter den Inhalt der aktuellen Zeile an
F7			print: drucke den Inhalt des Textpuffers auf einen angeschlossenen Drucker aus
F9			untype-word-left: stelle den alten durch Zeichenersetzung veränderten Zustand des Wortes links von der aktuellen Cursorposition wieder her
F10			delete-word-right: lösche das Wort, das auf die aktuelle Cursorposition folgt

Hält man innerhalb des Editor-Menüs die Ctrl-Taste gedrückt, so wird das Ctrl-Menü angezeigt.

Funktionstasten des Editor-Menüs bei gedrückter Ctrl-Taste (Ctrl-Menü):

F3	scroll-up: führe automatisches zeilenweises Positionieren in Richtung auf die 1. Zeile durch; zum Stop drücke auf irgendeine Taste	
F4	scroll-down: führe automatisches zeilenweises Positionieren in Richtung auf die letzte Zeile durch; zum Stop drücke auf irgendeine Taste	
F5	find: stelle den Suchmodus ein	
	F2	set: trage die zu suchende Zeichenfolge in den Find-Puffer ein bzw. trage eine Zeichenfolge in den Replace-Puffer ein, welche die zu suchende Zeichenfolge gegebenenfalls ersetzen soll
	F3	clear: lösche den Find- bzw. den Replace-Puffer
	F4	replace: trage eine Zeichenfolge in den Replace-Puffer ein, falls die gesuchte Zeichenfolge (bestimmt durch den Eintrag im Find-Puffer) durch diese im Replace-Puffer enthaltene Zeichenfolge ersetzt werden soll bzw. schaffe den Replace-Puffer ab, falls die gesuchte Zeichenfolge nicht ersetzt werden soll
	F5	case-on/off: lege fest, ob zwischen Groß- und Kleinbuchstaben unterschieden werden soll
	F6	punc-on/off: bestimme, ob die Zeichen ";", "," und "." als Leerzeichen während der Suche interpretiert werden sollen
	F9	back: leite die Rückwärtssuche ein
	F10	forward: leite die Vorwärtssuche ein
	Esc	Escape: verlasse den Such-Modus
Home	positioniere auf die 1. Zeile	
End	positioniere auf die letzte Zeile	
PgUp	positioniere um 200 Zeilen zurück	
PgDn	positioniere um 200 Zeilen vorwärts	

Zur Durchführung der Kompilierung muß vom Kommando-Menü durch die F3-Taste in das Kompilierer-Menü verzweigt werden.

Funktionstasten des Kompilierer-Menüs:

F2	directory: zeige alle Namen von Disketten-Dateien an, die vom Editor eingerichtet wurden	
	F2	directory: gibt erneut – evtl. nach einem Diskettenwechsel – alle Namen von Disketten-Dateien aus, die COBOL-Quellprogramme enthalten
	F3	size: zeige die Größe des freien Diskettenbereichs an
	F4	delete: lösche die Disketten-Datei, deren Name am Bildschrim erleuchtet ist
	<ret>	wähle die durch den Cursor markierte Disketten-Datei aus, um das dort abgespeicherte COBOL-Programm kompilieren zu lassen
	Esc	Escape: brich ab und kehre ins Kompilierer-Menü zurück
F3	pause-at-error-on/off: schalte Pause-Modus ein/aus	
F4	print-on/off: gib an, ob das Kompilierer-Protokoll auf einem angeschlossenen Drucker ausgegeben werden soll	
<ret>	kompiliere den Inhalt der Disketten-Datei, deren Name angezeigt ist	
	Break- bei gedrückter Ctrl-Taste: brich Kompilierung ab und kehre in das Kommando-Menü zurück	
	Num Lock- bei gedrückter Ctrl-Taste: unterbrich die Kompilierung; zur Fortsetzung drücke eine beliebige Taste	
Esc	Escape: brich ab und kehre in das Kommando-Menü zurück	

Für die Programmausführung muß vom Kommando-Menü durch die F4-Taste in das Animator-Menü verzweigt werden.

Funktionstasten des Animator-Menüs:

Taste		Funktion
F2		directory: zeige die Namen aller Disketten-Dateien an, die kompilierte COBOL-Programme enthalten
	F2	directory: gib erneut – evtl. nach einem Diskettenwechsel – die Namen der Disketten-Dateien aus, die kompilierte COBOL-Programme enthalten
	F3	size: zeige die Größe des freien Diskettenbereichs an
	F4	delete: lösche die Disketten-Datei, deren Name am Bildschirm erleuchtet ist
	<ret>	wähle die durch den Cursor markierte Disketten-Datei aus, um das dort abgespeicherte kompilierte COBOL-Programm durch den Animator ausführen zu lassen
F3		zoom-on/off: schalte Zoom-Modus ein/aus
<ret>		laß den Inhalt der Disketten-Datei, deren Name angezeigt ist, durch den Animator ausführen
Esc		Escape: brich ab und kehre in das Kommando-Menü zurück

Bei ausgeschaltetem Zoom-Modus wird beim Druck auf die <ret>-Taste vom Animate-Menü auf das Animating-Menü umgeschaltet.

Funktions- und Spezialtasten des Animating-Menüs:

Taste		Funktion
F2		view: laß den Bildschirm mit den Programmausgaben anzeigen (der Druck auf irgendeine Taste reaktiviert anschließend den Bildschirm mit den Animator-Ausgaben)
F3		context: verschiebe das Bildschirmfenster so, daß die Zeile, auf die der Cursor zeigt, zur 3. Bildschirmzeile wird
F4		swap: wechsel den Bildschirmteil (der Bildschirm muß zuvor durch den Druck auf die Taste "T" (s.u.) in zwei Teile gegliedert worden sein) und positioniere den Cursor auf die als nächste ausführbare Anweisung
F5		where: rufe die Ausgabe des Programmausschnitts auf den Bildschirm ab, der die nächste auszuführende COBOL-Anweisung enthält
F6		line: gib eine Zeilennummer ein (= Bildschirmzeilennummer geteilt durch 10), so daß die bezeichnete Programmzeile als 3. Zeile auf dem Bildschirm ausgegeben wird
F9		word-left: positioniere den Cursor auf den Anfang des unmittelbar links stehenden Wortes
F10		word-right: positioniere den Cursor auf den Anfang des nachfolgenden Wortes
Esc		Escape: verlaß das Animating-Menü und kehre ins Kommando-Menü zurück
S		Step: führe die nächste COBOL-Anweisung aus
0–9		speed: bestimme durch die Angabe einer der Ziffern von 0 bis 9 die Geschwindigkeit (0: geringste, 9: höchste), mit der das Programm durch den nachfolgenden Druck auf die „G"-Taste ausgeführt werden soll
G		Go: laß das Programm mit der eingestellten Geschwindigkeit ausführen
	Esc	Escape: brich die Programmausführung ab und kehre in Animate-Menü zurück
	0–9	speed: ändere die Ausführungsgeschwindigkeit
	Z	Zoom: laß das Programm mit maximaler Geschwindigkeit ohne die Anzeige der Anweisungen ausführen
		Break- bei gedrückter Ctrl-Taste: brich die Ausführung ab und kehre ins Animate-Menü zurück
Z		Zoom: laß das Programm mit maximaler Geschwindigkeit ausführen, ohne die Ausführung der Anweisungen anzuzeigen
		Break- bei gedrückter Ctrl-Taste: brich die Ausführung ab und kehre ins Animate-Menü zurück

I	next-If: laß das Programm bis zum Erreichen der im dynamischen Ablauf nächstfolgenden IF-Anweisung ausführen		
P	Perform-level: eine durch PERFORM aufgerufene Prozedur bzw. ein durch CALL aufgerufenes Unterprogramm wird durchlaufen, ohne daß die Anweisungen während der Ausführung angezeigt werden		
	F2 " " F10 Esc	s. die Angaben zu Beginn des Animating-Menüs	
	S	Step: durch diese Eingabe, die unmittelbar vor der Ausführung einer PERFORM- bzw. CALL-Anweisung zu machen ist (das Programm ist u. U. durch das Setzen eines Haltepunktes an dieser Anweisung anzuhalten), werden die in dem aufgerufenen Programmteil ausgeführten Anweisungen nicht angezeigt, und es wird die Programmausführung unmittelbar hinter dieser Anweisung angehalten	
	E	Exit: diese Eingabe, die innerhalb einer durch PERFORM aufgerufenen Prozedur zu machen ist, bewirkt, daß alle nachfolgend in dieser Prozedur ausgeführten Anweisungen nicht mehr angezeigt werden und die Programmausführung unmittelbar hinter dem PERFORM-Aufruf angehalten wird	
R	Reset: bestimme die nächste auszuführende COBOL-Anweisung durch die nachfolgende Angabe von "H", "N" oder "S"		
	F2 " " F10 Esc	s. die Angaben zu Beginn des Animating-Menüs	
	H	Here: es ist die Anweisung, auf die der Cursor positioniert wurde	
	N	Next: es ist die Anweisung, die der zuletzt ausgeführten Anweisung unmittelbar folgt	
	S	Start: es ist die erste Anweisung innerhalb der ersten Prozedur (Vorsicht: evtl. sind die ursprünglichen statischen Initialisierungen zuvor überschrieben worden)	
	Q	Quit-perform: verlaß die durch die PERFORM-Anweisung aufgerufene Prozedur und positioniere auf die der PERFORM-Anweisung unmittelbar folgende Anweisung	
	Esc	Escape: brich ab und kehre ins Animating-Menü zurück	
B	Break-points: setze oder lösche Haltepunkte innerhalb des Programms		
	F2 " " F10 Esc	s. die Angaben zu Beginn des Animating-Menüs	
	S	Set: richte einen Haltepunkt unmittelbar vor der Anweisung ein, auf die der Cursor zeigt	
	U	Unset: lösche denjenigen Haltepunkt, der vor der Anweisung plaziert ist, auf die der Cursor zeigt	
	C	Cancel-all: lösche alle Haltepunkte	
	E	Examine: zeige den nächsten gesetzten Haltepunkt an	
	I	If: richte einen Haltepunkt ein, an dem die Programmausführung durch die Gültigkeit einer Bedingung angehalten wird	
		F2	clear: lösche die verabredete Bedingung
		Esc	Escape: verlaß das Menü ohne einen Haltepunkt einzurichten
	Esc	Escape: brich ab und kehre ins Animating-Menü zurück	

E				Environment: verabrede Haltepunkte zu Beginn von Programmen bzw. an der Stelle, an der erstmals eine Bedingung erfüllt ist, bzw. fordere, daß ab einer bestimmten Verschachtelungstiefe von durch PERFORM bzw. CALL aufgerufenen Programmteilen die Ausführung der Anweisungen nicht mehr angezeigt werden soll
	F2 " " F10 Esc			s. die Angaben zu Beginn des Animating-Menüs
	P			Program-break: verabrede einen Haltepunkt zu Beginn eines Programms (der zuletzt angegebene Haltepunkt ist wirksam)
		F2 " " F10 Esc		s. die Angaben zu Beginn des Animating-Menüs
		T		This: wähle das aktuelle Programm aus
		S		Select: wähle ein Programm aus
			F2	clear: lösche das angezeigte Programm
			Esc	Escape: verlaß das Menü, ohne ein Programm vereinbart zu haben
			<ret>	wähle das angezeigte Programm aus
		C		Cancel: lösche alle durch "E" verabredeten Haltepunkte
	T			Threshold-level: fordere, daß unterhalb der aktuellen Verschachtelungstiefe (wird auf dem Bildschirm in einer Kennungszeile angezeigt) alle durch PERFORM oder CALL aufgerufenen Programmteile ohne Anzeige der Anweisungen ausgeführt werden
		F2 " " F10 Esc		s. die Angaben zu Beginn des Animating-Menüs
		S		Set: setze die Verschachtelungstiefe auf den aktuellen (angezeigten) Level
		U		Unset: hebe die Verabredung über die Verschachtelungstiefe wieder auf
	U			Until: vereinbare eine Bedingung, bei deren Gültigkeit an der dann bei der Programmausführung erreichten Anweisung die Ausführung angehalten wird
		F2 " " F10 Esc		s. die Angaben zu Beginn des Animating-Menüs
		S		Set: gib die Bedingung an
			F2	clear: lösche die angezeigte Bedingung
			Esc	Escape: verlaß das Menü, ohne eine Bedingung vereinbart zu haben
		U		Unset: hebe die Verabredung auf
		E		Examine: zeige die aktuell verabredete Bedingung an

Q	Query: laß den Inhalt von Datenfeldern anzeigen oder belege Datenfelder mit neuem Inhalt		
	F2 " " F10 Esc		s. die Angaben zu Beginn des Animating-Menüs
	C		Cursor-name: wähle das Datenfeld aus, auf das der Cursor zeigt
	E		Enter-name: wähle das Datenfeld aus, dessen Name eingegeben wird
		F2	clear: lösche den aufgeführten Datenfeldnamen
		Esc	Escape: verzichte auf die Angabe eines Datenfeldnamens
	R		Repeat: wähle das zuletzt bearbeitete Datenfeld aus
	M		Monitor-off: ab sofort soll die Ausgabe des zuvor während der Programmausführung angezeigten Datenfeldinhalts in der letzten Bildschirmzeile unterbleiben
	Esc		Escape: brich ab und kehre ins Animating-Menü zurück
			in zu "C", "E" und "R" gehörigen Untermenüs mögliche Eingaben:
		F2	clear: lösche den aktuellen Datenfeldinhalt
		F3	hex/text: laß den Datenfeldinhalt als Zeichen bzw. in hexadezimaler Darstellung anzeigen
		F4	monitor: zeige ab sofort während der nachfolgenden Programmausführung den jeweils aktuellen Inhalt des ausgewählten Datenfeldes in der letzten Bildschirmzeile an
		F5	up-data: zeige den Inhalt des vorausgehenden Datenfeldbereichs an (sofern der gesamte Inhalt wegen der Datenfeldlänge nicht insgesamt angezeigt werden kann)
		F6	down-data: zeige den Inhalt des nachfolgenden Datenfeldbereichs an
		F7	up-table: zeige den Inhalt des vorausgehenden Tabellenelements an (sofern das Datenfeld als Tabelle definiert wurde)
		F8	down-table: zeige den Inhalt des nachfolgenden Tabellenelements an
		F9	hex/ASCII: übersetze die Zeicheninformation eines Datenfeldes von der ASCII-Darstellung in die hexadezimale Darstellung und umgekehrt
		Esc	Escape: verlaß das Q-Menü, ohne daß eine Datenfeldänderung durchgeführt wird
F	Find: suche das ab der aktuellen Cursorposition nächstfolgende Auftreten der eingegebenen Zeichenfolge		
	F2		clear: ersetze die aktuelle Suchbedingung durch Leerzeichen
	Esc		Escape: kehre – ohne Durchführung einer Suche – in das Animating-Menü zurück
L	Locate: suche innerhalb des Quellprogramms die Position eines Datei-, Datenfeld- oder Prozedurnamens, wobei der Name folgendermaßen festgelegt wird:		
	C		Cursor-name: laß den Namen suchen, auf den der Cursor zeigt
	E		Enter-name: laß den Namen suchen, der eingegeben wurde
		F2	clear: besetze das Namensfeld mit Leerzeichen
		Esc	Escape: kehre – ohne Positionierung – ins Animating-Menü zurück
		<ret>	führe die Positionierung auf den angegebenen Namen durch

T	Text: formatiere den Bildschirm	
	F2 " " F10 Esc	s. die Angaben zu Beginn des Animating-Menüs
	S	Split: teile den Bildschirm an der aktuellen Cursorposition in zwei Teile
	J	Join: hebe eine Bildschirmteilung wieder auf
	R	Refresh: regeneriere den Bildschirminhalt
D	Do: laß eine COBOL-Anweisung, die nicht Bestandteil des COBOL-Quellprogramms ist, kompilieren und unmittelbar ausführen; dazu gib diese Anweisung ein und veranlasse die Ausführung durch die Return-Taste	
	F2	clear: lösche die aktuell eingetragene COBOL-Anweisung
	Esc	Escape: kehre – ohne Ausführung einer COBOL-Anweisung – ins Animating-Menü zurück
	<ret>	kompiliere die angegebene Anweisung und führe sie aus

Automatische Erstellung eines Bildschirm-Menüs (Formular-Generator)

Innerhalb des Programmsystems PERSONAL COBOL gibt es die Möglichkeit, Datenfeld-Definitionen für Bildschirm-Masken und die zugehörigen Programmanweisungen für die Ein-/Ausgabe automatisch erstellen zu lassen[8]. Dazu muß die F2-Taste (zum Aufruf des im Programmsystem vorhandenen Formular-Generators) innerhalb des Editor-Menüs betätigt werden.

Nach dem Aufruf des Editor-Menüs und der Eingabe des Programmgerüstes in der Form

```
IDENTIFICATION DIVISION.
PROGRAM-ID.
    ERFSSNG.
ENVIRONMENT DIVISION.
INPUT-OUTPUT SECTION.
FILE-CONTROL.
    SELECT VERTRETER-DATEI ASSIGN TO "B:STAMM.VER"
    ORGANIZATION IS LINE SEQUENTIAL.
DATA DIVISION.
FILE SECTION.
FD  VERTRETER-DATEI.
01  VERTRETER-SATZ.
    02 KENNZAHL     PIC 9(4).
    02 NACHNAME     PIC X(20).
    02 VORNAME      PIC X(20).
    02 KONTOSTAND   PIC S9(5)V99.
WORKING-STORAGE SECTION.  <------------ hier ist die COPY-Klausel zu plazieren (s.u.)
PROCEDURE DIVISION.
RAHMEN.
    OPEN OUTPUT VERTRETER-DATEI
    MOVE SPACE TO ENDE-EIN
    PERFORM VERARBEITUNG UNTIL ENDE
    CLOSE VERTRETER-DATEI
    DISPLAY SPACES UPON CRT
    STOP RUN.
VERARBEITUNG.
    PERFORM AERFSSNG <------------ Name für die DDS-Datei (s.u.)
    MOVE KENNZAHL-EIN TO KENNZAHL
    MOVE NACHNAME-EIN TO NACHNAME
    MOVE VORNAME-EIN TO VORNAME
    MOVE KONTOSTAND-EIN TO KONTOSTAND
    WRITE VERTRETER-SATZ.
```

8 Es besteht ferner die Möglichkeit, sich auf der Basis des verabredeten Bildschirmaufbaus ein Standardprogramm zur Bearbeitung einer index-sequentiellen Datei automatisch generieren zu lassen.

positionieren wir den Cursor in die Zeile mit dem Eintrag "PROCEDURE DIVISION". Nach dem Druck auf die F2-Taste wird in das *Form-Menü* verzweigt und der Bildschirm gelöscht, so daß wir den als Erfassungs-Menü gewünschten Bildschirminhalt durch die Eingabe der Texte für die Kennzeichnung der Erfassungsfelder wie folgt aufbauen können:

```
NACHNAME:  <                    >          KENNZAHL:<    >
VORNAME:   <                    >
KONTOSTAND:<         >

ENDE(J):< >
```

Danach betätigen wir erneut die F2-Taste, damit wir die Eingabe der PICTURE-Maskenzeichen in die konzipierten Erfassungsfelder durchführen können. Dadurch ergibt sich der folgende Bildschirminhalt:

```
NACHNAME:  <XXXXXXXXXXXXXXXXXXXX>          KENNZAHL:<9999>
VORNAME:   <XXXXXXXXXXXXXXXXXXXX>
KONTOSTAND:<+++++9.99>

ENDE(J):<X>
```

Durch die F4-Taste (bei gleichzeitigem Druck auf die ALT-Taste) wird der Name einer Disketten-Datei erfragt. Wir geben den Namen "AERFSSNG" ein und betätigen die Return-Taste. Dadurch wird die intern generierte Information über den Menü-Aufbau in die Disketten-Datei AERFSSNG.FRM übertragen, von welcher der so gesicherte Menü-Aufbau auf eine spätere Anforderung hin wieder zur Korrektur bereitgestellt werden kann.

Anschließend wählen wir durch die F5-Taste (bei gedrückter Alt-Taste) ein Unter-Menü an, in dem wir die Erzeugung der Datenfeld-Definitionen und der zugehörigen COBOL-Anweisungen für die Programmausführung abrufen können.

Haben wir bei der Anfrage nach einem Dateinamen die Zeichenfolge "AERFSSNG" eingegeben und die Return-Taste betätigt, so wird die Disketten-Datei AERFSSNG.DDS – man spricht von der *DDS-Datei* AERFSSNG – mit den Datenfeld-Definitionen eingerichtet. Durch die F2-Taste lassen wir uns das Editor-Menü anzeigen, in dem die *COPY-Klausel*

COPY "B:AERFSSNG.DDS".

automatisch vor der Zeile mit dem Eintrag "PROCEDURE DIVISION" eingefügt ist.

Diese COPY-Klausel legt fest, daß an der durch sie gekennzeichneten Zeile die innerhalb der DDS-Datei AERFSSNG abgespeicherten Programmzeilen durch den Kompilierer einzufügen und für die Programmanalyse zu berücksichtigen sind.

Wir positionieren den Cursor hinter die letzte Zeile der Prozedur VERARBEITUNG und drücken anschließend die F2-Taste zur Rückkehr in das Unter-Menü zur Erzeugung der COBOL-Anweisungen. Von dort verzweigen wir durch die F3-Taste zurück in das Editor-Menü, in dem die (automatisch aufgebaute) Prozedur AERFSSNG hinter der Prozedur VERARBEITUNG angefügt ist. Diese Prozedur enthält die COBOL-Anweisungen zur Ausgabe des (zuvor auf dem Bildschirm entwickelten) Erfassungs-Menüs und zur Daten-Eingabe in die Erfassungsfelder während der Ausführung des Programms ERFSSNG, so daß unser COBOL-Programm aus den folgenden Programmzeilen besteht:

```
IDENTIFICATION DIVISION.
PROGRAM-ID.
    ERFSSNG.
ENVIRONMENT DIVISION.
INPUT-OUTPUT SECTION.
FILE-CONTROL.
    SELECT VERTRETER-DATEI ASSIGN TO "B:STAMM.VER"
    ORGANIZATION IS LINE SEQUENTIAL.
DATA DIVISION.
FILE SECTION.
FD  VERTRETER-DATEI.
01  VERTRETER-SATZ.
    02  KENNZAHL      PIC 9(4).
    02  NACHNAME      PIC X(20).
    02  VORNAME       PIC X(20).
    02  KONTOSTAND    PIC S9(5)V99.
WORKING-STORAGE SECTION.
    COPY "B:AERFSSNG.DDS".
PROCEDURE DIVISION.
RAHMEN.
    OPEN OUTPUT VERTRETER-DATEI
    MOVE SPACE TO ENDE-EIN
    PERFORM VERARBEITUNG UNTIL ENDE
    CLOSE VERTRETER-DATEI
    DISPLAY SPACES UPON CRT
    STOP RUN.
VERARBEITUNG.
    PERFORM AERFSSNG
    MOVE KENNZAHL-EIN TO KENNZAHL
    MOVE NACHNAME-EIN TO NACHNAME
    MOVE VORNAME-EIN TO VORNAME
    MOVE KONTOSTAND-EIN TO KONTOSTAND
    WRITE VERTRETER-SATZ.
AERFSSNG.
    DISPLAY SPACE UPON CRT.
    DISPLAY AERFSSNG-00 UPON CRT.
    DISPLAY AERFSSNG-01 UPON CRT.
    ACCEPT  AERFSSNG-01 FROM CRT.
    DISPLAY AERFSSNG-01 UPON CRT.
AERFSSNG-END.
```

Da einige der automatisch festgelegten Datenfeldnamen für den Bildschirmaufbau zu verändern sind, müssen wir die DDS-Datei AERFSSNG.DDS editieren. Dazu ist der Cursor in die Zeile mit der COPY-Klausel zu positionieren und die F2-Taste (bei gleichzeitig gedrückter Alt-Taste) zu betätigen. Dadurch wird in ein (untergeordnetes) Editor-Menü mit den Programmzeilen der DDS-Datei verzweigt, so daß dort die erforderliche Ergänzung des Bedingungsnamens ENDE und die Namensveränderungen der vier Erfassungsfelder durchgeführt werden können. Nach der Editierung enthält der Textpuffer die folgenden Programmzeilen, die durch die COPY-Klausel

COPY "B:AERFSSNG.DDS".

während der Kompilierung des Quellprogramms in die WORKING-STORAGE SECTION eingefügt werden:

```
01   AERFSSNG-00    .
     03 AERFSSNG-00-0101 PIC X(0012) VALUE "NACHNAME:  <".
     03 FILLER           PIC X(0020).
     03 AERFSSNG-00-0133 PIC X(0001) VALUE ">".
     03 FILLER           PIC X(0016).
     03 AERFSSNG-00-0150 PIC X(0015) VALUE "KENNZAHL:<    >".
     03 FILLER           PIC X(0016).
     03 AERFSSNG-00-0201 PIC X(0012) VALUE "VORNAME:   <".
     03 FILLER           PIC X(0020).
     03 AERFSSNG-00-0233 PIC X(0001) VALUE ">".
     03 FILLER           PIC X(0047).
     03 AERFSSNG-00-0301 PIC X(0022) VALUE "KONTOSTAND:<         >
-    "".
     03 FILLER           PIC X(0138).
     03 AERFSSNG-00-0501 PIC X(0011) VALUE "ENDE(J):< >".
01   AERFSSNG-01     REDEFINES AERFSSNG-00
     03 FILLER           PIC X(0012).
     03 NACHNAME-EIN     PIC X(0020).
     03 FILLER           PIC X(0027).
     03 KENNZAHL-EIN     PIC 9(0004).
     03 FILLER           PIC X(0029).
     03 VORNAME-EIN      PIC X(0020).
     03 FILLER           PIC X(0060).
     03 KONTOSTAND-EIN   PIC +++++9.99.
     03 FILLER           PIC X(0148).
     03 ENDE-EIN         PIC X(0001).
        88  ENDE VALUE "J".
```

Die Rückkehr in das (übergeordnete) Editor-Menü mit den Programmzeilen des Programms ERFSSNG erfolgt durch die Escape-Taste (nachdem der korrigierte Textpufferinhalt zuvor durch die F4-Taste – bei festgehaltener Alt-Taste – gesichert worden ist).

Damit haben wir die erforderliche Modifizierung zur Anpassung des vorgegebenen Programmgerüstes an die automatisch erstellten Definitionen und Anweisungen vorgenommen. Wir sichern den Inhalt des Textpuffers, so daß wir anschließend die Kompilierung und die Programmausführung abrufen können.

A.8 Lösung der Aufgaben

Lösung zu Aufgabe 1.2.10 (S. 29):

```
IDENTIFICATION DIVISION.
PROGRAM-ID.
    A-1-2-10.
ENVIRONMENT DIVISION.
INPUT-OUTPUT SECTION.
FILE-CONTROL.
    SELECT AUFTRAGS-DATEI ASSIGN TO "B:AUFTRAG.VER"
    ORGANIZATION IS LINE SEQUENTIAL.
DATA DIVISION.
FILE SECTION.
FD  AUFTRAGS-DATEI.
01  AUFTRAGS-SATZ.
    02  ARTIKEL-NUMMER PIC 9(3).
    02  STUECKZAHL     PIC 9(3).
    02  STUECKPREIS    PIC 9(3)V99.
    02  AUFTRAGS-NUMMER PIC 9(3).
    02  KENNZAHL       PIC 9(4).
WORKING-STORAGE SECTION.
01  BILDSCHIRM-AUS.
    02  ARTIKEL-NUMMER-MASKE       PIC X(20)
            VALUE "ARTIKEL-NUMMER:<   >".
    02  FILLER                     PIC X(29).
    02  KENNZAHL-MASKE             PIC X(15)
            VALUE "KENNZAHL:<    >".
    02  FILLER                     PIC X(16).
    02  STUECKZAHL-MASKE           PIC X(16)
            VALUE "STUECKZAHL:<   >".
    02  FILLER                     PIC X(64).
    02  STUECKPREIS-MASKE          PIC X(20)
            VALUE "STUECKPREIS:<      >".
    02  FILLER                     PIC X(60).
    02  AUFTRAGS-NUMMER-MASKE      PIC X(21)
            VALUE "AUFTRAGS-NUMMER:<   >".
    02  FILLER                     PIC X(139).
    02  ENDE-MASKE                 PIC X(11)
            VALUE "ENDE(J):< >".
    02  FILLER                     PIC X(69).
01  BILDSCHIRM-EIN REDEFINES BILDSCHIRM-AUS.
    02  FILLER              PIC X(16).
    02  ARTIKEL-NUMMER-EIN  PIC 9(3).
    02  FILLER              PIC X(40).
    02  KENNZAHL-EIN        PIC 9(4).
    02  FILLER              PIC X(29).
    02  STUECKZAHL-EIN      PIC 9(3).
    02  FILLER              PIC X(78).
    02  STUECKPREIS-EIN     PIC 9(3).99.
    02  FILLER              PIC X(78).
    02  AUFTRAGS-NUMMER-EIN  PIC 9(3).
    02  FILLER              PIC X(149).
    02  ENDE-EIN            PIC X.
        88  ENDE VALUE "J".
    02  FILLER              PIC X(70).
```

```
PROCEDURE DIVISION.
RAHMEN.
    OPEN OUTPUT AUFTRAGS-DATEI
    DISPLAY SPACES UPON CRT
    DISPLAY BILDSCHIRM-AUS UPON CRT
    MOVE SPACE TO ENDE-EIN
    PERFORM VERARBEITUNG UNTIL ENDE
    CLOSE AUFTRAGS-DATEI
    DISPLAY SPACES UPON CRT
    STOP RUN.
VERARBEITUNG.
    MOVE SPACES TO BILDSCHIRM-EIN
    DISPLAY BILDSCHIRM-EIN UPON CRT
    ACCEPT BILDSCHIRM-EIN FROM CRT
    MOVE KENNZAHL-EIN TO KENNZAHL
    MOVE ARTIKEL-NUMMER-EIN TO ARTIKEL-NUMMER
    MOVE STUECKZAHL-EIN TO STUECKZAHL
    MOVE STUECKPREIS-EIN TO STUECKPREIS
    MOVE AUFTRAGS-NUMMER-EIN TO AUFTRAGS-NUMMER
    WRITE AUFTRAGS-SATZ.
```

Lösung zu Aufgabe 2.19 (S. 91):

```
IDENTIFICATION DIVISION.
PROGRAM-ID.
    A-2-19.
ENVIRONMENT DIVISION.
CONFIGURATION SECTION.
SPECIAL-NAMES.
    CONSOLE IS CRT.
INPUT-OUTPUT SECTION.
FILE-CONTROL.
    SELECT AUFTRAGS-DATEI ASSIGN TO "B:AUFTRAG.VER"
    ORGANIZATION IS LINE SEQUENTIAL.
DATA DIVISION.
FILE SECTION.
FD  AUFTRAGS-DATEI.
01  AUFTRAGS-SATZ.
    02  ARTIKEL-NUMMER  PIC 9(3).
    02  STUECKZAHL      PIC 9(3).
    02  STUECKPREIS     PIC 9(3)V99.
    02  AUFTRAGS-NUMMER PIC 9(3).
    02  KENNZAHL        PIC 9(4).
WORKING-STORAGE SECTION.
01  LISTE-SATZ-ED-BEREICH.
    02  LISTE-SATZ-ED OCCURS 7 TIMES.
        03  FILLER             PIC X(6).
        03  ARTIKEL-NUMMER-ED  PIC 9(3).
        03  FILLER             PIC X(11).
        03  STUECKZAHL-ED      PIC 9(3).
        03  FILLER             PIC X(9).
        03  STUECKPREIS-ED     PIC ZZ9.99.
        03  FILLER             PIC X(6).
        03  KENNZAHL-ED        PIC Z(3)9.
        03  FILLER             PIC X(10).
        03  AUFTRAGS-NUMMER-ED PIC ZZ9.
        03  FILLER             PIC X(99).
```

```
    77  DATEI-ENDE-FELD PIC 9 VALUE 0.
        88  DATEI-ENDE VALUE 1.
    77  ABBRECHEN-FELD PIC X VALUE "N".
        88  ABBRECHEN VALUE "J".
    77  POS PIC 9.
    PROCEDURE DIVISION.
    RAHMEN.
        OPEN INPUT AUFTRAGS-DATEI
        DISPLAY SPACES
        DISPLAY " ARTIKEL-NUMMER  STUECKZAHL  STUECKPREIS  KENNZAHL
  -             " AUFTRAGS-NUMMER" AT 0401
        DISPLAY " --------------  ----------  -----------  --------
  -             " ---------------" AT 0501
        PERFORM VERARBEITUNG UNTIL DATEI-ENDE OR ABBRECHEN
        CLOSE AUFTRAGS-DATEI
        DISPLAY "ENDE DER DRUCKAUSGABE" AT 2301
        STOP RUN.
    VERARBEITUNG.
        MOVE SPACES TO LISTE-SATZ-ED-BEREICH
        PERFORM LESEN VARYING POS FROM 1 BY 1 UNTIL POS > 7
                                                 OR DATEI-ENDE
        IF POS > 1
            DISPLAY LISTE-SATZ-ED-BEREICH AT 0801
            IF NOT DATEI-ENDE
                DISPLAY "ABBRECHEN(J/N)< >" AT 2301
                DISPLAY ABBRECHEN-FELD AT 2316
                ACCEPT ABBRECHEN-FELD AT 2316.
    LESEN.
        READ AUFTRAGS-DATEI AT END MOVE 1 TO DATEI-ENDE-FELD.
        IF NOT DATEI-ENDE
            MOVE ARTIKEL-NUMMER TO ARTIKEL-NUMMER-ED (POS)
            MOVE STUECKZAHL TO STUECKZAHL-ED (POS)
            MOVE STUECKPREIS TO STUECKPREIS-ED (POS)
            MOVE KENNZAHL TO KENNZAHL-ED (POS)
            MOVE AUFTRAGS-NUMMER TO AUFTRAGS-NUMMER-ED (POS).
```

Lösung zu Aufgabe 3.2 (S. 94):

```
    IDENTIFICATION DIVISION.
    PROGRAM-ID.
        A-3-2.
    ENVIRONMENT DIVISION.
    INPUT-OUTPUT SECTION.
    FILE-CONTROL.
        SELECT AUFTRAGS-DATEI ASSIGN TO "B:AUFTRAG.VER"
               ORGANIZATION IS LINE SEQUENTIAL.
        SELECT AUFTRAGS-DATEI-S ASSIGN TO "B:AUFTRAGS.VER"
               ORGANIZATION IS LINE SEQUENTIAL.
        SELECT SORTIER-DATEI ASSIGN TO "B:SORT.AUF".
    DATA DIVISION.
    FILE SECTION.
    FD  AUFTRAGS-DATEI.
    01  AUFTRAGS-SATZ PIC X(18).
    FD  AUFTRAGS-DATEI-S.
    01  AUFTRAGS-SATZ-S PIC X(18).
```

```
SD   SORTIER-DATEI.
01   SORTIER-SATZ.
     02  FILLER     PIC X(14).
     02  KENNZAHL   PIC X(4).
PROCEDURE DIVISION.
RAHMEN.
     SORT SORTIER-DATEI
          ASCENDING KEY KENNZAHL
          USING AUFTRAGS-DATEI
          GIVING AUFTRAGS-DATEI-S
     STOP RUN.
```

Lösung zu Aufgabe 4.2.3 (S. 116):

```
IDENTIFICATION DIVISION.
PROGRAM-ID.
    A-4-2-3.
ENVIRONMENT DIVISION.
INPUT-OUTPUT SECTION.
FILE-CONTROL.
     SELECT AUFTRAGS-DATEI ASSIGN TO "B:AUFTRAG.VER"
     ORGANIZATION IS LINE SEQUENTIAL.
     SELECT HILFS-DATEI ASSIGN TO "B:HILFSDAT.VER"
     ORGANIZATION IS LINE SEQUENTIAL.
     SELECT AUFTRAGS-DATEI-I ASSIGN TO "B:AUFTRAGI.VER"
     ORGANIZATION IS INDEXED
     ACCESS MODE IS SEQUENTIAL
     RECORD KEY IS SCHLUESSEL-FELD
     FILE STATUS IS FILE-STATUS-FELD.
     SELECT SORTIER-DATEI ASSIGN TO "B:SORT.AUF".
DATA DIVISION.
FILE SECTION.
FD   AUFTRAGS-DATEI.
01   AUFTRAGS-SATZ PIC X(18).
FD   HILFS-DATEI.
01   HILFS-DATEI-SATZ PIC X(18).
FD   AUFTRAGS-DATEI-I.
01   AUFTRAGS-SATZ-I.
     02  FILLER         PIC X(11).
     02  SCHLUESSEL-FELD PIC X(7).
SD   SORTIER-DATEI.
01   SORTIER-SATZ.
     02  FILLER              PIC X(11).
     02  SCHLUESSEL-FELD-SORT PIC 9(7).
WORKING-STORAGE SECTION.
77   DATEI-ENDE-FELD PIC 9 VALUE ZERO.
     88  DATEI-ENDE VALUE 1.
77   FEHLER-FELD PIC 9 VALUE ZERO.
     88  FEHLER VALUE 1.
77   FILE-STATUS-FELD PIC XX.
     88  SORTIER-FEHLER VALUE "21".
     88  SATZ-DOPPELT   VALUE "22".
     88  DISKETTE-VOLL  VALUE "24".
```

```
PROCEDURE DIVISION.
RAHMEN.
    SORT SORTIER-DATEI
         ASCENDING KEY SCHLUESSEL-FELD-SORT
         USING AUFTRAGS-DATEI
         GIVING HILFS-DATEI
    OPEN INPUT HILFS-DATEI OUTPUT AUFTRAGS-DATEI-I
    READ HILFS-DATEI AT END MOVE 1 TO DATEI-ENDE-FELD.
    PERFORM VERARBEITUNG UNTIL DATEI-ENDE OR FEHLER
    CLOSE HILFS-DATEI AUFTRAGS-DATEI-I
    STOP RUN.
VERARBEITUNG.
    WRITE AUFTRAGS-SATZ-I FROM HILFS-DATEI-SATZ
        INVALID KEY PERFORM FEHLER-BEHANDLUNG.
    IF NOT FEHLER
        READ HILFS-DATEI AT END MOVE 1 TO DATEI-ENDE-FELD.
FEHLER-BEHANDLUNG.
    MOVE 1 TO FEHLER-FELD
    IF SORTIER-FEHLER
        DISPLAY "SORTIER-FEHLER" UPON CONSOLE
    ELSE
        IF SATZ-DOPPELT
            DISPLAY "SATZ DOPPELT" UPON CONSOLE
        ELSE
            IF DISKETTE-VOLL
                DISPLAY "DISKETTE VOLL" UPON CONSOLE.
```

Lösung zu Aufgabe 4.2.5 (S. 120):

```
IDENTIFICATION DIVISION.
PROGRAM-ID.
    A-4-2-5.
ENVIRONMENT DIVISION.
CONFIGURATION SECTION.
SPECIAL-NAMES.
    CONSOLE IS CRT
    CURSOR IS CURSOR-FELD.
INPUT-OUTPUT SECTION.
FILE-CONTROL.
    SELECT AUFTRAGS-DATEI ASSIGN TO "B:AUFTRAGI.VER"
    ORGANIZATION IS INDEXED
    ACCESS MODE IS RANDOM
    RECORD KEY IS SCHLUESSEL-FELD.
DATA DIVISION.
FILE SECTION.
FD  AUFTRAGS-DATEI.
01  AUFTRAGS-SATZ.
    02  ARTIKEL-NUMMER PIC 9(3).
    02  STUECKZAHL     PIC 9(3).
    02  STUECKPREIS    PIC 9(3)V99.
    02  SCHLUESSEL-FELD.
        03  AUFTRAGS-NUMMER PIC 9(3).
        03  KENNZAHL        PIC 9(4).
```

```
WORKING-STORAGE SECTION.
01  BILDSCHIRM-MASKE.
    02  KENNZAHL-MASKE         PIC X(15) VALUE "KENNZAHL:<     >".
    02  FILLER                 PIC X(10).
    02  ARTIKEL-NUMMER-MASKE PIC X(20)
                                  VALUE "ARTIKEL-NUMMER:<   >".
    02  FILLER                  PIC X(115).
    02  AUFTRAGS-NUMMER-MASKE PIC X(21)
                                  VALUE "AUFTRAGS-NUMMER:<   >".
    02  FILLER                  PIC X(149).
    02  STUECKZAHL-MASKE        PIC X(16) VALUE "STUECKZAHL:<   >".
    02  FILLER                  PIC X(10).
    02  STUECKPREIS-MASKE       PIC X(20)
                                  VALUE "STUECKPREIS:<      >".
    02  FILLER                  PIC X(24).
01  BILDSCHIRM-AUS REDEFINES BILDSCHIRM-MASKE.
    02  FILLER                 PIC X(10).
    02  KENNZAHL-AUS           PIC 9(4).
    02  FILLER                 PIC X(27).
    02  ARTIKEL-NUMMER-AUS     PIC 9(3).
    02  FILLER                 PIC X(133).
    02  AUFTRAGS-NUMMER-AUS    PIC ZZ9.
    02  FILLER                 PIC X(162).
    02  STUECKZAHL-AUS         PIC ZZ9.
    02  FILLER                 PIC X(24).
    02  STUECKPREIS-AUS        PIC ZZ9.99.
    02  FILLER                 PIC X(25).
01  BILDSCHIRM-EIN REDEFINES BILDSCHIRM-MASKE.
    02  FILLER                 PIC X(10).
    02  KENNZAHL-EIN           PIC 9(4).
    02  FILLER                 PIC X(163).
    02  AUFTRAGS-NUMMER-EIN    PIC 9(3).
    02  FILLER                 PIC X(220).
77  ENDE-FELD PIC X VALUE "J".
    88  ENDE VALUE "N".
77  CURSOR-FELD PIC 9(4).
77  FEHLER-FELD PIC 9 VALUE ZERO.
    88  FEHLER VALUE 1.
PROCEDURE DIVISION.
RAHMEN.
    OPEN INPUT AUFTRAGS-DATEI
    DISPLAY SPACES
    DISPLAY BILDSCHIRM-MASKE
    PERFORM VERARBEITUNG UNTIL ENDE
    DISPLAY SPACES
    CLOSE AUFTRAGS-DATEI
    STOP RUN.
VERARBEITUNG.
    MOVE SPACES TO BILDSCHIRM-EIN
    DISPLAY BILDSCHIRM-EIN
    DISPLAY "                          " AT 1501
    MOVE 0111 TO CURSOR-FELD
    ACCEPT BILDSCHIRM-EIN
    PERFORM AUSGABE
    PERFORM ABFRAGE-WEITER.
```

```
AUSGABE.
    MOVE KENNZAHL-EIN TO KENNZAHL
    MOVE AUFTRAGS-NUMMER-EIN TO AUFTRAGS-NUMMER
    READ AUFTRAGS-DATEI
        INVALID KEY MOVE 1 TO FEHLER-FELD
        DISPLAY "FEHLERHAFTE KENNZAHL/AUFTRAGS-NUMMER" AT 1401.
    IF NOT FEHLER
        MOVE ARTIKEL-NUMMER TO ARTIKEL-NUMMER-AUS
        MOVE STUECKZAHL TO STUECKZAHL-AUS
        MOVE STUECKPREIS TO STUECKPREIS-AUS
        DISPLAY BILDSCHIRM-AUS.
ABFRAGE-WEITER.
    DISPLAY "WEITER(J/N)< >" AT 1501
    MOVE "J" TO ENDE-FELD
    DISPLAY ENDE-FELD AT 1513
    ACCEPT ENDE-FELD AT 1513
    IF FEHLER
        DISPLAY "                                          "
                AT 1401
        MOVE 0 TO FEHLER-FELD.
```

Lösung zu Aufgabe 4.2.11 (erster Teil) (S. 150):

```
 IDENTIFICATION DIVISION.
 PROGRAM-ID.
     A-4-2-11.
*    ERSTER TEIL
 ENVIRONMENT DIVISION.
 INPUT-OUTPUT SECTION.
 FILE-CONTROL.
     SELECT AUFTRAGS-DATEI ASSIGN TO "B:AUFTRAG.VER"
     ORGANIZATION IS LINE SEQUENTIAL.
     SELECT HILFS-DATEI ASSIGN TO "B:HILFSDAT.VER"
     ORGANIZATION IS LINE SEQUENTIAL.
     SELECT AUFTRAGS-DATEI-I ASSIGN TO "B:AUFTRAGA.VER"
     ORGANIZATION IS INDEXED
     ACCESS MODE IS SEQUENTIAL
     RECORD KEY IS SCHLUESSEL-FELD
     ALTERNATE RECORD KEY IS ARTIKEL-NUMMER WITH DUPLICATES
     ALTERNATE RECORD KEY IS KENNZAHL WITH DUPLICATES
     FILE STATUS IS FILE-STATUS-FELD.
     SELECT SORTIER-DATEI ASSIGN TO "B:SORT.AUF".
 DATA DIVISION.
 FILE SECTION.
 FD  AUFTRAGS-DATEI.
 01  AUFTRAGS-SATZ PIC X(18).
 FD  HILFS-DATEI.
 01  HILFS-DATEI-SATZ PIC X(18).
 FD  AUFTRAGS-DATEI-I.
 01  AUFTRAGS-SATZ-I.
     02  ARTIKEL-NUMMER PIC X(3).
     02  FILLER         PIC X(8).
     02  SCHLUESSEL-FELD.
         03  AUFTRAGS-NUMMER PIC 9(3).
         03  KENNZAHL        PIC X(4).
 SD  SORTIER-DATEI.
 01  SORTIER-DATEI-SATZ.
     02  FILLER              PIC X(11).
     02  SCHLUESSEL-FELD-SORT PIC 9(7).
```

```
WORKING-STORAGE SECTION.
77  DATEI-ENDE-FELD PIC 9 VALUE ZERO.
    88  DATEI-ENDE VALUE 1.
77  FEHLER-FELD PIC 9 VALUE ZERO.
    88  FEHLER VALUE 1.
77  FILE-STATUS-FELD PIC XX.
    88  SORTIER-FEHLER VALUE "21".
    88  SATZ-DOPPELT   VALUE "22".
    88  DISKETTE-VOLL  VALUE "24".
PROCEDURE DIVISION.
RAHMEN.
    SORT SORTIER-DATEI
         ASCENDING KEY SCHLUESSEL-FELD-SORT
         USING AUFTRAGS-DATEI
         GIVING HILFS-DATEI
    OPEN INPUT HILFS-DATEI OUTPUT AUFTRAGS-DATEI-I
    READ HILFS-DATEI AT END MOVE 1 TO DATEI-ENDE-FELD.
    PERFORM VERARBEITUNG UNTIL DATEI-ENDE OR FEHLER
    CLOSE HILFS-DATEI AUFTRAGS-DATEI-I
    STOP RUN.
VERARBEITUNG.
    WRITE AUFTRAGS-SATZ-I FROM HILFS-DATEI-SATZ
        INVALID KEY PERFORM FEHLER-BEHANDLUNG.
    IF NOT FEHLER
        READ HILFS-DATEI AT END MOVE 1 TO DATEI-ENDE-FELD.
FEHLER-BEHANDLUNG.
    MOVE 1 TO FEHLER-FELD
    IF SORTIER-FEHLER
        DISPLAY "SORTIER-FEHLER" UPON CONSOLE
    ELSE
        IF SATZ-DOPPELT
            DISPLAY "SATZ DOPPELT" UPON CONSOLE
        ELSE
            IF DISKETTE-VOLL
                 DISPLAY "DISKETTE VOLL" UPON CONSOLE.
```

Lösung zu Aufgabe 4.2.11 (zweiter Teil) (S. 150):

```
 IDENTIFICATION DIVISION.
 PROGRAM-ID.
     A-4-2-11.
*    ZWEITER TEIL
 ENVIRONMENT DIVISION.
 CONFIGURATION SECTION.
 SPECIAL-NAMES.
     CONSOLE IS CRT.
 INPUT-OUTPUT SECTION.
 FILE-CONTROL.
     SELECT AUFTRAGS-DATEI ASSIGN TO "B:AUFTRAGA.VER"
     ORGANIZATION IS INDEXED
     ACCESS MODE IS DYNAMIC
     RECORD KEY IS SCHLUESSEL-FELD
     ALTERNATE RECORD KEY IS ARTIKEL-NUMMER WITH DUPLICATES
     ALTERNATE RECORD KEY IS KENNZAHL WITH DUPLICATES
     FILE STATUS IS FILE-STATUS-FELD.
 DATA DIVISION.
 FILE SECTION.
 FD  AUFTRAGS-DATEI.
```

```
01  AUFTRAGS-SATZ.
    02  ARTIKEL-NUMMER PIC X(3).
    02  STUECKZAHL     PIC 9(3).
    02  STUECKPREIS    PIC 9(3)V99.
    02  SCHLUESSEL-FELD.
        03 AUFTRAGS-NUMMER PIC 9(3).
        03 KENNZAHL        PIC X(4).
WORKING-STORAGE SECTION.
01  BILDSCHIRM-STEUER-AUS.
    02  MODUS-MASKE PIC X(17)          VALUE "GIB MODUS EIN:< >".
    02  FILLER PIC X(63).
    02  ANZ-ARTIKEL-NUMMER-TEXT PIC X(34)
                      VALUE "- (1)ANZEIGEN UEBER ARTIKEL-NUMMER".
    02  FILLER PIC X(46).
    02  ANZ-KENNZAHL-TEXT PIC X(28)
                            VALUE "- (2)ANZEIGEN UEBER KENNZAHL".
    02  FILLER PIC X(52).
    02  PROGRAMMENDE-TEXT PIC X(17)    VALUE "- (3)PROGRAMMENDE".
    02  FILLER PIC X(63).
01  BILDSCHIRM-MASKE.
    02  KENNZAHL-MASKE PIC X(15) VALUE "KENNZAHL:<    >".
    02  FILLER PIC X(10).
    02  ARTIKEL-NUMMER-MASKE PIC X(20)
                                VALUE "ARTIKEL-NUMMER:<   >".
    02  FILLER PIC X(115).
    02  AUFTRAGS-NUMMER-MASKE PIC X(21)
                                VALUE "AUFTRAGS-NUMMER:<   >".
    02  FILLER PIC X(149).
    02  STUECKZAHL-MASKE PIC X(16) VALUE "STUECKZAHL:<   >".
    02  FILLER PIC X(10).
    02  STUECKPREIS-MASKE PIC X(20) VALUE "STUECKPREIS:<      >".
    02  FILLER PIC X(24).
01  BILDSCHIRM-AUS REDEFINES BILDSCHIRM-MASKE.
    02  FILLER                PIC X(10).
    02  KENNZAHL-AUS          PIC 9(4).
    02  FILLER                PIC X(27).
    02  ARTIKEL-NUMMER-AUS    PIC 9(3).
    02  FILLER                PIC X(133).
    02  AUFTRAGS-NUMMER-AUS   PIC ZZ9.
    02  FILLER                PIC X(162).
    02  STUECKZAHL-AUS        PIC ZZ9.
    02  FILLER                PIC X(24).
    02  STUECKPREIS-AUS       PIC ZZ9.99.
    02  FILLER                PIC X(25).
77  MODUS-WECHSEL-FELD PIC 9.
    88  MODUS-WECHSEL VALUE 1.
77  FEHLER-FELD PIC 9 VALUE 0.
    88  FEHLER VALUE 1.
77  MODUS PIC 9 VALUE 1.
    88  PROGRAMMENDE VALUE 3.
    88  MODUS-KORREKT VALUE 1 THRU 3.
77  MODUS-FEHLER-TEXT PIC X(15) VALUE "1 <= MODUS <= 3".
77  FILE-STATUS-FELD PIC XX.
    88  DATEI-LEER                     VALUE "10".
    88  SATZ-VORHANDEN                 VALUE "22".
    88  KEIN-SATZ-VORHANDEN            VALUE "23".
    88  WEITERER-SEKUNDAER-SCHLUESSEL VALUE "02".
77  OK-FELD PIC X.
    88  OK VALUE "J".
77  DATEI-ENDE-FELD PIC 9.
    88  DATEI-ENDE VALUE 1.
```

```
PROCEDURE DIVISION.
RAHMEN.
    OPEN INPUT AUFTRAGS-DATEI
    PERFORM LOESCHEN-BILDSCHIRM
    PERFORM AUSGABE-ZEILE-1-4
    PERFORM AUSGABE-ZEILE-13-17
    PERFORM MODUS-BEARBEITUNG UNTIL PROGRAMMENDE
    PERFORM LOESCHEN-BILDSCHIRM
    CLOSE AUFTRAGS-DATEI
    STOP RUN.
*****************************************************************
MODUS-BEARBEITUNG.
    PERFORM EINGABE-MODUS
    IF MODUS-KORREKT
        IF PROGRAMMENDE
            NEXT SENTENCE
        ELSE
            MOVE 0 TO MODUS-WECHSEL-FELD
                IF MODUS = 1
                    PERFORM ANZ-UEB-ARTIKEL-NUMMER
                                        UNTIL MODUS-WECHSEL
                 ELSE
                     PERFORM ANZ-UEB-KENNZAHL
                                        UNTIL MODUS-WECHSEL
    ELSE
        MOVE 1 TO FEHLER-FELD
        PERFORM FEHLER-BEI-MODUS.
*****************************************************************
ANZ-UEB-KENNZAHL.
    IF FEHLER
        PERFORM LOESCHEN-FEHLERMELDUNGS-ZEILE
        MOVE 0 TO FEHLER-FELD.
    PERFORM EINGABE-KENNZAHL
    READ AUFTRAGS-DATEI KEY IS KENNZAHL
        INVALID KEY MOVE 1 TO FEHLER-FELD.
    PERFORM SEKUNDAER-SCHL-UEBERPRUEFUNG.
ANZ-UEB-ARTIKEL-NUMMER.
    IF FEHLER
        PERFORM LOESCHEN-FEHLERMELDUNGS-ZEILE
        MOVE 0 TO FEHLER-FELD.
    PERFORM EINGABE-ARTIKEL-NUMMER
    READ AUFTRAGS-DATEI KEY IS ARTIKEL-NUMMER
        INVALID KEY MOVE 1 TO FEHLER-FELD.
    PERFORM SEKUNDAER-SCHL-UEBERPRUEFUNG.
SEKUNDAER-SCHL-UEBERPRUEFUNG.
    IF FEHLER
        PERFORM FEHLER-ANZEIGE
    ELSE
        MOVE "J" TO OK-FELD
        PERFORM SEKUNDAER-SCHL-VERARBEITUNG
            UNTIL NOT WEITERER-SEKUNDAER-SCHLUESSEL OR NOT OK
        IF OK
            PERFORM INFO-TO-INFO-AUS
            PERFORM AUSGABE-ERFASSUNGSFELDER.
    PERFORM ABFRAGE-WEITER
    IF NOT OK
        MOVE 1 TO MODUS-WECHSEL-FELD.
SEKUNDAER-SCHL-VERARBEITUNG.
    PERFORM INFO-TO-INFO-AUS
    PERFORM AUSGABE-ERFASSUNGSFELDER
    READ AUFTRAGS-DATEI NEXT
        AT END MOVE 1 TO DATEI-ENDE-FELD.
    PERFORM ABFRAGE-WEITER.
```

```
***********************************************************************
 INFO-TO-INFO-AUS.
     MOVE ARTIKEL-NUMMER TO ARTIKEL-NUMMER-AUS
     MOVE STUECKZAHL TO STUECKZAHL-AUS
     MOVE STUECKPREIS TO STUECKPREIS-AUS
     MOVE KENNZAHL TO KENNZAHL-AUS
     MOVE AUFTRAGS-NUMMER TO AUFTRAGS-NUMMER-AUS.
***********************************************************************
 AUSGABE-ZEILE-1-4.
     DISPLAY BILDSCHIRM-STEUER-AUS AT 0101.
 AUSGABE-ZEILE-13-17.
     DISPLAY BILDSCHIRM-MASKE AT 1301.
 AUSGABE-ERFASSUNGSFELDER.
     DISPLAY BILDSCHIRM-AUS AT 1301.
 ABFRAGE-WEITER.
     DISPLAY "WEITER(J/N)< >" AT 2301
     MOVE "J" TO OK-FELD
     DISPLAY OK-FELD AT 2313
     ACCEPT OK-FELD AT 2313
     IF FEHLER
         PERFORM LOESCHEN-FEHLERMELDUNGS-ZEILE
         PERFORM LOESCHEN-PROMPT-ZEILE.
***********************************************************************
 EINGABE-MODUS.
     ACCEPT MODUS AT 0116.
 EINGABE-KENNZAHL.
     MOVE 0 TO KENNZAHL
     DISPLAY "GIB KENNZAHL:<    >" AT 2301
     ACCEPT KENNZAHL AT 2315.
     PERFORM LOESCHEN-PROMPT-ZEILE.
 EINGABE-ARTIKEL-NUMMER.
     MOVE SPACES TO ARTIKEL-NUMMER
     DISPLAY "GIB ARTIKEL-NUMMER:<    >" AT 2301
     ACCEPT ARTIKEL-NUMMER AT 2321
     PERFORM LOESCHEN-PROMPT-ZEILE.
***********************************************************************
 FEHLER-BEI-MODUS.
     DISPLAY MODUS-FEHLER-TEXT AT 2001.
 FEHLER-ANZEIGE.
     IF DATEI-LEER
         DISPLAY "DATEI LEER" AT 2001
     ELSE
         IF SATZ-VORHANDEN
             DISPLAY "SATZ VORHANDEN" AT 2001
         ELSE
             IF KEIN-SATZ-VORHANDEN
                 DISPLAY "KEIN SATZ VORHANDEN" AT 2001.
***********************************************************************
 LOESCHEN-BILDSCHIRM.
     DISPLAY SPACES.
 LOESCHEN-FEHLERMELDUNGS-ZEILE.
     DISPLAY
         "                                                              "
         AT 2001.
 LOESCHEN-PROMPT-ZEILE.
     DISPLAY
         "                                                              "
         AT 2301.
```

Literaturverzeichnis

Fujitsu Microelectronics, Micro 16S Operations Guide, Fujitsu, Inc., Santa Clara 1983

Kähler, W.-M., COBOL, Einführung in die Programmiersprache. Vieweg Verlag, Braunschweig/Wiesbaden, 3. Auflage 1985

mbp, MBP-COBOL Programming Reference Manual mbp, Dortmund, 1983

Micro Focus Ltd., LEVEL II COBOL, Operating Guide, Micro Focus, London, 1982

Micro Focus Ltd., LEVEL II COBOL Reference Manual, Micro Focus, London, 1982

Micro Focus Ltd., PERSONAL COBOL, Operating Guide, Micro Focus, Newbury, 1983

Microsoft Corp., COBOL-80 Reference Manual Microsoft, Bellevue, 1980

Microsoft Corp., Disk Operating System, Microsoft, Inc., 1983

Ryan-McFarland Corp., RM-COBOL Language Manual, Ryan-McFarland, Aptos, 1980

Zaks, R., CP/M – Handbuch mit MP/M, SYBEX-Verlag GmbH, Düsseldorf, 1981

Sachwortverzeichnis

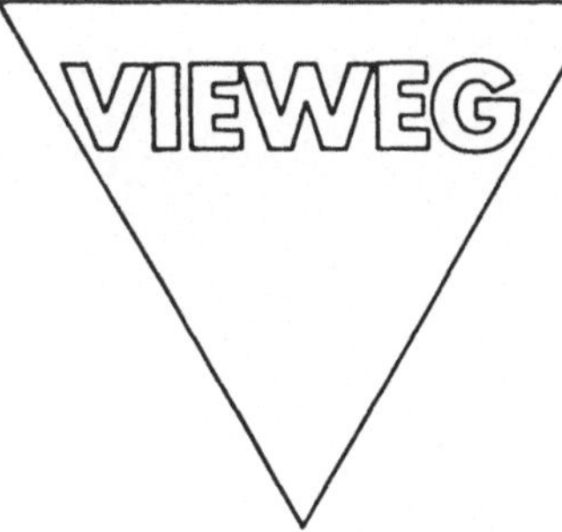

Wolf-Michael Kähler

Einführung in das Datenanalysesystem SPSS

Eine Anleitung zur EDV-gestützten statistischen Datenauswertung. 1984. VIII, 215 S. 16,2 x 22,9 cm. Kart.

Inhalt: Datenaufbereitung und Ziele der Datenanalyse – Das SPSS-Programm als Arbeitsauftrag an das SPSS-System – Vereinbarung und Beschreibung des SPSS-files – Beschreibung von Merkmalen – Beschreibung der Beziehung von Merkmalen – Ablaufsteuerung und Ein-/Ausgabe von Daten – Anhang.

SPSS (Statistical Package for the Social Sciences) ist weltweit das am häufigsten eingesetzte Programmsystem zur statistischen Datenanalyse. Vor allem die leichte Erlernbarkeit und das breite Spektrum der für die empirischen Wissenschaften verfügbaren Analyseverfahren geben SPSS diese Vormachtstellung.

Schwerpunkte der SPSS-Anwendungen liegen überwiegend im Bereich der Sozialwissenschaften, der Soziologie, der Psychologie, der Erziehungswissenschaften sowie der empirischen Forschungstätigkeiten in den Naturwissenschaften.

Dieses Buch vermittelt die Grundlagen des Datenanalysesystems SPSS. Anhand des Datenmaterials einer empirischen Untersuchung werden die für die Datenanalyse erforderlichen Sprachelemente von SPSS erläutert. Dabei wird der Leser in leicht verständlicher Darstellung an das Werkzeug „Datenverarbeitungsanlage" herangeführt und umgehend in die Lage versetzt, SPSS-Programme selbständig zu schreiben.

Neben der Darstellung der erforderlichen SPSS-Sprachmittel wird umfassend erläutert, wie die vom SPSS-System erzeugten Analyseergebnisse zu interpretieren sind. Dabei bezieht sich dieses Buch auf die grundlegenden Verfahren der statistischen Datenanalyse wie etwa auf Häufigkeitszählungen, Kreuztabellenanalyse und die Berechnung von beschreibenden Statistiken.

Zum Verständnis dieses Buches werden keine Vorkenntnisse aus dem Bereich der Elektronischen Datenverarbeitung vorausgesetzt.

Diskette

Ergänzend zum vorliegenden Buch sind zwei 5,25"-Disketten mit Dateien, die entweder mit COBOL unter MS-DOS oder CP/M-86 lauffähig sind, erhältlich, auf denen alle Programme gespeichert sind.

Liste der Disketten-Dateien

Name der Disketten-Datei	Abschnitt	Seite	Seite der Lösung
ERFSSNG. COB	1.2.9	27 f.	
A1-2-10. COB	1.2.10	29	193 f.
DRUCK. COB	2.9	76	
DRUCKNEU. COB	2.15	83 f.	
DRUCKBLD. COB	2.18	90 f.	
A2-19. COB	2.19	91	194 f.
SORTSTMM. COB	3.1	93	
A3-2. COB	3.2	94	195 f.
SORTVER. COB	3.5	102 ff.	
IGENER. COB	4.2.2	115	
A4-2-3. COB	4.2.3	116	196 f.
ABFRAG. COB	4.2.4	118 f.	
A4-2-5. COB	4.2.5	120	197 ff.
ERFABF. COB	4.2.9	135 ff.	
ERFABF. ERW	4.2.10.4	147 f.	
A4-2-111. COB	4.2.11	150	199 f.
A4-2-112. COB	4.2.11	150	200 ff.
WAEHLE. COB	5.1.4	157 f.	
IGENERUP. COB	5.1.4	158 f.	
ABFRAGUP. COB	5.1.4	159 ff.	
ERFABF. SEG	5.2.3	165 ff.	
Dateien mit Beispieldatensätzen:	STAMM. VER:	S. 69	
	AUFTRAG. VER:	S. 67